U0109945

先秦思想史稿

季蒙、程漢 著

謝退齡序

思想史或哲學史，若以作者情況分類，可有兩種類型：集體編撰的，個人的。集體作品一般係總結學術界公認成果之作，多平穩公允。但若是急就章，則易流於草率，雖一時得獎，卻難以傳世。個人的又可分為兩類：成熟思想家的，學者型的。黑格爾的哲學史（講演錄）屬於前者；羅素的西方哲學史也可算到這一類中。這個類型的史，終點都是作者本人，意思是把自己封為集大成者，整個思想史都是向自己彙攏而來，作者則居於最高峰。屬於學者型的又有數種。如李澤厚寫的幾部思想史論，邊讀邊寫，書讀過了，文章也寫出來了，再彙編成冊。一字一句一篇一章都記錄了學者的心路歷程。是中國的思想史，更是作者的心史。如果一個人能代表一個時代，如李澤厚，那麼這份資料是十分有價值的。還有的係學者多年教學研究之總結，乃作者思想成熟標誌，又謙遜不敢自居頂峰。不過這類著作往往奠基於作者早年的讀書心得彙集。兩種史我都愛讀。成熟之作固然宜反覆揣摩，早期作品有時更具吸引力——創見既多，思路痕跡也較明顯。對初學者和非專業人士而言，讀這類思想史較為輕鬆、較易從中得到啟發。

寫思想史，總是站在當下的視角。生命總是當下的。讀書、寫出讀書心得，是當下的活動。讀書既是學習，也是評判。浩如煙海的文獻中，為什麼注意到這些句子而忽視了其他那些句子？為什麼如此解釋而不是那樣解釋這些句子？是因為既有識力方面的原因，也有興趣方面的原因。興趣或生於當代的關注，或生於其他讀書人的心得。學習與評判往往連為一體。不是學習好了再評判，而是邊學習邊評判，學習的同時開展評判。評判要求有較高識力；提高識力又須學習。這並不對學習即評判構成循環論證。這是解釋的基本循環，是讀書的實際途徑。

思想史面對的文獻，正如莊子寓言中輪扁所說，乃「古人之糟魄」(《莊子・天道》)，那些語句言說當時的神氣，蕩然無存矣；豈止糟粕，且殘缺不全、歷經整理即篡改之劫！故而文獻乃古人真言之殘缺誤謬的糟粕。研究思想史何益哉？

文獻即語句之彙集。出土文物（如甲骨、鐘鼎、簡帛、碑鼓等）亦須轉換為語句，關涉前賢及今賢之解讀。史學處理的只是這樣的句子。思想史在這些語句中推衍意義。意義之推衍必有依憑。所依憑的乃是當下的識見。當下的識見是什麼？來源於何處？曾有關於文學藝術作品源流之論斷，曰生活為源，古籍為流。此說專駁以古典為源之說。此論點之謬誤藏於對源流二概念所作的抽象割裂規定。源、流均不得抽象化地涇渭分明。典籍、生活均有源意義，亦均具流意義。典籍雖為殘缺誤謬糟粕，古人之真或多或少總有留存。古人之精神（文化傳統）存於人民群眾當下的生活之中，閱讀古籍有助於領會至今活著的傳統，糟粕亦由此得以完神。

哲學要對當下生活完整的全體之根本問題作系統思考。今日生活有多種新要素。且不談日新月異的科學技術和飛速豐富的生活便利，且暫時放下急劇變動的社會結構和迅疾推進的全球化過程，單就思想要素的激增，對哲學和思想就是巨大挑戰。思想在思考著自身。今日思想已然混雜多種外來要素。再也不可能有「純然」中國思想、「純粹」中國哲學研究。即使主張單純研究思想史本身的學者，也不可能避免使用形上、唯心論等西方術語，而其所謂形上早已不知不覺地混入 metaphysica 的意義。一切清洗盡外來思想成分的努力，其結果必定是讓那些外來成分更為深固地紮入今日思想，熔鑄為本己。這一切要素都是今日識見的基礎、必不可少的成分。丟棄它們，當下生活就不再完整。豈能用殘缺的識見處理已然殘缺的文獻！

研究思想史，在流覽、解釋歷史陳跡中理解今日活生生的自己；在「與古人對話」中辨認今日君子小人的生存。既是認識今日的自我，也是建構和完善今日的自我。自我既是個人的，也是民族的。黑格爾在其《法哲學原理》中講到：「個人和民族如果沒有達到這種對自己的純思維和純認識，就未具有人格性。」（第 35 節）深有慨焉。純思維、純認識須在現實生活中開展，並非僅僅思想者、書齋學者的事情。然而思想者、書齋學者不可缺席。研究者須拓展自己的眼界，努力熟悉今日生活完全整體之一切方面。還須運大思力於洞察人們藉以交往的概念與理念。古代留存下來的斷爛文獻中的詞句與今日生活之間的關聯就會日漸清晰，今日哲學也就日漸成型。思想史研究是創建當代哲學、諸社會科學原理基礎工作之一、基本途徑之一。

季蒙，2000 年於浙江大學古籍所從束景南教授領博士學位，我擔任答辯委員會主席，以此相識。2002 年來復旦大學哲學系做博士後研究，我任合作導師。兩年後出站去同濟大學哲學系任教。其為學無涯際，通覽群籍，不囿成說，直憑胸臆抒發己見。頗多真知灼見，時有創獲，出精當之論。程漢，其孿生兄弟，性相近。二人學既博，又富感悟力，奮力著書，出版甚夥。中華民族百餘年中西新舊衝突漸就平復，國力日強，崛起有望，前途繫於文明之自覺。

程巢父，季蒙程漢之父，持《中國思想史稿》已出版的幾部分冊及若干稿本來，囑予作序。我觀已成之文誠佳作也，直人快語，披荊斬棘，振聾發聵，若干方面具開拓領域之功，為今日民族復興、文明自覺所需。因述本人對思想史研究的若干認識綴之，以塞責焉。

於復旦大學哲學學院

潘富恩序

季蒙同志自 2000 年獲浙江大學博士學位，年僅二十七歲。同年入蘇州大學隨錢仲聯教授做博士後研究。出站後又再進復旦大學哲學系流動站做第二次博士後研究，繼續深入對中國傳統思維領域——禮（理學、名學、易學）進行艱苦曲折的探索。矻矻八載，用功甚勤，積學精思，有創獲頗豐的學術成果。期間，出版了其代表性的著作：《主思的理學——王夫之的四書學思想》和《周易的思想體例》，尤其對王夫之的四書學的研究，顯露了作者卓越的歷史洞察力，提出能發人深思的新見解，治學上將義理、辭章、考據三者統一，有理有據，不發空言，步步著實，具有史料與邏輯的雙重說服力。正由於季蒙《主思的理學》是一篇研究王夫之思想的富於創見的優秀著作，故榮獲「新聞出版總署第一屆三個一百原創圖書出版工程」證書。

季蒙現又完成的《先秦思想史稿》，是他與程漢合著；2004 年調入同濟大學哲學系後，任教中國思想史課，在原有的前期學術研究成果基礎上，厚積薄發完成的新作。先秦是諸子蜂起、百家爭鳴的軸心時代，各學派之間，時有分合，交相攻難、互為採獲，並行不悖，同歸殊途、一致百慮。而如何將先秦諸子流派相關的文獻資料的發掘、考辨、梳理等方面很下功夫，又寫作此書時，如何宏觀立論，鉤沉發微，將先秦時期思想文化特徵、歷史的內在邏輯作深化的拓展。而表現本書最主要的創新特點是以名學為主線，連通先秦諸家之說。應該指出，先秦時代的名學，是與近代西方形式邏輯傳入中國而譯為的名學是有很大的區別的。因為哲學的理論體系是由命題組成的，而命題是藉名詞概念來表達的，其基本的名詞概念稱為範疇，在中國古代哲學中，向來稱之為「名」。世界上不同類型的哲學，各有一套獨特的範疇（或名），因此，我們研究哲學史，必須瞭解中國古代哲學所用範疇（名）的本來涵義及演變過程，然後才能瞭解各家哲學思想的真實內容。季蒙研究先秦哲學思想以「名」學入手，是具智慧眼光的。先秦諸子中，孔子首倡「正名」，墨家「取實予名」、「以名舉實」，法家「循名究理」，道家講「無名」的「道」，惠施之「名」為「歷物之意」，荀子總結了制名之樞要，也批評了名家存在「三惑」的缺點。「名」不僅具有認識論的意義，同時具有價值論的意義，與自然、社會、倫理、道德聯繫一起。

季蒙承繼弘揚近代樸學大師孫詒讓「博觀約取、精微平實」的治學精神，力求還先秦諸子本來面目，對原典的文字原義「發其疑牾、正其訓釋」。有如本書作者將孔子的「正名」與墨辯「狂舉」相對比，反覆剖析、互相印證，將兩者的認識方法結合起來，專門論析名學中的「正」、「推」、「舉」的歷史的和現實的意義和價值。

書稿中對儒家的寫法亦別具特色，如寫孔子的身世，結合了成書於戰國末或秦漢之際的醫書《黃帝內經》的某些有關仁術與孝道、中庸、修身、養德等內容去講述孔子的身世，雖言人之所未言，然亦頗合情理之說，給人有所啟示。又如論及孟子講學活動中與諸多學派的接觸情況，如與農家學派的關係，則多有新見。

綜上所述，本書是目前中國所見研究先秦思想的論著中另闢蹊徑、在方法論上有新的突破，學術見解新穎而理據兼備、會給讀者頗多方面的啟示的上乘之作。誠然，學術研究事業乃天下之公器，非一、二人所能論定，本書也難免有它存在的不足之處，尚有待今後深入探究、不斷完善。

看到季蒙同志的新成果，樂為之序。

2009 年 6 月於復旦大學哲學學院

目　次

名

先秦思想是中國思想的源頭，大體上可以劃分為名、兵、法、儒四塊，總歸不出於此。而道家則是連綴在名、兵、法、儒之間的線索。名學作為先秦學術的基礎，有優先關注的必要。雖然留存到現在的文獻（有關名學的），費解的部分佔有相當比例，但是明白易見、足資利用的部分，數量也極為可觀。除去原則性的論列外，技術工藝性較強的論說也是非常紛繁的。這些學說主要保存在《墨子》、《公孫龍子》、《正名》等典籍中。《墨子》中的六篇：《經上》、《經下》、《經說上》、《經說下》、《大取》、《小取》，內容相當簡略，雖然裏面的條例很多。從性質、特點上看，這六篇文字可能是供使用方便而立的，有點像乘法口訣（曾出土錄有乘法口訣的戰國竹簡）。可以說，名學的成果，是在古代學說的實用過程中漸次堆積起來的，所以基本上我們將其視為一個整體。這也是因為，名理討論的大多是一般的問題，因此也就很難強行劃分時代，勉強劃分事實上也不大通順。先秦時代所累積的名理原則，同樣也適用於以後各個時代的歷史學說的考察。所以我們對名學的使用和倚重是持續的，這一點以後會越來越多地被看到。首先有必要做的，是對事實作一些說明。我們可以先從簡單的、能夠確定的條目入手，將前代學者也很難論定的部分留到後面，或者暫時懸起來。應該說，名學所講說的內容都是極簡單的，它從不用說的地方起步，不斷推向遠處。古人所謂遠近之道，正切合名學的情況。

名學的歸依在於正名。《論語‧子路》云：「子路曰：衛君待子而為政，子將奚先？子曰：必也正名乎！子路曰：有是哉？子之迂也！奚其正？子曰：野哉由也！君子於其所不知，蓋闕如也。名不正，則言不順。言不順，則事不成。事不成，則禮樂不興。禮樂不興，則刑罰不中。刑罰不中，則民無所錯手足。故君子名之必可言也，言之必可行也。君子於其言，無所苟而已矣！」

可見正名是為政的基礎，禮樂刑政皆出正名。正名係實學，乃是顯而易見的。子路認為孔子迂，孔子認為子路野。事實是，子路沒有認識到名的嚴重價值，所以孔子告誡子路不要強不知以為知。顯然，這裏孔子講的知就包括「知名」這一重要內涵。「正知」與正名有著非常直露的關係。政教的關鍵在於「以名取天下」，這是沒有疑義的。名與禮樂刑政的關聯，由此可見一二。

案墨辯（《經上》、《經下》、《經說上》、《經說下》、《大取》、《小取》）為名學之中樞。《經上》曰：「故，所得而後成也。」《經說上》曰：「故：小故，有之不必然，無之必不然。體也，若有端。大故，有之必無然，若見之成見也。」墨辯講的乃是上古人文（尤其是學說思想）的一般通則。由於我們可以隨處掎摭例子，所以這裏僅舉一例輔助說明即可。案《禮記正義》大傳第十六有云：「聖人南面而聽天下，所且先者五，民不與焉。一曰治親，二曰報功，三曰舉賢，四曰使能，五曰存愛。五者一得於天下，民無不足、無不贍者。五者一物紕繆，民莫得其死。聖人南面而治天下，必自人道始矣。立權度量，考文章、改正朔、易服色、殊徽號、異器械、別衣服，此其所得與民變革者也。其不可得變革者則有矣：親親也、尊尊也、長長也，男女有別，此其不可得與民變革者也。」

鄭注說：「明政之難。」顯然，從「五者一得於天下」與「五者一物紕繆」就可以清楚地知道大故、小故是什麼。治親、報功、舉賢、使能、存愛五者在這裏就是為政方面的大故和小故，統稱為故。文本說得明白：一物紕繆，民莫得其死，正好對應「無之必不然」一義。這就是說，一件事情上有了差錯，便會有非常惡劣的後果（比如缺少了「使能」）。而一得於天下，民無不足贍，正好對應（也就是「當」）「有之必無然」一義。也就是說，具備了這些（五項）便什麼都有了、齊備了。這樣，學說中的思維體例，我們便得以清晰地把握。而名學直接就是總結為政的理論，這一層又得到了進一步的輔證。這是因為，中夏人文的首要特質在為政，所以它的學說思維首先也投注在這裏。傳統學人對政治普遍抱濃厚之興趣，甚至是唯一之興趣，乃是十分自然的。人文的性質就是這樣生成的。通過這一大故、小故的例子，我們完全可以得到一點基本的體例：故就是事情之所以成為這樣的所以然。所謂大故就是統體的故，即「兼」。而小故則是捶分的故，即「分」。也就是一條條、一件件、一項項的單元的故。大故與小故的關係，形象地說，就像尺與端的關係。所有的各個端點共同構成一段尺子，所有的小故共同構成統體的、大全的所以然，即大故。在先秦文獻中不乏「舉數事而言之」的例子，都可以借助「故」這一名理去瞭解、舉一反三。數而言之，數而舉之，是中國古代說理的通見的習慣。從這裏也可以知道，名學所要講說的乃是人文中的體例。另外，從字義方面來說，此處「五者一物紕繆」的物字，正可以與墨辯中「三物必具」之物字相印證。「物」字的用法也是確鑿的。

案「得與民變革」與「不得與民變革」兩事，與易義是相互彙通的。易有變易之義，也有不易之義。比如度量衡、服器制度等，都是隨時代而變動的，是可以變動的。但是人倫規矩卻不可以變動。事實上，人倫本身是變動的，只不過它的變動時段相當長罷了（這與語言的變動情況相似，短時間內不容易明顯）。當然易義中最重要的還有簡易一義，因為沒有簡便容易，人文的發育、進展程度一定是很低的，會遲滯不前，比如國家政治。所以孔子總在講簡易，是他學說的一個核心。

墨辯以小故為體，大故為兼，所以體與兼在文句中其義是相連屬的。從墨辯中的各種舉例、說明，我們完全可以達意。比如說：體，若二之一，尺之端也，這就很明白了然。如果視「二」為「兼」，那麼「一」便是「體」，端相對於尺就更不用說了。當然，《公孫龍子》中討論的「二無一」另當別論。各項小故集合地成就為大故，條、件、項的「輻射」是中夏思維的一個基本特徵。既然上古人文講三十輻共一轂，就說明中國古代的學術思維有發散的一面。小故只是大故的一端，比如我們視見事物，那麼這視見之所以能夠成就為、達成為視見，一定是有無數條件因素，共同造成為此一統體的視見。由此，舉一反三地說，即使我們分厘出百千萬條小故，也脫不出大故的範圍。而其中的每一條、每一件、每一項就是「一端」的小故。每一個條、件、項、端，都是「單體」。

案《皇矣》曰：「帝謂文王，無然畔援，無然歆羨，誕先登於岸。」鄭注云：「無是畔道，無是援取，無是貪羨。岸，高位也。箋云：畔援猶拔扈也。誕，大。登，成。岸，訟也。天語文王曰：女無如是拔扈者，妄出兵也。無如是貪羨者，侵人土地也。欲廣大德美者，當先乎獄訟，正曲直也。」對照《經說上》所云「故：小故，有之不必然，無之必不然。體也，若有端；大故，有之必無然，若見之成見也」來看，「無然」之語義甚明。就是說「沒有不是這樣的」。所以，小故乃大故之端，義甚顯明。從古人的語言習慣來看，既然是說有了大故就沒有不是這樣的；並且舉例說，我們看見東西、看見萬事萬物，是因為有那一切成其為能夠看見的條件和緣故，那麼大故作為一個統稱，它由小故集合而成，便沒有問題。大故與小故的關係，就是尺與端的關係。小故是大故的體，體分於兼，所以大故是小故的兼。《天下》曰：「一尺之捶，日取其半，萬世不竭。」對照《莊子》中所講的「捶分」，我們應該知道得更清楚。

可以看到，在墨辯中，工藝性的內容與義理性的內容總是交織在一起。比如大故、小故、體、尺、端等等。這是什麼緣故呢？有一點，就是「工藝的」對「義理的」有著很好的說明效果，這是墨辯很顯明的一個特點。案《經上》云：「平，同高也。」其義便十分明直。《冬官考工記》有云：「衡者中水。」結合對照來看，水平作為參照基準，是一定要求同高的，不能有絲毫的傾斜、不等齊。所謂水平不流，就是這個道理。《考工記》中所述都屬於上古工藝之事，這些人文內容對照《墨子》之書來看很有意味。比如：「〔韋軍〕人為皋陶，長六尺有六寸，左右端廣六寸，中尺厚三寸。」案經注云：「皋陶，鼓木也。」這是關於做鼓的記載。端、厚等工藝技術方面的規矩、準則，在墨辯中都有理論上的定說。這說明墨家熟悉上古工藝技術，並且將其利用到學說思想中。工藝與學術結為一個統體，形成墨家很重要的特徵。《經上》中有很多條立辭與測量、製作之事相關。如「同長以正相盡也」「中，同長也」、「厚，有所大也」、「直，參也」、「圓，一中同長也」、「方，柱隅四讙也」、「端，體之無序而最前者也」、「有間，中也」、「間，不及旁也」、「纑，間虛也」、「盈，莫不有也」、「力，刑之所以奮也」等等。結合具體的古代工藝內容，這些定說都不難理解。比如說車輻用三十之數，與「圓，一中同長也」一條對觀便十分明瞭。而車身方且中矩，與「方，柱隅四讙也」參看也沒有問題。此外如《墨子・所染》，如果參以《考工記》中「畫繢之事」一節看會更為生動。案「左右端廣六寸」，端之為義，《經上》是說「體之無序而最前者也」。其實「端」就是指一物體兩邊的端極，或者任一端點。比如一根桿麵棒，中間鼓，兩頭小。我們通常說兩端，即指兩頭而言。由此推之，一根棍子，總會有兩端。如果我們將其截斷，從中間任何一處截斷，那麼這斷處，即為斷棍的新端。因為任何一處都可能為端、都可以作端。所以說體之無序，只要它是最前的，即為端。孔子說叩其兩端，只是借用形象的說法。意謂凡是觀事、思考，都要對比兩極，從兩極對比鮮明的角度去審視與考慮、對待並處理。這應該養成一種習慣，否則便不能透徹，而流於淺泛。諸如上智與下愚、君子與小人等等，都是所謂對比鮮明的兩端。陰、陽也是兩端，是一種看待事情的習慣和原則，即兩端思維。照此體例推而求之，「中尺厚三寸」之類也就可以坐實了。墨辯中說「有厚」與「無厚」，厚有所大也，唯無所大為無厚，都是非常直感的。

案《考工記》曰：「圜者中規，方者中矩，立者中懸，衡者中水，直者如生焉，繼者如附焉。」這裏講的是作車之法，但並不止限於造車一途。實際上，作車之法中還包含一般的法則。圓規方矩雖然容易理解，但是方圓、規矩在制度上的來由卻應該仔細。《考工記》說：「軫之方也，以象地也。蓋之圜也，以象天也。輪輻三十，以象日、月也。蓋弓二十有八，以象星也。」可見一車之中，包含著天、地、三光等法象在內。那麼人在車中行運，也就不免有「人生於天地之間，健運不已」的內涵。蓋弓就像我們今天的傘骨，輪輻用三十，蓋弓用二十八，這一象數定制交代得十分明白。案農曆一個月三十天，農曆不同於單純的陽曆或陰曆，乃是一種陰陽合曆。鄭注說：「日、月三十日而合宿」，解釋得非常清楚確定。人類人文中有三種類型的曆：陰曆、陽曆、陰陽曆。我們今天仍然沿用的農曆屬於陰陽曆（沈括十二氣曆則屬於陽曆）。蓋弓二十八，可見二十八宿的歷史淵源也是至為久遠的，已經形成為一種制度。參照易學象數論，我們能夠看到人文的統體性。車輪是圓的，車身（車廂）是方的，這裏面不僅包含著一般的製作、營造法則，還體現人文中人為的「配合」，兩重因素應該並觀。另外，製作所應遵循的懸垂、水平法則也是清楚的。比如用一根線穿一枚針，自然懸垂於地面，便能代表、表示一種標準，立者中懸講的就是這個。《考工記》在這裏申說的準則，應該是始終懸垂、垂直於地面的。中夏人文中，各門學問之間，其體例是貫穿的，達一便能周知。木之從地初生是非常直的，從「立者中懸」、「直者如生」兩條對照來看，可能有一個向上與向下的講求包含於其中。向下如何垂直，與向上如何豎直、筆直，都有很嚴格的強調，在工藝中分剖非常細。當然，由於地球重力的影響，一般物體自然下垂、垂直於地面都沒有問題。關於「繼者如附焉」一條，不如前幾項了然、直感。傳統建築營造法式中的鉚法，可能屬於此類。注疏解釋說：「如附，如附枝之弘殺也。」又說：「材有大小相附著，如木之枝柯，本大末小之弘殺也。」

應該說，這裏「圓」最難處理，因為圓在象數上最簡單。作為「元形」，圓顯然是象，而它的數就是一。從三大元形來說：圓、方、勾股，其數分別為一、二、三。象數規則是極為整齊的。但是方嚴格來說、從象數上來說，其數為耦，並不是二。真正的二邊形如眼睛、織梭、半圓等都是。老子說一生二，二生三，三生萬物，老子所說的不僅與易有直接的關聯，而且在分圓上也是首要的問題。我們知道，圓的二等分是非常容易的，無限二等分並沒有困難。可是三等分就不那麼單純了，而易數顯然是直接與圓相對應的。比如易有太極，這時候在數上就是一。到了兩儀，在數上就是二。而四象、八卦、三畫成卦以及重卦，這裏面就必然要同時包含二數與三數。二數與三數之間的轉替，始終是最關鍵的一環。從圓這一方面來說，無限二等分雖然是容易的，但是圓的自然三等分卻只有一次。那麼，二等分與三等分之間，就有一個奇妙的一與多的對待關係。這一奇妙的對待，是由圓本身的各種奇妙性質決定的。易卦爻的步驟與分數，嚴格對應於圓的「自然分步」與「分數」。比如六十四卦、三百八十四爻，對應圓的六十四分、三百八十四分，乃是極自然而明確的。其餘各數無不如此，簡單排列就是：

一、二、四、八、十六、三十二、六十四、一百二十八、二百五十六……

三、六、十二、二十四、四十八、九十六、一百九十二、三百八十四……

從這裏可以清楚看到，二數與三數必須聯合，才能成卦爻之分，即圓分。歷代學者常以分圓圖來標示易卦爻、象數等內容。所謂加一倍法，種種情況都說明了易數與圓象的嚴格整齊對應關係。關於圓的絕對三等分，是任做一等邊三角形，這樣就能夠很容易地求得圓的三等分。但是這以後卻只能無限地二等分下去，不可能再三等分了。這是因為任何一個角的三等分，以及任何一線段的三等分（包括五等分）的做法還沒有找到。所以圓的自然三等分的機會只有一次，而二與三的參錯運動就像轉磨一樣。因著這種性質，我們才能得到很多結果。除去三百八十四數是絕對的以外，其餘的各種數，如三百六十之類，都是為了應用方便而人為制定的。尤其三百六十之數與天文曆法關係緊密，因為一年有三百六十四日餘，舉其成數就是三百六十。自然物理的情況絕不會像圓本身的情況那樣嚴格，它是有誤差的。

《經上》中「端，體之無序而最前者也」的立辭，在人文上的解釋更為豐富。《禮運》云：「飲食男女，人之大欲存焉。死亡貧苦，人之大惡存焉。故欲、惡者，心之大端也。人藏其心，不可測度也。美惡皆在其心，不見其色也。欲一以窮之，捨禮何以哉？」這是指常人的情況說的，明確了一條：禮是管制心的。所以無論是後來的心學還是理學，都統屬於禮學。欲惡為人心中最優先的東西，是人心最前端的東西，因此與「無序而最前」的命義完全相合。這說明人心所包羅和該攝的內容並沒有一定的限度，而學說所能考慮的只是人心中一些排序最靠前的部分罷了。所以人心是一個最大的集合，不可能完全測度。但是可以把握心之大端，從機率上。最通常的、最普通的，也就是最居前的。比如常人對生死兩性的問題的關切，就是日用中最靠前的部分。另外，我們也可以看到，禮學認為人的一切內心事務應該由每個人自己去料理，而禮只負責整齊劃一的周邊，這可以說是最基本的一條。又云：「故人者，天地之心也，五行之端也。食味、別聲、被色而生者也。故聖人作則，必以天地為本，以陰陽為端。」「以陰陽為端，故情可睹也。」《禮運》說人者「五行之秀氣也」，很明顯，這是認「人」為宇宙中諸事物的一極（端極、極致）。而對人的各種情況的把握與瞭解，都可以用陰陽去歸結和範圍之。陰陽既作為知人的體例而加以使用，從這種意思上說，陰陽也就是最根本、最居前的了。綜合來看，人文學說中的各層意思其實相當簡單清晰，並無兩可曖昧之處。比如欲惡，便是一對陰陽。各種有質物，都是元氣所成。但在各個「成就物」中，又以人為至靈。所以說人是五行之秀氣。像草木、動物，雖然也屬於五行之氣，但不如人類有靈。《禮運》說：「故禮義也者，人之大端也。」「故唯聖人為知禮之不可以已也。故壞國、喪家、亡人，必先去其禮。」這是經義的原宗旨，就是把人的端極定於禮。這一確定對人文有一以貫之的統領意義，而古人的經驗往往是從事實中來的。比如邦禮的崩壞，直接導致的後果就是戰國。其實人文歷史有一個普遍戰國的問題，所以歷史的歸宿應該還是在禮制上。當然，這個只能結合經、史來討論了。《禮運》中說「養生、送死，事鬼神之大端也。」從理解體例上來說，與前面也是大致相同的。從中可以窺見死生與鬼神在義理上的關係。

性理方面，我們也能夠得到一些確定的解釋。《樂記》云：「德者，性之端也。樂者，德之華也。」「唯樂不可以為偽。」孔穎達從「端正」一義去解說，其實這裏應該是「端頭」的意思。也就是說，「性」以「德」為大頭，德是首先的，這是儒家重德的思想。《禮運》曰：「飲食男女，人之大欲存焉。死亡貧苦，人之大惡存焉。故欲惡者，心之大端也。人藏其心，不可測度也。美惡皆在其心，不見其色也。欲一以窮之，捨禮何以哉。」這就是說，禮高於人的內心。禮才是一刀切的本質。無論人心裏怎麼想，那都是靠不住的，所以也不值得關心。不管你怎麼想，都請在禮這裏統一、整齊劃一。人的情緒是豐富變幻的，和風細雨與怒濤狂浪無別。表現出來，只能是一律守禮，一切按規矩辦。治心屬於情的問題，遵禮屬於理的問題。情、理二元雖然都要講，但是最終要以理為歸。食、色性也，人類欲望首先是此二者。死亡、貧困、疾苦則是人性天生最厭惡的。孔穎達解釋說，端謂頭緒、端緒。人心的大端緒是食色生死，情、義、利、患必須「禮以治之」，所以真正的大端還是禮。

禮者，理義也。《經上》曰：「義，利也。」《經說下》亦曰：「義，利也。」斯即義利合一之論。這一簡短立辭無疑具有標舉的意義，因為它把傳統中隨在討論的義利關係這一題目，給出了一個歸結的說法。即使憑直感，這一立辭也能馬上使人意會到：義利問題最終不可能脫出墨辯這一立辭的範圍。在《貴義》中有關於利與義的具體說論，子墨子曰：「萬事莫貴於義。今謂人曰：予子冠履，而斷子之手足，子為之乎？必不為。何故？則冠履不若手足之貴也。又曰：予子天下，而殺子之身，子為之乎？必不為。何故？則天下不若身之貴也。爭一言以相殺，是貴義於其身也。故曰：萬事莫貴於義也。」

世界對死人來說沒有意義，所以不存在絕對至貴者。但是很多人因為原則而殺身，可見在很多人原則高於一切，這說明最貴者還是義。這裏名理上有一些問題，是用輕重法來進行論說的。可以看出，義的位置在墨家是擺在最高的，這一點不用贅言。所以墨家總有一種刻苦的精神，但我們更應該注意的是在義利合一論中濃重的尚利的意思。義與利並沒有被對壘地割開。子墨子曰：「凡言凡動，利於天、鬼、百姓者為之；凡言凡動，害於天、鬼、百姓者捨之。」（《貴義》）這裏利、害對言，其實只是具體說了利的標準。在經典中，我們知道有上帝、鬼神、人三者的劃分。天、鬼、百姓者，也應該從這上面去理解。「利於百姓」一義可以很清晰地照應「義、利也」的立辭。由此，對義的解釋也就可以明確了，雖然不一定是全部的解釋。簡言之，義必須從兼愛、兼利天下這一層去立足，所以義、利都是一種高姿態向下施發的東西。上、下是中夏人文思維的關節。這樣一來，義、利在義理上就比較單純。實際上墨家是以實效的利、有利作為標準。《大取》說天之利人厚於聖人之利人，雖然聖人愛人厚於天之愛人，愛、利關係與義、利關係是相互配合的，在墨辯中有多處討論。由此可證，「利」是非常實效性的一個名。像「孝，利親也」一義也是從實效性去命定的。天道並不是有感情的，但卻能利萬物與人；聖人可以兼愛天下。由此論之，天道在墨學這裏是偏於中性的，而非情感的。先秦各家學派皆言聖人，但內容與標準卻很不相同。這樣，借助各家學說的同名情況，就可以觀察出各家學說之間的異處。可以注意的一點是，墨子善於從日用事體中拈出常見而又明顯能喻會達意、說明事理的例子立論，墨辯正是借助這樣的基礎和思考建設起來的。這一辦法也是發展思考與學問的有效手段，因為它最為直接。在墨學中，關於愛、義、利的論說，我們可以集中在一起並觀。因為就學說理論上觀察，墨家在這些方面的解說比較完整。像《大取》篇所論，如果與《兼愛》、《貴義》等篇聯觀，就可以看到墨家學說理路上的前後一致與一貫。

《經上》云：「禮，敬也。」這一立辭雖然出現在墨辯中，但顯然應與禮學聯觀。名學與禮學的關係並不限於經常給以什麼定說，從名實論與正名的關係我們就可以看到兩者根本的聯結。禮既然在敬上被規定，那麼我們就只能將敬視為一。這個一是貫通在所有的「事」當中的。案《曲禮》云：「曲禮曰：毋不敬，儼若思，安定辭，安民哉。」禮的要求，與墨辯中的定說是一致的。從不同學說的共同點我們可以窺見先秦思想學術的統一底襯，這個統一的底襯不單獨隸屬於、專有於誰。但各家學說與這一底襯之間卻有相因相承的關係，許多因素是疊合在一處的，這需要我們去釐分清楚。雖然禮在敬上命定，但是人性的實況卻與此相反。因為沒有任何一個人是在所有的每一件事上都敬的（如《曲禮》所要求的）。當然，禮學要求的敬，也只能從政教人文去理會，儘管書面上說是無一事不敬。常人可以在他所關注、所關切的某些事情上認真，但是認真與敬，其義顯然不相同。就好比我們說愛護牛，僅僅因為牛是重要的勞力，沒有牛生活會變得困難，這只能說是對牛的事實的重視；但這種重視並不具有何種精神上的意義。敬是從精神上要求的，而認真卻是只要建立了明智的認識，並在此認識上確立某種態度即可。《論語》對敬事一義是格外強調的，孔子的基本態度在於禮，所以必然要以敬來立基。這就是以敬為本，不管他具體敬的是什麼，或者所以要這樣敬的目的、意圖為何。曾子說夫子之道忠恕而已，並沒有把握準確孔子的核心意思，這是顯而易見的。因為孔子是一個城府很深的人，而曾參則較為魯鈍，所以曾子學到的是一些較淺的層面。事實是，從存留的文獻來看，曾子在孔門弟子中資質、天分是很低的。或者這個人有敦厚的一面，但在學問上如果以此人為表準，卻有可能使孔子及其學狹化，這是須要小心的。《樂記》云：「禮者，殊事、合敬者也。」事雖不同，但俱行於禮。敬是一以貫之的「一」，這個一無疑起到了人文統領的作用。後代的學說理論，如理一分殊之類，都沒有越出上古學說的框架。即使從文面上，我們也能清晰地看到歷史學說的文理。另外，禮樂的一體關係，也使「禮，敬也」這一立辭在內容上將樂之義包括於其中。《樂記》裏面有詳盡的義理敘說，這些我們以後還會觸及。

《經說上》對「禮，敬也」一辭有詳細的申說，曰：「禮，貴者公，賤者名，而俱有敬僈焉。等，異論也。」案「僈」字與「慢」字相通。關於禮學的基本義，向來是敬與慢相對待為名。我們在漢語中可以找到很多與慢相關的詞，比如輕慢、怠慢、侮慢等等。從敬、慢的義理及相關事體論之，性善理論是得不到多少支持的，而性惡理論得到的支撐卻甚為強勁有力。因為人性總是難以敬而多流於慢的。墨辯中雖然講到了敬、慢，但在名學上其專注點卻不是人性方面的，而仍然是禮學方面的。禮學根本上是講究等差、等秩與等序的。因此於名理上說，禮學就必然地要建立、確定在「相異」這一基石上。禮是註定相異、相分別的。《經說上》、《經說下》中這一意思已經講得十分明白充分了。從禮學來講，人是天生有差別的。這是貴、賤所必須的，是貴、賤所要求的。關於這一差別性，經義還賦有一些根據性的說法，就是所謂的自然垂範。由此申說一步，人性先天是不一樣的，並沒有完整的統一基礎。這是我們在名學中看到的有關性學的消息，即性理方面的情況。墨家學說關於人性問題的基本意見，在《所染》中表達得最充分，這個我們以後會看到。名理涵蓋的義理內容十分廣泛，這裏不能完全展開。人性問題更需要專門討論，各家的意見很不一致。我們對禮學的名理方面的解釋只是第一步，禮學的展開當然遠不止此。

《經上》說：「倍，為二也。」孫詒讓注解中說，「即加一倍演算法」。如果是這樣，那麼我們也可以認為「倍，為二也」在學理上與易相關，因為易卦爻的疏分模型正好是「規則二分」的典範說明。上古人文的構成較後代更緊固，各種學問彼此之間具有直接的網狀關聯。通觀墨辯中的名理內容，「倍，為二也」一義不僅文面上顯露出「兼」與「分」的消息，而且與「尺」的論說也有關。《經說上》云：「倍，二尺與尺，但去一。」因為尺作為長度單位，只能量出物的大約長度，是不可能精準的。但是尺本身的不斷翻倍從理論上說卻並不損失絕對的精準度。任何一個線段，與另一個線段之間的精確比都是不可知的。也就是說，隨意取一線段作為長度單位，用來度量它自己以外的別的線段，都只能得到一個模糊不清的結果。這是從實際度量方面說，因為它需要以視覺為基礎。理論上的設定與實際的知道是兩回事，尤其是確知。所以「設」與「知」是根本不同的，其間的懸殊就是鴻溝關係。因此，各個線段之間，以及各個度量之間，各個物之間，實際上都是一種鴻溝關係。也就是說，只要是對比、比例、比較就是模糊的。但是每一線段、度量、物……本身作無數的翻倍卻是容易的。這就是說，除去自己的情況是可知的、是可以確定的以外，互勘的情況則是不可確定、不可確知的（如：甲——乙——。甲、乙之間的關係、情況、比、可測性等等，根本無從得知）。由此進一步說，不僅不同的線段之間的相互情況無從入手，就是某一線段自己的情況也是不定的、多樣的。比如一個線段要「二倍之」很容易，而二均分也不難。但是該線段三倍、五倍容易，三等分、五等分卻很難。我們知道圓可以三等分，但直線卻不能。介乎直線與圓之間的是不規則的各種弧線和曲線。種種奇妙的關係，多可以借助圓與徑的關係來窺得。《經上》中的一組關係很值得我們留意：在「倍，為二也」之前，有「直，參也」、「圓，一中同長也」、「方，柱隅四讙也」的三連續。從象數上來說，圓、方、勾股，其數為一、二、三。所以圓、方、勾股為三元形，一、二、三為三元數，它們在象數上是整齊對應的。那麼「直，參也」一條，顯然包括直線與三角在內，是一望可知的。由此，「倍，為二也」與「尺」等內容有關，也就不奇怪了。尤其是，《經上》把仁、義、禮、實等人事義與日中、厚、圓、方、直等物理義穿插在一起，這種安排很明顯不是偶然隨意的，而是有整齊的意向表現出來。但是到底是一些什麼意思和意圖，現在還不能完全斷定。

從象數上來說，三邊形與三角形雖然僅一字之差，但其中的關係卻頗可討論。從形學、度量上來說，幾邊形與幾角形是一致的，有多少邊就有多少角。把一個線段放在遠處，看上去很短，但是就那個看上去很短的線段來說，我們卻不能確定知道它與該線段本身的關係。或者，從「共別性」來說，看上去的線段或者已經不再是該線段本身了，而是另一條線。圓可以輕鬆地三等分，把圓拉直為一條直線卻不好三等分，可見形學問題是有其奇妙之處的。墨辯中涉及「形」的地方不少，而形與人事又是直接相關的。案《荀子‧議兵》云：「延則若莫邪之長刃，嬰之者斷；兌則若莫邪之利鋒，當之者潰。」「嬰」字與「攖」字相通，「兌」字與「銳」字相通。劍的刃口鋒利，當劍刃橫著削斷一根桿子的時候，劍刃與桿子的接點、結口是相當緊密的。借用這一形象的說法，我們就能夠知道墨辯中所講的「攖」，其確切涵義是什麼。也就是說，可以把相接處簡約地視為一個端點，而這個端點是無限小的。端點的基本特性就是正好、剛剛介乎無與有之間的那麼一個東西。《經上》說：「攖，相得也。」又說：「似，有以相攖，有不相攖也。」又說：「次，無間而不攖攖也。」從這裏觀察，乃是涉及「類」問題的。結合類問題分析，則攖之為義顯然就不局限於形的問題一途了。但分歧之處卻是，「似」這樣一個關鍵的字眼有著不能絕對確定的問題。因為在《經說上》中有「仳」這一條。文曰：「仳，兩有端而後可。」關於「似」與「仳」，有的學者認為統一應該作似，有的則認為應該統一作仳。由於「經」與「經說」通常都是整齊對應的，所以作不統一的兩解的可能很小。這樣就只能根據義理本身來酌定。因為文中提到了「端」，所以不從形的角度去確定便不合適，這樣作「仳」解就是對的。但問題是，如果我們就此便認定攖之為義是專講形的問題的，卻又出現了類的跡象。如「堅白之攖相盡」一條，堅白問題顯然是具有標誌性的、討論類問題的範例。這樣我們的理解便面臨著兩擺的境地。為了明晰起見，我們將有關的條文都集錄於下：「攖，尺與尺俱不盡，端與端俱盡，尺與或盡或不盡。堅白之攖相盡，體攖不相盡。端。仳，兩有端而後可。次，無厚而後可。」案這裏有一個「端」字無處安插，根據文義推之，可能是「尺與端或盡或不盡」一句裏的。因為前面已經有尺與尺、端與端二義，照一般排列組合的習慣通例，「尺與端」一義是很自然的。墨辯的文義非常樸實，從來沒有離奇之解。堅白當然不是形，堅性與白色，同集於石上。就好像一個饅頭，隨便揪一塊，白色的肯定也是軟的，軟的肯定也是白色的。堅與白二者相互瀰盈充滿，所以說「攖相盡」，也就是「盡相得」的理解。這裏的義理還是比較實態的，而堅白與軟白情況大體上也一樣。

這樣，我們就得到了兩條重要的義理：相似與相次。所謂「相似」就是在類上有以相攖、相交相得的地方。所以「似」、「相似」是類問題。而「似」與「是」又是顯然不同的，「相似」與「相是」有很大的區別。根據同異法則，這個世界只能是相似的世界，只能是在似上確立起來的，所以只是一個相異的世界。而似的成立基礎就是類上的「相攖」，即必須有類的「交得」。比如牛、羊都長角，「角」就是有以相攖、「攖得」的類，所以牛、羊有相似性。那麼，端點與端點一個一個緊緊地挨著，中間沒有間隔，沒有斷處，這就是次，也就是「相次性」。但是端點與端點之間絕不疊合，否則就不是「相次」了，所以說「不攖攖」。但是，如果類有相疊合的，就表明有共通的類，就建立了相似性。所以墨辯的說法是形象而質實的：每一個類就像每一個端點一樣，之間或者交合、或者不疊合。

沒有共同的類聯繫，當然就談不到相似。簡言之，世界只能止步於相似，不可能再前進一步，所以相似就是世界的終極。比喻、比興、類比等等，乃是嚴格合乎名學原則的。也就是說，同異法則註定了世界只能是相異的，沒有相同、相是的契接點。所以，相似就是世界最後的歸宿，至於不相似就更不用說了。而相似與不相似之間有一種輕重性的過渡關係，所以從這個層面上說，世界也是輕重性的。我們只有一個輕重的世界和宇宙——在「類同異」上的連綿體。

《經上》說：「生，刑與知處也。」案「刑」通「形」，其義簡明。是說人的形體與知覺相處在一起時才是生，那麼死顯然是人的身體與知覺分離了。比如說死人睜著眼睛也看不見東西，因為知覺與肉體器官已經脫離了。可見墨辯是從「知」來定說生死的，知是關鍵，因為「形」即使死人也一樣具有。孫詒讓的解釋是說形體與知識合併、同居則生。應該看到，知在這裏的立義是很初級的，也很寬泛，因為它必須是基本的，並不需要說到很高的層次。墨辯所以要對「生」作一個交代，與禮學還是有關係，因為生、死是禮之大端。《禮運》就說：「故禮義也者，人之大端也。」、「所以養生、送死，事鬼神之大端也。」《祭法》中則說：「大凡生於天地之間者皆曰命，其萬物死皆曰折，人死曰鬼，此五代之所不變也。」在經義中，有「三大」我們是應該注意的，就是：上帝、鬼神、人。人死都為鬼，所謂的「鬼」，有歸於大地的意思在裏面。人是活體、活物，生死、人鬼都是對稱的。墨學講明鬼，也不能脫離禮學去考察。這樣綜合觀之，我們就可以知道：《經上》言生是有著比較重要的牽扯連帶意義的。在經典解釋中，《祭法》中的命、折、鬼三名還有一些名學上的說法。意思是說：人與萬物形體各異，容易分別，所以用「同名」無大妨礙；但死去以後，人與萬物同歸於大地而腐為野土，所以就要有所分別了。因此，鬼名是專用於人的。這裏還有一個說法，是說萬物無知，而人有知有識。可見，這些義理與《經上》中所說的是相應合的。從名學來看，當「實」易於分別時（比如形體各異易於別識），名的同異講求便相對較輕；而當實容易相淆時（如同為野土，不易別識），名的同異講求就相對偏重了。可見，實是首位的，名隨實升降。另外還有一層，就是禮重死事、致敬鬼神，故尤當分別。這是因為：人文開化以後，人對死去事物的禮敬程度會提高，而輕慢總不是文明的「正比」。五代指黃帝、堯、舜、禹、湯，傳統既久，所以影響生活也巨。

《經上》云：「臥，知無知也。」又云：「夢，臥而以為然也。」這兩條如果對照《周禮》中講的占夢之事聯觀也許更好一些。文曰：「占夢掌其歲時，觀天地之會，辨陰陽之氣，以日月星辰占六夢之吉凶。一曰正夢，二曰噩夢，三曰思夢，四曰寤夢，五曰喜夢，六曰懼夢。季冬聘王夢，獻吉夢於王，王拜而受之。乃捨萌於四方，以贈惡夢，遂令始難驅疫。」

案「難」同「儺」。所謂正夢，就是指在最平常的情況下，自然而然做的夢，沒有任何大的起伏波動。而後面的五種夢卻是心緒不寧導致的。比如喜夢、懼夢，就是感情或情緒上大喜大悲，或者悽惶恐懼所致。但王者之夢，其專注點在吉凶上，原不是對感情心理進行分類。思夢被解釋為思念而夢，實際上還應該包括思慮在內。因為思念僅僅是感情上的行為，而人之思慮顯然還包括考慮各種事情和問題，不僅僅局限於情感方面。噩夢的意思，在這裏的解釋，是偏重於使人受驚嚇，我們在正史中常看到帝王為什麼所驚的記載。而寤夢謂是覺時道之而夢，顯然是與醒時聯繫最緊的一種夢。六夢之法，主要是為辨吉凶而立的，當然不是著重對常人情感的考察。但其中的分別仍然是極細緻的，而且結合陰陽天象與夢同占。可見上古占夢的內容有其繁複性，並不是單一的。墨辯中所講的臥、夢應當參照經典中所講述的內容同觀，因為墨家學說總體上也是圍繞著治事而立的。孫詒讓認為：「言知識存而臥時則無知也，畢謂夢知則失之。」對照《周禮》中的六夢法來看，「臥，知無知也」中的知應該是從「夢知」上去講比較妥貼，因為睡臥必然會與夢發生關係。臥、夢對言，正說明臥中之知是有別於平常之知的一種單獨的類型。從以「臥而以為然也」來解說夢就可以看出，古人對待夢比今人要認真許多，絕不會那麼不以為然，況且夢還與占卜之事直接掛在一起。而墨家講明鬼，正與此呼應。孫詒讓是研究《周禮》的代表，在《墨子》注中卻沒有引申綜合考論，沒有進行直接辨證。但是我們可以肯定一點，孫詒讓不會反對上述的聯觀。這裏對經典中的六夢法和墨辯中的臥、夢之說作了連類討論，因為上古學說中的一切內容都是原本坐實的，無論今天是否還能還原出來。

上古具體的占夢法，我們現在已很難得到直感的認識了。根據孔穎達注疏的解釋，《周禮》中所說的六夢乃係一種制度，即六夢法，是上代以來就有的。大致的情況是：占夢（職官）掌其歲時，當然是突出今歲，以日、月、星辰占六夢之吉凶。因為天地陰陽之會每年的情況都不相同，今歲有別於去歲。所以這裏歲、時是作今歲、四時解。關於用日月星辰、五行兩儀、天地之象占夢諸內容，現在已不容易瞭解了。但是注疏解釋中舉了一個例子，就是晉國趙簡子夢見童子倮而轉以歌，旦而日食，它預兆著吳國要攻打楚國、伍子胥要報仇，但是楚國最終不會滅亡。古人留下的各種占卜術之所以常有應驗者，是因為古代人對占卜有歷史的處置態度和習慣。也就是說，要把每一次的占卜收集起來作綜合的核證。這樣，通過幾千年的總結經驗，占卜命中的機率無疑就相當高了。這裏就說到：新舊歲之交，要問王所夢之善惡吉凶妖祥，惡的、不好的夢就送去；善的、好的吉夢就獻於王，歸美於王。這些屬於禮俗生活內容，就像我們現在還送歲一樣。不過這裏是送惡夢，只留下吉祥的、好的夢。方相氏還要作舞驅邪，驅逐疫病厲鬼。在注疏解釋中提到了儺，儺戲在民間一直存續著，只不過上古宮廷禮制中的儺較比現在民間的儺可能更為精緻一些，更加講究。這說明古代的事物、古代的生活內容必然會失之於野，而以別種方式保留下來，但不會完全消滅。雖然往往要退化，達不到原來的水平。

案方相氏屬夏官司馬，《周禮》云：「方相氏狂夫四人。」孔穎達注疏解釋說：「方相猶言放想，可畏怖之貌。」可見方相氏所從事者還是武事。古代以驅邪戾鬼疫為武事，當然是另一種層面上的武事。放想大概是漢代時候的語言，注疏裏面講得很明白。漢學每以今釋古，此一辦法當然是行之有效的，這麼做主要還是為了達意上的方便。因為漢代面對整理前代文獻典籍的工作，所以實證之學異常發達。清代的情況，也可由此會通。

《經上》曰：「說，所以明也。」很明顯，「說」在墨家學說中有著關節的地位，因為名理的很多節目都集中在這裏。說顯然與「辯」有著對比參照性，《經上》是這樣定論的：「辯，爭彼也。」彼指那一個、所爭論的對象。它必須滿足「通意而對」的要求，這是一重限制。也就是說，辯的雙方或數方必須「確知」對方所講說的，即知其所謂。通觀墨辯的所有內容，可以很明白地看到一點，即墨學並不倚重辯，而毋寧說是將辯作為問題和事實給以討論與定說，因為辯是實際的情況。由於辯的特質首先是相爭的，因此名理無疑不能寄託在辯上面，而必然地要以說為基石。「所以明」的辦法、途徑很多，比如解釋、講說、分析等等。說與「通意」是一體的。可以說，知識學問到「達意」為止，不會再有更多的懸念。所以「說」能夠解決一切。因為只有明曉意思，一切才成為可能。這樣，辯就有違通意然後對之的原則了。更深一層地說，辯是否是必要的，本身便成為問題。即以「明理」一事來說，一切都可以由「說」來達成。也就是說，說本身能完成和達成一切，成就並滿足名理上的一切需要。因為事物在達成明知以後，都不例外地成為簡單陳列擺放的事實，這時候辯爭便是無由成立的。因此，辯的存在只有一個條件，即在「明知」不能達成和被確正的情況下，才有可能。或者就是包藏著某種意圖目的，辯才可能發生。而說與辯二者之間，主要是相對的關係和衝突的關係。經常會發生的情況是：說對辯有解消的作用。比如分析、解釋、詮說對爭辯的消解等等。這樣，墨辯實際上給思想學說安加了一重限制，即思想學說必須是「說」的，而不是「辯」的。具體就落實在「明」上，或者說是「明知其所謂」。但是，墨辯中表現的情況也並不是那麼一味單一。《經上》說：「辯勝，當也。」一時便不好確定，因為這裏的「當」如果含有確當的意指，那麼，是否說辯勝的一方便更確當呢？顯然這一標準是不能成立的，因為不符合道理，名理不能由爭辯來左右。在《經下》中有一條說：「謂辯無勝，必不當，說在辯。」對照經上中的這一則來看，我們就可以看到兩者間的互補說明作用。這裏有兩層意思應該注意，就是：凡辯一定是有勝的；而辯的關節就在於「當」。易云：「乾之策，二百一十有六。坤之策，百四十有四。凡三百有六十，當期之日。二篇之策，萬有一千五百二十，當萬物之數也。」這裏「當」有當作、當成、相當於等意思。萬物之數無窮無盡，當然不止限於萬一千五百二十。可見易象數是權且把萬一千五百二十當作是萬物之數，以便運算。所以這裏，象、數不是機械對應的。三百六十取整數，與一年三百六十五日也不機械對應，只是大致相當。關於辯的兩條立說分切在《經上》與《經下》中，沒有放到一起，這裏面包含著哪些安排還須思考。只是兩者間的關聯清晰，並不妨礙我們的觀察。案《經說上》中有遞進的解說申論，文曰：「辯，或謂之牛，謂之非牛，是爭彼也，是不俱當。不俱當，必或不當，不若當犬。」這一條可以對應「辯勝，當也」一條，但是其中所舉的例子還是很費索解。《經說下》中說：「辯也者，或謂之是，或謂之非，當者勝也。」這一條本身也是承接解釋上一條的，上文云：「謂，所謂，非同也，則異也。同則或謂之狗，其或謂之犬也。異則或謂之牛，牛或謂之馬也。俱無勝，是不辯也。」兩爭不下，必然有一方是當理的、是確當的，否則，辯就無法成立了。所以說「不俱當，必或不當，」而關鍵是「不若當」，這才是真正的費解點。古人為什麼要有一個「不若」的提法，顯然，這與名理的徹底化和極端化有關。我們必須將上述諸條目參合比勘在一起，才能對照出更多的情節。簡言之，就是使用「參差法」。這一參差的辦法當然會牽合到其他節目，但是只要在這個綜合體中有說明證發作用就行。參差比勘法實際上是一種綜合方法，也是樸學所使用的最常規而基本的手法。我們在這裏只是將樸學的辦法推用到義理方面，因為義理本身也是更進一層的「考證」。

名學中最基本的是名的級階。《經上》云：「名，達、類、私。」關於達名、類名與私名，《經說上》中有詳細的說明。「名：物，達也。有實必待文多也。命之馬，類也。若實也者，必以是名也。命之臧，私也。是名也，止於是實也。聲出口，俱有名，若姓字。」「物」是用來包指一切的，包括實態的與虛態的，都可以泛稱為物，所以是達名。口語中的「東西」兩個字就能說明問題。但是達名是否僅限於物這一個名，事實當然不然。墨辯在這裏也只是舉一個例子說明罷了。像「名」與「實」二者，其實也含有達名的作用。尤其是「實」，可以說，任何一個有，它都是一個實，只要它是能夠被指稱的。「實」這個字的涵蓋並不比「物」這個字小。而且實在學理表達上較物更具有一些優勢，就是物之名太日用，它常常使我們想到具體的、實態的東西。而實這一個名在習慣用語中很陌生，雖然它是先秦義理最基本的部分，但並沒有進入日用之隅。所以，如果我們更多地使用實之名，那麼較使用物、「法象」等名，說明效果會更好一些。有時候，生疏與彆扭更具有「醒覺」作用。總之，達名所包攬和該攝的不僅僅是「很多」，而且是沒有一個例外和遺漏。達名的制立初衷，就是為了起到這個作用。類名是介乎達名與私名之間的名，它是最具有升降性的，可以分劃出很多級階。比如說馬，無論黃馬、白馬、黑馬，蒙古馬或別種馬等等，都包括在「馬」這一類名的領轄範圍之內，沒有逸出者。也就是說，像這樣的一些實，必然要用這樣的名去「指」之。而當馬、牛、大象、小蟲等等動物排列在一起時，「動物」便成為類名——更高一級的類名。依此推之，名的分類情況都可以明晰地確定。有了分類，也就有了(別)同異和一切的基礎，所以分類學是最基本的、也是最終的歸宿和依託。我們知道，名分是最講求名上的劃類的。私名並不難理解，比如孔丘就是一個私名，也就是「是名也止於是實也」。但「聖人」是一個類名，而且涉及「移、舉、加」、「況謂」等情況。在古代學說中，我們常常可以看見上限與下限的劃定。比如將人分為九等，唯上智與下愚不移。中間的七等，都可以靈活變動。由此看來，類名顯然是最具有輕重性的。達名、類名、私名本身並無多少餘義，重要的是它們的運用牽涉面極廣，沒有限制。墨辯中的義理，情況很多都是如此，這也是為什麼它有口訣性質的原因。

《經上》云:「巧轉則求其故，大益。」《經說下》云:「遺者，巧弗能兩也。」前面我們說到墨辯的口訣性質，義理上是網狀相連的。因此，對參這兩條，我們就會很清楚地知道:「巧」應該是指巧轉而說的。而「巧轉」一名即使從文面上看也十分顯白，它是指對名理運轉活動中的一種普通情況而發的。這種普通情況，持續地彌散於人文學說及其整個歷史中。因此「巧轉則求其故」一義，仍然是指說的一個名理原則——將這一名理原則明白確立下來。而應對、對付和解決巧轉的辦法，就是「求故」。我們可以借用圖來表示：

集合一	集合二	集合三	集合四
甲	甲	甲	甲
乙	乙	乙	乙
丙	丙	丙	丙
丁	丁	丁	丁
……	……	……	……

集合一	集合二	集合三	集合四
甲	甲	甲	甲
乙	乙	乙	乙
丙	丙	丙	丙
丁	丁	丁	丁
……	……	……	……

集合一	集合二	集合三	集合四
甲	甲	甲	甲
乙	乙	乙	乙
丙	丙	丙	丙
丁	丁	丁	丁
……	……	……	……

集合一	集合二	集合三	集合四
甲	甲	甲	甲
乙	乙	乙	乙
丙	丙	丙	丙
丁	丁	丁	丁
……	……	……	……

我們看到，在各個集合之間，「連結可能」是無限多樣的，這可以用排列組合的辦法算出來。因為任何一個事物，本身都是一個集合。像「堅白石」的例子，已經很好地說明了這一點。那麼，人在各個集合中的「推」，即名理上的運行、行進，實際上完全取決於他個人的獨斷與揀擇。在各個集合中搭成一個完整的連結，就形成一個獨立的、單獨的名理過程。這個過程是自身完整的，以求得成立。在《大取》與《小取》中，詳細論述了各種「取予法」，即拿出、給進法。所有這些，與此都是直接關連的。在同一組事物中，各人搭成的「推」是不一樣的。這就像造橋選路，中間有一個或然性，並不是一定的。我們可以舉一個例子來說明。比如先秦的人性學說，從同一組事體中，孟子可以推出性善說，求其成立；荀子可

以推出性惡論，求其成立；孔子可以推出性近說，求其成立；墨子可以推出性染說，求其成立；告子可以推出性猶……之說，求其成立；某某又可以推出性輕重說，求其成立……。這種種的推，恰恰就是一個「取予連續」。設令事體一為集合一，事體二為集合二，事體三為集合三……，依此類推，以至無窮。那麼，我們可以依「獨斷」，從事體一中任揀其甲或乙或丙或丁或……，以連接事體二中之或甲或乙或丙或……，接著連接三、四……中之……，達成一個完整的立論。按照常人通常的思維慣例，可以說，任何一個歷史人文學說都是這樣通過連續取予而造成的。所謂獨斷的任揀，就是一種取（予）。那麼，對此將如何去處理、如何對待呢？顯然，正名所要求的，就是「正取予」，即正取正予。而求故、求其故也就是「正故」、「正其故」。在每一個「推步」中（比如集合一到集合二的連接，就是一個推步、一個推的單位），都必須進行同步「正之」的處理和討論。我們將任意的連接、連結稱之為巧轉，而經過確正的連結、確正過的連接就不歸入巧轉。事情本來就是這樣簡單，這些名理法則，我們以後會大量用到。

由此也就清楚了，巧轉雖然是巧妙或高明的，但是它也有自己的特性，那就是一般情況下，每次的連結都只能達成一個，而不能是同時多個，不能同時又是這又是那，這就是「弗能兩」的意思。對此，我們就稱之為「遺（漏）」。這就像一萬個人進出一個門，每次只能進出一兩個，因為門太小。不可能一萬個人同時從同一個門進出，俗話說掛一漏萬也是這個道理。既然巧轉必有所遺，那麼破解巧轉就是可能的了。先秦名辯中，巧轉屬常事。比如《公孫龍子》的《白馬論》，時人就多認為是巧轉。但是巧轉並不限於某學某人，人文史中的巧轉是到處瀰盈的，並不稀奇。孫詒讓等學者的研究雖然給我們提供了一個基本的參照，但對上述兩條的考論，似還有商量的餘地。比如「大益」二字，其實是可解的，並非「未詳其義」。若照孫詒讓說：「畢、張讀巧轉為句，則求其故大益為句。」那麼，意思可能很順承、淺白。就是說：對待巧轉，就要從「求它的故」這一點上去突破、解決，這個大有好處。「故」在墨辯中享有的關鍵地位是不待說的。從這裏給出的指導原則來看，在故上以求解決巧轉問題，這一點應該是沒有什麼歧義的。墨辯中所說論者，都是關於和指對如何解決思想學說中的問題的具體辦法，明白了這一層，我們就不會迷路。求故實際上是一種還原法，這一點我們以後還會接觸到。

墨辯就「推」的問題給出過一個總則性的說辭，《經下》云：「推類之難，說在之大小。」孫詒讓認為「之」字上面疑脫「名」字，但是推類之難並不限於名之大小，主要還是歸落在類之大小上，經與經說中有大量詳細的例證。雖然墨辯並沒有直說推是不可能的，但是這裏既然說到了推是極度困難的，結合全篇來看，實際上已經很明顯地提出了推之可能與否的問訐。因為在名理自然展開的過程中，最後已經逼近了推的可能問題。任何一個「推步」，必然始終伴隨「正類」的問題，因為「推」與「類」二者不可能分離。推類之難一條並不是單一的義理項，事實很明顯，它對這裏的一個「義理群」起有統領的作用。《經說下》中的很多節說論都與之相關涉。案《經下》云：「止，類以行人，說在同。」這一條也是該括性的。「類以行人」一句或以為當作「類以行之」。既然推是在類上運行的，那麼「止」之為義，就絕不能排除推的停頓、推的停止這一層。因為下文說了推的困難，推是否能夠運行下去都是一個問題。如果推是不可能的，或者推是難以運行、運轉的，那麼推就等於說被止住、被終止了，被止結、結止了。這裏問題的樞紐和關鍵還是在於「正類」與「正同異」。如果用圖示來補充說明，就是：

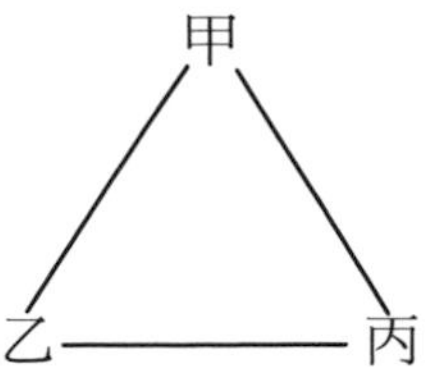

通常，在推中，如果由乙推丙發生困難，會借甲過渡一下，然後回落到丙。巧轉就以此為基本，實際上是在錯亂共、別階。我們再作一圖：

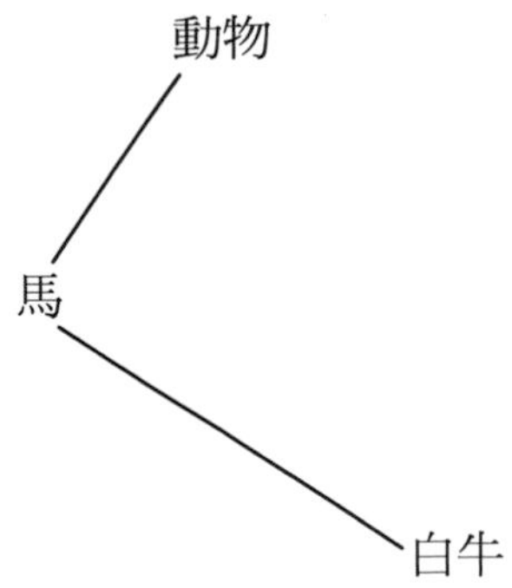

顯然，馬與牛是同一共階的，而白牛與白馬同一別階。名實共別級階的這種跳來跳去，就像音階的作用那樣。通過巧轉、跳脫，人文學說完全變成了作曲。其結果就是：沒有不成立的學說和立論，任何論點和說法都是成立的。

案《經說下》云：「謂四足獸，與生鳥與，物盡與，大小也。」這與《經上》中的很多內容，還有《經下》「推類之難，說在之大小」一條，其承聯關係是顯而易見的。只是在文面上，這裏的斷句有一些問題。因為它取決於「與」字這一關鍵，對與字的解釋和理會是繞不過去的。如果我們結合下文綜合理解，就不難框定與字的義域的大致範圍。諸如「二與鬥」、「食與招」、「白與視」、「麗與暴」、「夫與履」各條，以及「木與夜孰長」、「智與粟孰多」、「麋與霍孰高」等論題。顯然，與字的涵義，可以肯定地認為：絕對不脫出類上的各種紐接、交疊關係。具體的各項說論、題目只是為了展開這一點。比如，「物盡同名」一條，就是「為麋同名」的最大化。大、小原本只是從類的階次（臺階）、同異的升降這些實際情況去說的，包括各種「交紐」的情況、區域以及範圍的比較。可以說，在這裏的總則的限制、要求下，實際上宣明瞭推必須在正類的情況下來進行和運轉。而且必須強調，正類嚴格來說應該是同步推正、同步正類。說到最後，也就是所謂「正推」。無論正類、正同異、正推、正……等等，都只是正名的工藝環節和具體內容。正名是有技術細節的，其表達形式就是：正。我們可以在括弧中填寫名理所要求的具體的項。概言之，名、類的大小、多少、共別是參差萬變的。在「是」與「然」上從來都不一定，這個《大取》、《小取》講得很詳細。四條腿的獸與兩條腿的鳥在物類上就很懸殊，所以齊物只是「諧調」類上的參差。「物盡如何」其實就說明這些問題。

《經上》云：「已，成、亡。」墨辯中討論「且」、「已」一類問題，還不能簡單從物理時間上去理會，其內容主要還是關係人事的。在上古文獻中，我們隨時可以讀到一些輔證性的材料（人事方面的）。比如《大戴禮記・禮察》說：「凡人之知，能見已然，不能見將然。禮者禁於將然之前，而法者禁於已然之後。是故法之用易見，而禮之所為生難知也。若夫慶賞以勸善，刑罰以懲惡，先王執此之正，堅如金石。行此之信，順如四時。處此之功，無私如天地。爾豈顧不用哉！然如曰禮云禮云，貴絕惡於未萌，而起敬於微眇，使民日徙善遠罪而不自知也。孔子曰：聽訟吾猶人也，必也使無訟乎！此之謂也。」

禮法刑政之教，還是要體現於日用之間。《論語》講民可使由之，不可使知之。易曰百姓日用而不知，義理上都是貫通的。從已然、將然這些議論中就可以知道，墨辯討論且然、已然等問題也不是沒有針指的。無論它討論的道理多麼一般，都免不了對具體事務的關注。而且墨家出於小禮官，對禮教也一定是誠篤的。《禮察》中說：「孔子曰：君子之道，譬猶防與？」像且然、已然、將然之論，以及禮法政刑之教，其實都是「防道」。所以說：「夫禮之塞，亂之所從生也。猶防之塞，水之所從來也。故以舊防為無用而壞之者，必有水敗。以舊禮為無所用而去之者，必有亂患。故昏姻之禮廢，則夫婦之道苦，而淫辟之罪多矣。鄉飲酒之禮廢，則長幼之序失，而爭鬥之獄繁矣。聘射之禮廢，則諸侯之行惡，而盈溢之敗起矣。喪祭之禮廢，則臣子之恩薄，而倍死忘生之禮眾矣。」

這裏有一個很重要的意思，就是舊的有效的人文內容不能輕易廢去。實際上這是遵循的人文加法原則。以舊人文為無用而加以破壞，當然會有惡劣的後果。《大戴禮記》中講的這些意思，與漢代的時世有關係。可以看出，經學的思路，所要倚重的是禮而不是法。這就像中醫的思路，向來是養生第一，預防第二，治療第三。兵法中則是不戰第一，戰勝次之，也是一樣的道理。關於禮法之治，《禮察》中說得亦甚明白：「為人主計者，莫如安審取捨，取捨之極定於內，安危之萌應於外也。安者非一日而安也，危者非一日而危也，皆以積然，不可不察也。善不積不足以成名，惡不積不足以滅身。而人之所行，各在其取捨。以禮義治之者積禮義，以刑罰治之者積刑罰；刑罰積而民怨倍，禮義積而民和親。故世主欲民之善同，而所以使民之善者異。或導之以德教，或驅之以法令。導之以德教者，德教行而民康樂。驅之以法令者，法令極而民哀戚。哀樂之感，禍福之應也。」

《周易》咸卦就是講政教感應的。而驅之以法令者，也就是墨辯中所說的不若驅眾。中國上古時代的政治理治思路，其歸還是在於高明政治這一理路。像道家講的大制不割，善者吾善之、不善者吾亦善之，誠善；包括齊物原則在內，都是以不知不覺之謂神為期望值的。《大戴禮記》在這裏講到的取捨，除去原則的態度以外，當然還包括各種技術內容。比如經濟生活中，反對過多地徵收，就是儒家基本的態度。也就是說，不能僅僅出於一個仁政的願望，還要有可行的技術手段來填補有限徵收造成的國用空白，在實際操作中才可推行。對照《管子‧輕重》與《論語》等書，可以反映得很清楚，這些我們會專門談到。禮法之治，取禮捨法，當然也有一些問題，就是在可行度上，禮如何才能完全取代法、措法於不用？墨家學說講取予，與取捨一義也要對比其同異，考定其關係。案《經說下》云：「且，猶是也。且然，必然。且已，必已。且用工而後已者，必用工而後已。」《經說上》云：「且，自前曰且，自後曰已。方然亦且。」又說：「已，為衣，成也；治病，亡也。」《經上》云：「已，成、亡。」《經下》云：「且然，不可正，而不害用工，說在宜歐。」

這幾條對照著看，義理上便很明顯。「歐」應為「驅」，「宜歐」應該是「宜驅」。先秦典籍中，「驅」字經常誤為「歐」字，比如宜驅、驅眾之類。它的基本意思，就是說用強制手段，驅使國民、人眾做什麼。先秦學說經常會討論驅眾的合理問題，墨家尚同，所以驅眾這一類思想在墨學中是不奇怪的。「且然不可正」，是說對將然而還未成為既然的事是不可能「質正」的。也就是說，且然永遠不可能確正下來、定下來，而只能按理推求之。所以且然只與事理連結在一起，與可證沒有關係。這樣，從名理上就為驅眾說的成立作了充分準備。就像人不可能先證明了飲食，然後才去飲食一樣。任何事情，也是先做著再說，所以說「不害用工」。驅之以法令者，就是驅眾的極好例子。可以完全清楚地看到，墨辯的意思，明顯是把「且」與「必」兩者等齊看待的。這種看法與對待，是政教人文必然會有的思路和趨勢。比如說，且為亂，那麼也就等於：必有大亂、必為亂也。由此，為了杜患於未然，就要施用一些很有強度的手段。單從書面來講，似乎可以批評這樣做完全沒有道理。但事實卻是，大陸帝國的生態環境根本經受不住動亂帶來的破壞與損失，這就是輕重。墨辯在《大取》與《小取》中就著重講到了輕重性。所以「且」與「已」與「必」之間的名理關係，十分透徹地體現了輕重在人文中的靈魂位置，這一層是最要緊的。所以名學的性格構成中，最主要的一層便是它的歷史性格與實事性格。

關於「已」，與「且」是對比性的，不僅僅是經說中作的簡單的前後劃分。「成」與「亡」所體現的也是陰陽兩儀性。從「已」的陰陽性我們就可以直接感受到人文屬性中陰陽性的普通了。且與已這樣簡單的義理內容，其重要並不只是如文面所呈示的。單從字面我們看不到更多的義理含量，只有在且與已這樣的義項與形而上、形而下，包括後來的「理」問題等人文題目發生聯繫時，其名理上的功用才會更多地表現出來。《經說上》中為了說明「已」義只舉了兩個日用的例子。比如做衣服，做成了以後，衣服就成為既然的、既成的事實。這是形而下的、看得見摸得著的有質體。但治病的情形相反，病治好以後，疾病就消失了。治癒與消失是等同關係，但疾病卻不再是形而下的、看得見的。可見已然與既然並不一定就從形而下去說。對「已」的言說體現了中土思想學說的一個特性，就是言說的陰陽面。這種性質只要我們細緻觀察，在歷代學說習慣中是屢見不鮮的。許多關鍵的義理內容都是分陰陽面去講說的，由此就造成另一個普通的情況，那就是中夏學說思想本身的不定性，對這些性素我們應該充分留意。關於且、已、必等義項，它們的關係還可以更深地討論。墨辯把它們聯繫在一起，實際上也表示了墨學的一些意向。事實是，古代講的且、已等，在語言使用習慣上與現在也有出入。我們收束排列一下就有既然、未然、已然、將然、必然、且然等義。這些義項，本身是網狀關係的。

《經說下》云：「堯霍，或以名視人，或以實視人。舉友富商也，是以名視人也；指是臛也，是以實視人也。堯之義也，是聲也於今，所義之實處於古。若殆於城門與於臧也。」這裏講到名實的一條具體法則。「是」也者，「惟是」也。比如日常生活中作介紹的時候說：「這一位是某某。」就屬於「以實視人」的情況。而我們在談論孔子時，便屬於「以名視人」的情況。因為我們不可能實實在在與古人相處，更多地還是借助歷史「名、言」來瞭解前人。必須注意的是，以名視人和以實視人在這裏有一個相對而言的情況。按照「一切唯實」的原則，古人之實，對今人來說，只是相對較為虛態一些罷了。因為一切名下面一定跟隨、對應著一個實，無論共名還是別名，莫不如此。雖然富商一名似乎很不具體，但是無論如何，富商本身就是一個實，否則富商之名便無由成立。儘管富商之實是很難訴諸想像的。以此推之，堯在後世人們還曉得他、記住他，並且標榜他，這是「堯之聲也於今」。但是堯的實（包括一切義），卻是處在古代的東西。這裏是要通過具體的例子來方便達意，以便人們在用到名理時好「推反」（舉一反三地類推）。

《經說下》云：「使，令使也，我使我，我不使亦使我。」這是很關鍵的一條定說，是墨家關於「我」的立場。「我使我」固然是我令使我，我不使我也仍然是我令使我，總之一切都是「我」，都源於「我」，這一點是脫不出去的。所以宇宙天地之間的根本就是「我」，在我這一基點下，一切都是獨斷。因為我們找不出非獨斷，不獨斷是無由成立的。像莊學中講的無我、忘我等義，實質上也還是「我使我」的一種具體表現。因而人文中關於「我」的問題，在墨家這裏也就沒有留多少餘地。也就是說，名理地對待「我」，與玄學地對待「我」，兩者之間有巨大的懸殊。玄學喜歡玩「我」，關於「我」的「義境」可謂千奇百怪。但是無論我如何我、「……我」，本質上其實都是一種「我我」，也就是「令使」。這樣，再碰到關於「我」的問題時，墨辯就給我們提供了一個現成的座標依據。

《經下》云：「景不徙，說在改為。」孫詒讓解釋這一條說：「徙，舊本偽從。王引之云：從，當為徙。徙，移也。《列子・仲尼》篇景不移者，說在改也。張湛注云：景改而更生，非向之景。引《墨子》曰：景不移，說在改為也。是其證。案王校是也，今據正。此景謂日光所照，光蔽成蔭。《莊子・天下》篇云：飛鳥之景未嘗動也。釋文云：司馬彪云，鳥動影生，影生光亡。亡非往，生非來。墨子曰：影不徙也。正作徙，可以據校。以此經及莊、列、張、馬諸說綜合論之，大意蓋謂景必亡而更生，始有更改。若其不亡，則景常在，後景即前景，無所改易。故說云：光至景亡，若在盡古息。息即不徙之義也。」

從這一例子可以知道，綜合比勘法是樸學運用的基本方法。綜合考辯是在架接起一個語詞、文獻底襯背景的條件下進行的。可以說，景不徙就是一種捶分。亦即，所謂的運動，其實就是將不能再捶分的各個單個體單位連起來，這些不能再捶分的單位是靜止的。這樣，所謂動靜之辯、動靜問題，就包含有捶分問題在內。墨辯中的這一則關於光、影、徙的問題，在先秦是一個普通的問題。如我們前面說過的，任何一個物理的問題，都不僅僅限於物理，而是關乎義理的。影不徙，顯然可以與「分、位」固定的問題接通。因為這種「捶分主靜」的「觀法」折射出了一種思維，也就是「定而正之」、「正而定之」的意向。當然，墨辯中關於影、光的條目不止一兩處，我們以後還會接觸到。

在墨辯中，原則性的說論與具體的例說是交互搭配的，這些內容依照各自不同的功用形成聯結。《經下》云：「以言為盡誖，誖，說在其言。」便是一個獨立的名理原則。如同以前提到過的其他原則一樣，其中的困難並不表現於文面，並不在於書面字眼，而在於人文運思的開展過程。「誖」應該是悖謬的意思，也就是說，認為什麼全都是悖謬的，這本身就是悖謬。根據這條原則，是否就等於斷定，不可能有全部悖謬、完全悖謬的立言呢？如果是這樣，便等於說，墨辯認為通盤的否定實際上不成立。如果是這樣，事情就變得很難辨，因為它關係到正名對理的要求的問題。比如說「僭君」，如果盡誖不可以，那麼是否可以說僭君也有某一部分的合理性與合法性呢？春秋能夠容許這個嗎？顯然這些都是問題。或者「盡誖」

一事只是就「言」而說的。「言」這個字的意思在這裏涵蓋極廣，它包括學說、立辭等等凡可以通過言辭來表達的任何事物和內容。按墨辯的意見，重心是放在「正言」上，「說在其言」一句實際上傳達的就是正言的意思，即對具體的言的考辨。所謂言，它與名的層面是一樣的。名與實相對應，言與所言的對象、內容也相對應。因為言就是名的連續組合排列，就像字與句子的關係一樣。只不過名、言之間的組排關係還包括（或者更精確地說是指向、指）內容上的組排關係。這裏所謂「內容」，就是單個的、單一的「實」連續組合排列成系列內容的意思。比如說：某人吃水果，這是一個最單純的敘述。某人是一個單件的名實，吃也是一個單一的名實，水果也是一個單項的名實，它們連續起來就成為一個句子內容。是言述一件事：一個人在吃一個水果。但是，名實的絕對對應，並不因為這種連續性而就被破壞改變。句子還是隸屬於名的層面，而內容（言事）則隸屬於實的層面。所以句子與內容的對應關係，根本不脫出廣義的名實關係。名實關係本來就是廣義的，名實必然對應。因此我們說，正言毫無疑義地也是正名的一個技術環節。某人吃水果這樣的言述當然談不上什麼悖謬不悖謬，但我們都知道，充斥於先秦時代的道術之言問題就大了。各家學派相互指斥對方為盡悖，因而，墨辯中「以言為盡誖，誖」一義便含有很嚴重的時世意義。因此我們說，書面的簡單與人文史中事實的困難是對比強烈的，而這條原則本身也是一個有待討論的對象。因為：如果世界上沒有盡悖的言或事，那麼人文生活所受的影響就會完全不同、根本不同了。

《經下》云：「逃臣狗犬貴者，非誹者諄，說在弗非。」《經說下》云：「逃臣不智其處，狗犬不智其名也，」逃臣不智其處，看來「智」是用來確定「惟是」、即「這一個」的專指。比如說趙盾，別人要害他，趙盾出逃，仇家就不知道他藏在什麼地方。可見「不智其處」就是不能「確知」那一個地方的意思。所以說「智」乃是「確知」這一個、那一個、某一個、哪一個的意思，也就是「確知惟是」的意思。狗犬不智其名，也是同樣的例子。小動物不一定有（固定的）名字，即使有，外人也不一定知道（得很確切）。所以說「不智其名」，與「不智其處」情況相類。無非一個是名，一個是處，都不能確知。我們把「智」之為義放在「知的確定性」上來解釋，根據還不止這一處。墨辯中用到「智」的地方還很多，都同樣能夠說明「確定」之義。《曲禮》云：「故曰：疑而筮之，則弗非也。」注曰：「弗非，無非之者。」疏曰：「卜筮所以定是非也，若有疑而筮之，則人無非之也。」可見「弗非」是說：在不能「定」的情況下，「約」或者「取」一個規則，人們也不去非之了。將《經下》中的這一條上下文連起來看，顯然是要說一個意思：對不能確定的，不要去非議。案「諄」可能應作「誖」，但是還需要進一步地討論。

《經下》云：「知狗而自謂不知犬，過也。說在重。」《經說下》云：「狗，狗犬也。謂之殺犬，可。若兩腗。」所謂「過」，也就是「過論」。先秦名辯發達，各家學說中難免存在大量的過論。犬是小狗，知道狗，卻說不知道小狗；知道馬，卻說不知道駒；知道牛，卻說不知道犢；知道羊，卻說不知道羔，這些就是過。犬也是狗，知道「共」卻不承認知道「別」，運用到思想學說上，便是亂天下。過論的情況，在先秦屢見不鮮，比如《齊物論》中談到，齧缺問王倪：吾惡乎知之？立辭而自謂不知，顯然便屬於過論。另外，像莊周夢蝶、魚我之樂等大量的例子也頗能說明問題。簡言之，它們也都屬於過論的情況。從達意上來說，狗、犬之間的關係是不言自明的。知道狗而還要說不知道犬，很明顯這個人是陷於過論了。過論當然與人的目的、意圖相關，所以「狗犬」一例說的也是通則。我們在人文學說中常會看到這樣的事情：比如一個人說——我怎麼就（能夠）知道我知道？諸如此類等等，都有過論之嫌。關於這些，我們會逐次展開討論。像《莊子》中講的：你不是魚，你怎麼就知道魚之樂？你不是我，你怎麼就能肯定我不知道魚之樂？你不是我，你怎麼就可以斷言我不知道你知不知魚之樂？你不是我……所有這些，來回糾纏無窮，彼此都是鴻溝，互相無法打通。人（我）、魚之間是如此，人（我）與蝴蝶之間也是如此，人（我）與萬物之間莫不如此。所以，過論反映了人文中「知」的方面的一種極端情況。我們會看到，名理上的極端事例是相當多的。諸如白馬非馬、萬物一馬、指鹿為馬等等，構成了著名的「三馬論」，在上古學說、政治中起到了典範的作用。

《經下》云：「通意後對，說在不知其誰謂也。」通意後對是名學的基礎。因為思想學說的第一步，歸結起來是建立在彼此相互喻會、達意的基礎上的，否則便不可能對答，不可能往前推進和展開話題。而且在意思沒有傳遞到位的時候，雙方的問答論辯必然是錯亂無謂的。因為不能確定、究知對方到底在講說些什麼，到底要講些什麼。實際上，這條原則很明顯是指對先秦名辯中的混亂情況而發的。因為任何「辯」在作極限的推究考問時，都可以發現它們並沒有達到通意的要求。事實是，通意是一件極困難、也很繁複的事情，因為這裏面牽涉到類的問題。所以要做到「確知其所謂」是不容易的，這裏面所包含的，也就是「知」上的確正問題。當然，其間還包括以何種方式通意。比如說，語言並不是最直截的通意途徑，「直感」才是最直接的基礎。我們應該從通意這條原則開始，這是因為，思想學說作為理解對象，首先要經受是否通意的檢查。很多時候，過去的思想學說被有意或無意地作附加解釋、理解了。這實際上成了一種運用，即出於實用。而在實際運用之前還有「事實」、「史實」這一環應充分考慮。先秦時代的辯說，有很多是在沒有「徹知」對方的意思的情況下進行的。當時的紛亂情形我們完全可以從通意後對的原則中窺見。顯然，這條原則是長久有效的。並且，如果我們綜合參照其他條目聯觀，對通意的內容和要求會瞭解得更多，也理會得更深。根據言意法，通意與通言是有很大懸殊的。通常，學說論辯只是做到了通言，並沒有通意，這一層是須清楚的。

《經說上》云：「侗，二人而俱見是楹也，若事君。」從文面看，意思完全明白，並沒有多少深說的必要。關於「侗」，現在雖然已很少使用，但是可以肯定，侗在這裏的用法，首先是要起到一種強化的功能和作用。亦即，「侗」較比通常的「同」，程度更進一步地加強了。「侗」要表傳的是相同性、同一性，只是侗所表傳的在「同」上更徹底、也更完全。而且從構字法來看，侗從人，顯然這是強調不同個體間的同一性的達成，也可以說是同然性。孫詒讓在考辯侗字時，共引用了同、侗、詷三個字來作綜合辯證，文義非常明朗。順便說一句，我們引用清代學者的成果，與我們以後討論有清一代的學術，兩者不相妨礙。這裏只是共同考核上古人文對象，暫不觸及樸學本身。二人而俱見是楹也，如果兩個人都看見這個楹，顯然從知覺上、在知感上不會有什麼分歧，這樣就達成了某個基本的同一。雖然這是一條最簡單的原則，但卻牽連到（幾乎）整個名學的基礎和全部內容。因為同異問題是很麻煩的，在它完全打開、展開以後。不過，從文面來看，這裏還是包藏著兩層保護：「君」比「楹」在可靠性上又進了一層。因為楹畢竟是物體，在詭辯家那裏不是沒有翻覆的餘地；後面說到「若事君」，基礎就要牢固許多。因為君不是物體，而是人事，所以在同然性上的要求更高，要求絕對徹底。比如說，一個國家只有一個君主，這是唯一的。現在是由哪位皇帝統治，這也是唯一的。不僅僅是兩個人都「同認」現時的這一個君主，就是現時的世上活著的所有人都不得不同認現下的這一位唯一的君主（以國家為單位）。在此一事體上，根本沒有詭辯的餘地，否則即引發政治人禍。也就是說，人可以不知道這一位君；但是一旦知道，只要知道，就只能是他。因此，人事永遠比物嚴重。這不是一塊石頭，或者牛、馬，可以有更多辯說的餘地。因為人事會直接引發戰火。同一性在這裏是完全的。從另一面來看，墨辯講侗，落實在事君上，這與「尚同」所宣揚的思想是一貫的：都是政教尊王之意。在這一點上，必須達成絕對同一，沒有商量餘地。「若事君」一句，「事」舊本作「是」。如果是這樣，那麼「是君」一詞更突出了君的唯一與專一，意思當然也是通的，而整體文義上也沒有什麼不統一。孫詒讓考辯說，「楹」字也可能是「形」字之誤，「二人而俱見是形也，」實際上是將「例舉」轉成了「泛舉」。楹只是具體的一事物，形無非指普通的質體、有形物，而且是從視覺上說，實則並沒有升格。案《經說下》中的這一條是申論《經上》中「同，異而俱於之一也」一條的。所以，這裏的同異是一種具體的同異，是一種具體的同異情況。它首先指說：「相異的」趨向於同一。亦即，不同的共同趨向於某一個必然的、限定的、惟是的同一（對象）。這裏所說的趨向於，最終還是指「達成」而言，即達成同一。其中的關係，也是約定的關係，即同一的「共知」。

《經說下》曰：「包、肝、肺、子，愛也。」案此內容是對應《經下》中推類之難、物盡同名等義的。對照「白與視」、「夫與履」

等討論題目，「愛」是單立的。這是因為，「愛」本身不斷地分，其所然與所以然是完全不同的。孫詒讓認為「包」字疑當作「色」字，這樣在意思上才較為通順。但可以肯定，無論是怎樣的解釋，這裏所舉列的都不可能是艱深的東西，而只是起到最通常的喻義的作用。肝、肺、子都是人所愛的，但是從所以愛上面論卻各異。肝、肺是不同的臟器，然而愛此兩者，其間尚有差別，更不用說其他各項了。愛色是人的生性，所謂食、色性也；愛子也是人的天性，但是從愛的類型上比較，愛色與愛子卻分屬不同的「類」。墨家是主張兼愛的，那麼，在墨辯中既然這樣強調「愛類」的同異性，兩者如何在理解上協調呢？尤其是，當愛的類型的問題牽合到「推類」、「其所然」與「所以然」等問題時，就更有一種綜合連帶性上的討論了。不能忘記，墨辯中也有很多涉及到「兼」的條目，比如體分於兼一義。這就是說，在兼愛學說中，肯定是已經包含了分別性的考慮在內的。首先是愛類的問題，一定是要求清晰的。比如說父子之間與夫婦之間，感情類型上便顯然不同，這是類的不同。而君臣之間則不講感情，只講理（禮）。因此，所謂兼愛，要看是什麼意思上的兼。兼愛並不是泯絕「類」的愛，而是一種「齊」和「包」，是等齊與包括不遺。不過這裏論愛的部分，還不是直接就「說向」兼愛的問題，此處討論的還是一般的問題。它是要指說「然」的同異性、類性。「然」之不同，直接說明「推類之難」的根本緣故。而此處舉愛之四事，無非是拈出了一串例證而已。因此，愛本身只是一個籠統的說法。由此舉一反三，有多少名目像「愛」一樣，為籠統的說法所斷，在類同異上被抹平了，是顯而易見的。泯同異，其實是在「然」上沒有搞清楚。「然」是一個「潛臺詞」，不容易處理。比如仁愛、泛愛等等道德名目，是否就有那種自然而然的意義呢？還不要問它們是否成立。從名學的展開來看，自然意義是不存在的，因為一切都是不一定的。而正是自然意義這種東西，在人文中有一個強固的四維統治作用。

《經說下》云：「景，二光夾一光，一光者景也。景光之人煦若射，下者之人也高，高者之人也下。足敝下光，故成景於上；首敝上光，故成景於下。在遠近有端與於光，故景障內也。」

這就是通常所說的著名的小孔成像試驗。問題是，到底是古人著意地去做了一個光學試驗，還是它僅僅來源於日常生活中的周圍之象？如易學所講的，天垂象以顯示於人。我們知道，古代人的居室，門窗不像現代人那樣用玻璃，而是用窗戶紙、或者竹篾等為之。這樣就形成一個天然的試驗箱，一旦門窗上破個洞，出現孔隙，便很自然地造成小孔成像試驗的效果。因此，是天道在懸掛物象顯示於人，這一層我們是必須清楚的。但墨家的意思還不止此，它主要是想說明：事物之不定，而且事情與所以然之故常常是正好相反的。我們以為人影應該正，但有時候它偏偏就是倒的，在一定的條件和情況下。通過這一具體的自然垂象作則的例子，墨家要說明：不要以為哪些「推」就一定導出什麼方向的結果，事情往往是正而若反的。《大取》、《小取》討論「是」與「然」的問題，就是最直接的說明。

《經下》云：「狂舉不可以知異，說在有不可。」正名別同異，是名學的基本。狂舉不可以知異，就是說唯有正舉才能夠知異，唯有正舉才能別同異。靠「非正舉」之「舉」，異是別不出來的，不可能被「徹知」。後面以「分、別」牛、馬為實例，詳盡地說明了這一點。正舉與狂舉的當與不當，乃是名學正名別同異的一條核心基則，應用極廣。而「有不可」者，關係到方、類、理、故等許多具體的操作運行問題，是涵蓋很廣的泛說。《經說下》曰：「牛狂與馬惟異。以牛有齒，馬有尾，說牛之非馬也，不可。是俱有，不偏有偏無有。曰：之與馬不類，用牛有角，馬無角，是類不同也。若舉牛有角，馬無角，以是為類之不同也，是狂舉也。猶牛有齒，馬有尾，或不非牛，而非牛也。則或非牛或牛而牛也可，故曰牛馬。非牛也，未可。牛馬，牛也，未可。則或可或不可，而曰牛馬牛也未可，亦不可。且牛不二，馬不二，而牛馬二，則牛不非牛，馬不非馬，而牛馬非牛非馬。無難。」

這一段討論「狂舉」問題的，是墨辯中非常關鍵的內容。不僅是遞進申論的，而且是反覆申論的。案「牛狂與馬惟異」一句，文義並不費解。「狂」應該是指狂舉而說的，至於「惟」，則應該從「俱一」、「惟是」的意思上去理會和把握。因為在墨辯中，「俱」與「惟」二名常常對舉或者單用，使用頻率很高。所以通常情況下，不好用別的字、義去訓解。這句話其實起到總領下文的作用，通過詳細的舉例、說例，我們就可以看得很清楚。「惟異」應該是從同異上的專一去說的，就是強調「這個」。這一點，結合具體的例子就可以知道。《經說下》中的這一段，主要是講名辯當中應該遵循正舉原則，而事實卻是狂舉的情況最常見。正舉與狂舉的劃定，極能表現名理思維自身的特性，這是最應該注意的。舉例來說，通常我們講牛與馬不同，這屬於日用事實，是不會有什麼分歧的。因為牛與馬在「物類」上確實不同。但是，如果進入名理的思考，深究牛與馬的同異問題，就不再那樣簡單了。首先，這裏切分出了兩個問題，即：牛與馬為什麼不同，為什麼牛不是馬？以及：牛與馬有什麼不同？當然，這前面還可以安插「牛與馬是否相同」等等問題。通常人們的思維所回答的，並不是名學要求上的「為什麼牛不是馬、牛與馬為什麼不同」的問題，而是「牛與馬有什麼不同」的問題。這種倒錯就形成狂舉。像「白馬非馬」，也是追問「為什麼不」的問題。無論是說「牛有角，馬無角」，還是說「牛有齒，馬有尾」等等，其狂舉的實質乃是一樣的。而「牛有角，馬無角」，較比「牛有齒，馬有尾」，顯然又推進了一層，程度更進了一步。牛與馬如同其他的動物一樣，都有自己獨有的特點。比如說牛沒有上齒只有下齒，馬尾和牛尾樣子、特徵完全不同等等。有些相異點屬於對比差異，比如反芻與不能反芻，只是當牛與馬相比較的時候才明顯。而世界上反芻的動物並不止限於牛。顯然，這一類的同異思維還不是名學所要求的根本。因為牛即使沒有角，它與馬也還是根本不同的，同異性不能倚賴「類」上的有無參差和大小多少，正名根本上是無關於有什麼不同的。因此，墨辯最後只留下了一種答案，那就是：因為牛與馬不同，所以牛與馬不同。因為牛不是馬，所以牛不是馬。在這裏，問題和回答形式上是一樣的。也就是說，因為牛與馬不同，牛不是馬，所以才有了牛有角而馬無角種種的同異。因為類的先天根本相異，所以絕對不可能「倒」後來的種種同異為證明或者說明手段，來言說名實的先天同異性。這裏面的順序是不能顛倒的，正舉與狂舉的「對言」正在於此。正舉與狂舉之間有著根本的鴻溝。一步到位的「牛與馬不同」屬於正舉，而出舉牛與馬之種種不同（即類同異）以證說牛與馬不同、牛不是馬，則屬於狂舉。正舉與狂舉這兩條原則的運用是很廣泛的，它的核心就是正名，或者說是辯名析理。名理只是正名的技術工藝環節，所以先秦名辯總體上有其統一根源。

需要補充說明的是，孫詒讓在辯證中引說了別家的意見，對「牛狂與馬惟異」一句有兩種解釋校正。一種認為這句話應當作「牛性與馬性異」，另一種認為應作「牛性與馬雖異」。雖然這裏的辯證引用了《呂氏春秋》及《公孫龍子》為輔證，但就從學者的思維上觀察，似乎還是有孟學的影響和作用在內。因為兩種辯證意見雖然所校不同，但都是從牛馬之性上去考查，是從「性」立足，這一點沒有什麼不統一。而事實卻是，這裏考論的並不是「性」問題，而是名實確正的問題，是同異的問題、類問題。「性」是儒學最容易自覺不自覺導向的，從這一點就可以知道，性的思維確實是儒學的核心。但此處名學與性學是有異的，這種差異「推原」廣大了說，就是不同學派思維上的差異。關於這一點，即歷史學說思維的同異關係，非常值得注意。因為歷史中偏僻的思維不等於沒有，而我們在讀解中由於接觸對象的限制，常常不自覺地就人為單一化了。從治學方法上來說，訓詁與義理考校同屬於一種考證法。清代學者在這裏所用的訓解法，很明顯在義理上有待討論。對這些我們應隨時留意，因為歷史中的治學法很多時候雜陳於那裏，等待學者的揀擇取用。這就需要追明其所以然，慎重使用和論定，實際上還是要以廣闊的對校為基礎。

但是這裏的討論並未結束，因為這裏說到了兩項名學中的情況：俱有與偏有偏無有。兩種情況如果統一拿到狂舉問題中來說，實質上就沒有什麼不同，即同樣都導致狂舉，都一樣是狂舉的。比如問為什麼牛不是馬，牛與馬為什麼不同，常人會說因為牛有角而馬無角……等等。牛有角而馬沒有，這種情況就屬於偏有偏無有，即一個有而另一個沒有。也就是有、無上的參差。但由於古文本身的歧義，偏有偏無有可能會有兩種解釋，另一種更深的解釋，就是承上補充解說「是俱有」一句。謂牛有齒、馬有尾，而說牛非馬，這顯然是不成立的。因為常規情況下，牛和馬都有齒和尾，雖然牛齒牛尾與馬齒馬尾具體不同。齒和尾只是牛與馬所擁有的「類」中的一項而已。這種胡亂的「拈取」行為屬於最明顯的狂舉，其誇張程度是常人都容易馬上察覺的。但另一種舉牛有角而馬無角的情況則比較隱晦，因為它與事實相合，所以不容易察覺。實際上這種證說法仍然屬於狂舉，因為我們如果無限地推下去，會發現單憑出舉有什麼、沒有什麼以為證，是根本不可能獲得「正別」效果的。比如牛相對於馬有角，如果我們出舉羊，那麼有角、無角這一條就失效了。這樣推下去，正舉不能依賴「有、無」法則，就是不須贅言的。所以不偏有偏無有，事實上也就是講的一個名理原則，即不能倚賴「類」上面的有無參差性來說明同異。依賴有無性本身就是「偏」，這是對「偏有偏無有」的另一種解釋。但是上面觸及到的無論哪一種情況，最終都不能脫出狂舉這一結果。「牛有角、馬無角」這一組與「牛有齒、馬有尾」這一組在狂舉的性質及效果上是一樣的，只不過兩者相較有明顯與不明顯的差別。但它們都是狂舉，而不是正舉。墨辯中的這節論說，比較繁複顛倒，文面存有多種解釋可能。但有一點是不變的，那就是：這一節所要講說的核心意思，乃是專注於列舉各種狂舉的類型和情況的。只要把握了這個，就不會迷路。狂舉與正舉的原則，關係到整個名學正名。以上所述，無論具體的出舉情形是怎樣的，都絲毫不能脫出或改變狂舉這一性質。墨辯中的這一節論說的統一處即在此。

由此可見，名理的思維還不是情理的思維，兩者有區別。因為合乎常情常理的思維未必就不觸犯名學的忌諱，常情常理的思維只是日用中的思維。這一點，我們從反覆的舉例中就可以知道。偏有與偏無是一體的，互相包括。所以通常我們只說「偏有」就可以了，這是出於方便的考慮。「俱有」與「偏有」雖然是對舉而說，但從名理同異上來推，推到極處，實際上俱有是不成立的，成立的只有偏有。因為世界上只有異而沒有同，所以只有偏有才成立。當然這需要專門討論。由於正名的要求是非常絕對的，所以我們在讀解文獻時就不能以常規的定式去理會，否則對白馬非馬、雞三足等論題便無法理解。對比來看就可以發現：有很多名理順序是無法「倒回」的。比如「牛之與馬不類，用牛有角，馬無角，是類不同也」與「若舉牛有角，馬無角，以是為類之不同也，是狂舉也」這一組，順序就正好是相反的。如果排列一下可能會更清楚：

{牛之與馬不類，用牛有角，馬無角，是類不同也。
若舉牛有角，馬無角，以是為類之不同也，是狂舉也。}

同樣是牛有角、馬無角一事，用它來「說」什麼，情況卻迥異。或者成為狂舉，或者又是正當的，這裏面所包含的就是上文說到過的順序性。不管怎麼說，「非狂舉」是困難的。名理上稍微不當心，便很容易墜入狂舉。牛與馬不同（類不同、不類、相異），這第一步到位了、確正了，以後再說什麼，都沒有大的關係和妨礙。舉牛有角、馬無角，只是具體地喻明類之不同，屬於「說」的範圍。這是「正序」的，沒有問題。但是如果反過來，欲通過出舉牛有角、馬無角來證說牛與馬之同異，那麼這就是狂舉了。是「逆序」的，絕不能成立。通過這一組順逆的對比，名學中的森嚴性我們就可以看得很清楚。也就是：「正同異」絕不能依賴「出舉」來達成。出舉本身僅僅是「先天同異」的內容罷了。孫詒讓懷疑後面一句話是作「若舉牛有角，馬無角，以是為類之同也，是狂舉也」，去掉了一個「不」字。這樣，意思便完全不同了。如此明顯的常規化處理，雖然文義上不再有任何費解，卻也不能說明任何問題了。作為常人，誰會犯這樣明顯誇張的悖謬呢？所以這是一個問題。最重要的，是清代的學者，對上古的義理，事實上的確存有隔膜的情況，對這些我們必須仔細比較。由此，狂舉帶來的結果，就是造成了一些空檔、空洞。可與不可，非與不非，無法確定。所謂「無難」者，也就是指說：在問難上解消、消解掉了。亦即：狂舉對同異、「正知」起了一個抹平的壞作用。《經下》云：「狂舉不可以知異，說在有不可。」這還是直指正同異、正知這一要務的。也就是說，狂舉永遠不可能觸碰到相異性。

《經說下》云：「彼，正名者彼此，彼此可。彼彼止於彼，此此止於此，彼此不可。彼且此也，彼此亦可。彼此止於彼此，若是而彼此也，則彼亦且此此也。」

實際上，「彼」與「此」二「名指」是將前面的例舉提煉純化了。所謂牛、馬、牛馬諸名指，都可以套在彼、此、彼彼、此此、彼此諸「指」的套子中。兩者結合在一起，就為我們的理解提供了便利。簡言之，這裏論議「彼此指」的問題，實際上就是要探討「名實指」中的各種重疊因素和情況。正是紛雜交錯的「重疊」令正名發生困難。這是第一步。指向那一個與就指這一個，那一個的那一個與這一個的這一個，顯然在「指」上是強調其絕對性的。而那一個的這一個與這一個的那一個，其中的關係仍然令人費解。我們可以看到，這裏有一個連串：正名、可、止於、不可、且、亦可、亦且等等。「止於」就是「正」。只有止於，在名實的位置上才是不動的、固定的，才能保持其「分」。這一個與那一個，各自都是不移動的。所以，無論彼此、此此、彼彼諸名目如何炫目，要素和元件只有兩個，就是彼與此。總之是一種隔斷的關係。這種隔斷的思維有其原始性。老子說小國寡民、老死不相往來，就是一種隔斷的表示。把國人、民眾放在一個平列層上，天下就好治理。而萬物、萬事、萬民處在一個平列層，從治術上來說就是損之又損。舉例而言：狗犬，狗也。這時候，我們就能說，彼此亦可。前面我們講過「且、必也」的關係，如果說「駒且馬也」，顯然就是「駒必馬也」的意思。不管小馬是否夭折而死，道理上馬駒肯定要長成大馬。設若犬、駒彼也，狗、馬此也，犬且狗也，駒且馬也，彼且此也，那麼便可以說，彼此亦可。由此也就可以說，犬、駒亦且狗、馬也。不過亦且、亦可畢竟是退一步言的，正名最終還是要歸落在孤立的彼、此上。

《經說下》云：「學也，以為不知學之無益也，故告之也是。使智學之無益也，是教也，以學為無益也，教詩。」從行文來看，我們最直接感觸到的就是：為什麼要說學之無益，而不說學之有益呢？顯然，《經說下》中這一條是要說教與學之事，其義並不複雜。我們知道，儒家學說，如孔子、荀子，都是首先強調學的。尤其是學與思的關係，對應相當整齊。簡單地說，學就是為思提供材料的。所以說終日而思，不如須臾之學。一個人埋頭苦思，很快便會枯竭、沒有思路了。必須補充材料才能運轉、進行下去。以為學之無益，當然是不對的。而教人以學之無益，就更是不能容忍的。這樣來看，儒、墨各家之學，對「學」都是很在意的。這裏的斷句似乎可以商量。如果調整為「以為不知學之無益也，故告之也，是使智學之無益也，是教也」，那麼也許會更清楚些。因為這一句的意思是要說：以為別人不知道學之無益，就告訴他，這是讓他「智」學之無益，這就是教。「智」在墨辯中多次出現，它的意思應該是「本人的親知」，而且是「親知的確知」，也就是「直知的徹知」。這種直接的知道，是知中的一種特殊類型。比如說，一個人從來沒有直感地見到過麒麟，於是很多人千言萬語地向他介紹、講說。他雖然「知道」了，但還不是親知意義上的知道，僅僅是調用其材料倉庫（「知」的材料倉庫）中的其他各件資源措置於、措諸所謂的「麒麟」罷了。充其量這只是一種想像，或者揣度而已。必須有人給他看了麒麟的圖片，才會說：「原來這就是麒麟！麒麟就是這個……」那麼，對這個親知，我們就說是智。這些在「知」上是非常重要的基礎。同樣的道理，一個人只有在親知了學之無益以後，才可以說是智學之無益。只是有一點不同的，「學之無益」不是對象，而是道理。所以，學之無益之理是可以「說」通的。可以通過「告之」來達成「智之」。而麒麟是有象之物，是法象，只能通過視覺來感知，單純言語不能奏效。這裏面有一些具體的分別。由此可見，「教」本身乃是中性的，只要是知者告不知者，便能夠達成教。教不問其他更多，比如這樣做好不好之類，一概不管。「教」直接告訴別人，學這個沒用（這種事也常見）。可是一旦「這個」是指對的所謂聖學，那麼便不能輕易放過了，甚至不可諒恕，而是必爭的。正因為此，所以才有教誖與不誖的論斷。很明顯，《經說下》中的這一條是要區別「教」與「教誖」兩者的同異。教是純中性的行為，學也是，二者並不負責更多。而教誖則是最後的論斷——不當之教當然是不可以的。所以這一條反映的，應該是先秦各家學說的一大爭論——到底要宣揚（學）什麼樣的人文之教？在人文中應確認什麼？在教化上，天下之人應當學什麼？這些是必爭的。墨家之教，墨家之學，與儒家之教，儒家之學，顯然格格不入。儒、墨並為顯學，墨家非儒，儒家之教與儒家之學在墨家名學上所遭受的對待可想而知。我們看《墨子》書中非儒、非樂的部分，對攻乎異端這一點就會知道得很清楚。

《經說下》云：「論誹，誹之可不可，以理之可誹，雖多誹，其誹是也。其理不可非，雖少誹，非也。今也謂多誹者不可，是猶以長論短。不誹，非己之誹也。不非誹，非可非也，不可非也，是不非誹也。」

這裏顯然是「唯理」的態度。以長論短當然是非類的，因為長和短只是中性的事實，並不意味著在道理上就怎樣。簡單地說，就是長短之間，根本沒有可以「相論」的關係成立。因為長與短只是不同長度的表示，是單純事實，除此以外就不再有其他了。所以長和短之間構不成可說關係。絕沒有簡單的應該長，或者應該短的道理。長短只能是根據需要、出於需要，因需要而定。同樣，誹與不誹之間也構不成可說關係。常人因於定式，只是錯看了。誹應該有非議的意思，因為各派學說之間相互非議、攻詰是歷史中習見的。所以這一條要討論的，應該是學術非難的標準，如何評定。即什麼非議是可以的，成立的；什麼非議是不可以的，不成立。雖然都是從原則上論。簡言之，墨辯給出的標準是「理」，也就是道理。亦即：按照道理，可以多指摘的，即使有無限多的非難，也沒有什麼不對。依道理不能非議的，即使非難再少，也不對。可見非難的多少與理無關，非難的多少並不能說明什麼。這意思很明顯是將「理」絕對化了。我們知道墨家有三表法，對標準的討論在墨家學說中向來是很著重的，這裏的「理」的標準就是說明。另外，墨辯講過以故生、以理長、以類行一義。故、理、類三物與這裏的「以理為准」如果對參考慮，那麼，理在墨辯中的作用應該是明白無疑的。雖然上面論誹的這一條所述之義平常而簡單，但是牽涉到的問題卻遠不止此。因為歷史中的學說思想，在運行操作上，與書面道理上，相隔甚遠。這就是說，實際的思想學說的運轉總要服從於切實的意願和需要，這個很難脫出。因此，事實往往是：如果世人對某一對象群起而攻之，或者對它的非難、指責達到相當的量度，那麼，回護也就是不免的了。這時候，事實的情況所表現出來的，與其說是學理上的關係，不如說是人事上的關係。所以名學中的條律，有時候並不是單純書面義理的，而有些實際規矩的味道。先約定一個規矩，以為操作的依託。尤其是，先秦名辯對人文史的投注是比較明顯的。可以肯定，《經說下》中的這一條，一定是指對先秦人文學說中相互攻訐的事況而發的，這從「今也謂多誹者不可」一語就完全可以斷定。說明現實中各種回護不是以理為準，而是以非議的量度為準。其實對事物的指摘本身就有一個「正」與「狂」的問題。指摘是可以無限多的，而貫穿在各種指摘中的體例卻是「正之」，即正之以理。亦即：看每一個單個的指摘是否當理，否則就成了狂指、狂誹。所以，名理之體例，就是使無限多個的實質總是呈現為一個。這裏以長論短的譬喻是很顯眼的，根據這一譬喻，我們可以推知：日用中人們的行為習慣，經常受量度的左使，這樣就不再是體現理（的標準）了，而是轉而根據人心、人之心理來行事。比如說，對某一個對象（無論事還是物、還是學說等等），在指摘它的一項或幾項不是的時候，可以有很多人表示贊成；但是，當指摘無限多地進行下去時，就會有越來越多的逆反的人出現。包括原來贊成、同情指摘方的人，也會出來表示反對了。因此，墨辯中論誹一條的重心，顯然就不是放在少誹上、而是放在多誹上的。少量的誹與無限多的誹情況懸殊。先秦時代，儒、墨俱為顯學，使天下之人皆誹墨，那麼，對天下之攻怎麼論？這是毋庸多言就可以明白的。墨學中既然有「殺一不辜而利天下不為也」的主張，那麼肯定也會有「天下攻之，而一人當理，不屈也」的激烈態度。《儒行》曰：「舉世非之而不加沮」，正可以與此對照，這些都要同時參考。說到這裏，前後諸多意思便可以貫通了。實際上，墨家學說是最激烈、最絕對的。通常墨辯所講的內容都不會很迂曲，只要還原其所指，意思便明白易見。

但是，論誹一則中也有容易產生歧義的地方。不誹、不非誹以下，只要稍加提取，就可以列出：誹、非誹、不誹、不非誹、多誹、少誹諸條。這樣，在義理上就具備、確定了一個清楚的邊界。墨辯所論，不會逸出這一基本的框架。由於古文中的字句容易把人套住，所以在這裏我們就要動用言意法，即直觀其意。應該是哪一種可能的意思，一定要確認清楚。我們知道墨辯中講的意思不會很迂曲，所以在理解上就不能脫離簡單原則。很顯然，這裏面包含著「行為」與「道理」兩層區分。就是說，人的行為，與道理上的標準，是應該分開看的。不非議別人，這只是自己沒有非議；至於按道理是否不該非議，顯然有別於此。這是因為，如果反過來看，按道理不該非議的，是否就一定沒有一個人去非議了呢？顯然不可能。所以，非不非議，只能說明人的行為（非議或者不非議），還不能「說明到」道理本身（即理之本體）這一層。不非議與不該非議，非議與應該非議，不非議與應該非議，非議與不該非議之間，就像靴子與癢處的關係，彼此相互遮蓋、套住了。這樣，「行為跡象」與「道理應然」之間，沒有一定的說明、證明關係（彼此既不能說明也不能證明什麼），所以文中才有「不誹、非己之誹也」的立辭。古文中己、已、巳三字不易區分，只能根據上下文義來看。誹與不誹，跟自己有什麼關係呢？應該取決於理才對。這裏只提自己，可見其中的層次，還不是立基於道理、理，而是立基於人——人的行為、行事。由此可知，墨辯根本沒有打算把重心、關節擱在非不非議這一層上。因為事實是：無論當不當理，世人都是免不了要非議的。所以唯一要緊的，乃是正誹、正非。所有的關鍵都集中投放到對非議的「正」上面去了，這就直接指向了實質。欲人不非議是不可能的，因為人不是按道理行事，所以只需要直接指對發出來的非議就行了。所以說，人不非議，只說明他不非議，還不能說明不該非議（按理）。而對人的非議的「辯而正之」（正之以理），才真能說明該不該非議。所以不非誹一義「深層」於不誹一義，從這裏我們可以看到墨辯的細緻處，就是：「行事跡象」有別於「理的標準」。那麼，天下學術與學說之論定、評議，應該准以什麼，也就清楚了。道術為天下裂，所以要正之。

案《經下》云：「誹之可否，不以眾寡，說在可非。」正說明多少與理無關。又云：「非誹者諄，說在弗非。」案「諄」字孫詒讓認為是「誖」字之誤，這一辯證當然說得通，文義上更容易理解一些。這一條應該是說：如果非議本身當理的話，那麼以非議為非就是悖謬的。《經下》中這兩條顯然是正反兩面對比立說的。一邊是非難、非議本身（誹），一邊是對攻難、詰難本身的否定（非誹），這一組對待是很整齊的。說在弗非者，應該是對應《經說下》中「不非誹，非可非也，不可非也，是不非誹也」一義的。弗非就在於當理。如果說，攻難本身是對的，那麼否定這攻難就悖謬；就不能、不可以否定這攻難。但這不是說不許別人否定，而是說在道理上不可以、無以、無從否定。所以這裏的意思是對理不對人的。雖然正反兩面的意思有幾次往返、反覆，幾重關係容易套在一起，但是基本的範圍把握住了，則不至於弄亂、離題太遠。另外，上文說到「以學為無益也，教誖」，《經下》中有「學之益也，說在誹者」一條。孫詒讓認為「誹」字可能是誖字之誤，但是從誹字去理解，卻是說得通的。因為誹之為義簡明直截，其義理關聯我們在上面都已經交代過了。那麼，這句話無疑說的就是天下之學術、學說與天下之詰難兩者間的關係。由此可知，判定天下之學的標準在於理，而不是其他什麼。進而言之，教人學之有益無益，與判別學之當理不當理、可非不可非，顯然就不可同日而語了。因為教人以學之無益（比如說以墨學為無益），這還是直接的誹（非議）；而直接的誹則「不若當理」。也就是：讓人知道每一種「學」的具體的「不是」的所以然（比如說墨學有哪些是與不是，為什麼……），這樣在學識上才會透徹。儒、墨各家之學，顯然都面臨這些問題。

《大取》曰：「天之愛人也，薄於聖人之愛人也。其利人也，厚於聖人之利人也。大人之愛小人也，薄於小人之愛大人也。其利小人也，厚於小人之利大人也。」天地無心，聖人不仁。自然利養萬物與人是不識不知的，並沒有什麼愛不愛的意思，與聖人「愛人」的情懷完全不同。但是，聖人卻沒有能力像上天那樣供養人類、厚德載物。所以，愛利、厚薄在這裏形成了明顯的反向對比，分成恰好相反的兩截。老子說天道無親，天地不仁，以萬物為芻狗……正可以與此參照。墨家講兼愛，講義、利也，《大取》首先揭出愛、利一義，定一個基調，這並不奇怪。老子說聖人皆孩之，與小人之愛大人一義便似乎相反。從這些地方我們也能看出墨、道思想的同異。

關於愛、利，《大取》說得很細。曰：「以臧為其親也，而愛之，非愛其親也。以臧為其親也，而利之，非利其親也。」、「愛人不外己，己在所愛之中。己在所愛，愛加於己，倫列之愛己愛人也。」、「臧之愛己，非為愛己之人也。厚不外己，愛無厚薄。舉己非賢也，義利不義害。」、「愛眾眾世，與愛寡世相若。兼愛之有相若。愛尚世與愛後世，一若今之世人也。」、「天下之利驩，聖人有愛而無利。

俔日之言也，乃客之言也。天下無人，子墨子之言也猶在。」、「凡學愛人……利人也，為其人也。」、「為賞譽利一人，非為賞譽利人也，亦不至無貴於人。智親之一利，未為孝也，亦不至於智不為己之利於親也。」、「仁而無利愛，利愛生於慮。昔者之慮也，非今日之慮也。昔者之愛人也，非今之愛人也。愛獲之愛人也，生於慮獲之利。慮獲之利，非慮臧之利也。而愛臧之愛人也，乃愛獲之愛人也。去其愛，而天下利，弗能去也。」、「貴為天子，其利人不厚於正夫。二子事親，或遇孰，或遇凶。其親也相若，非彼其行益也，非加也，外執無能厚吾利者。」

愛自己也包括在兼愛之內，愛人與愛己只是一個倫列關係，可見兼愛是以類為基礎的。墨家學說以類為核心，當然不是亂來的。臧、獲都是古代至賤之人，今人已覺陌生。愛臧與愛獲都是為了得到好處，當然不會是為臧、獲本人考慮。《經上》說：「慮，求也。」正說明「慮臧、獲之利」是為了求利，不是為了人本身。所以愛臧、愛獲者，只是求利而已，並不是真正的愛。所謂的「愛臧」、「愛獲」骨子裏都是一回事，但是具體的「慮臧」與「慮獲」卻有不同。因為僕役奴婢分工各異，比如伺候圍獵的與料理日常家務的就有區別，所以從他們那裏想得到的好處也就各各不同。亦即：「利」是具體各異的。由此可見，愛、利在類同異上是互相參差的。墨辯中舉列了多種愛、利的情況，實際上起到了概括的作用。天子利人並不比匹夫厚（「正夫」應為「匹夫」）；無論年成好壞，待親之道總是一樣的。這說明愛與量度無關，而取決於心。愛不是由量度決定的，這就是愛與量度的關係。東西的多寡是由外界決定的，即「勢」，因而是外在的。但是供奉多與供奉少，其愛都一樣，並沒有什麼改變。而單純的利就很難說了，利總是與量度相關。這裏還宣揚了一種思想，就是愛穿越過去、現在、將來，不受時間限制。愛上世與愛後世、與愛今世總是一樣，這就是愛眾世的態度。愛眾世與愛寡世相若，所謂愛寡世，就是指只愛當下的那種人。他們看不到更多，也不想更多。禮云祭如在，又云返本追始，都一樣是穿越的態度。當然《大取》也說到了過去之愛不同於現在之愛，過去之慮求不同於現在之慮求的事實。可見愛是變化的，求利也是變化的。但愛人與利人終歸要求合一，所謂為其人也。

可以注意的是，孟子對兼愛思想有所攻訐。但我們知道兼愛是分類的，有類為基礎。所謂倫列者，人與己的關係已經說得一覽無餘。愛人與愛己應該是同等的，雖然墨者總是克己的成分多。最主要的是，倫列之名的拿出，確定了知類的基礎。因為講兼愛的緣故，墨家又是最講究知類的。這是因為，面對眾人的非難，不能不有學理上的準備。倫列一說使兼愛成為知類的、而不是非類的了。孟子對墨家的攻擊，很缺乏學理的根據。正如荀子指出過的，孟子之學思理為短，是其根本缺陷。所以倫列與兼愛是不能「偏觀」的。愛、利相若不相若的問題，並不比一是一不是、一週一不周、一然一不然等問題次要，這些都須以知類為基礎。像天子、匹夫這樣強調對比的立辭、連類便是很好的說明。

《大取》云：「以樂為利其子，而為其子欲之，愛其子也。以樂為利其子，而為其子求之，非利其子也。」這裏顯然包含了非樂的思想。愛不論是非對錯，僅僅是個人單向的意圖和願望，所以愛是不受理的限制的。因此，儘管墨家非樂，但還是承認欲其樂是愛其子。而利是否是真正的利，就要用理來問詰了。所謂以學為無益也，學習禮樂當然是不被墨家所接受的。所以求其樂就不是利其子了。從這裏我們也可以知道，《大取》就是要廓清、確正真正的愛、利的。因為愛、利天下不能立在偏斜的基礎上，必須廓正。所以《大取》中愛、利處處按照一是一非之式對言之，愛、利明顯有一是一非的分別。《大取》多以一是一非相對立言、言之，對此，我們可以集中地觀察、討論。謹舉列如下：

是：兄之鬼兄也　　　不是：昔之知牆非今日之知牆也
非：兄之鬼非人　　　　　　不得已而欲之非欲之也
是：是璜也，是玉也　　　　專殺盜非殺盜也

昨天我知道這堵牆與今天我知道這堵牆是不同的，二者是隔斷的。過去我知道與今天我知道是兩回事，具體的知也是相異不相同的。不得已而想什麼並不是真正的想什麼，不得已是勢，不得已而欲之屬於勢，想和勢是有距離的。璜是半璧形的玉，這屬於「是」的情況。兄之鬼是兄，人死為鬼。死去的孔子還是孔子，不是別人。但兄之鬼卻不是人，而是鬼。所謂上帝、鬼神、人三者，鬼居其一。不是說人死了就什麼也沒有了，所以說致敬鬼神。兄、鬼一例屬於「不是」的情況。諸如此類，都說明了一是一不是的關鍵性。

《大取》曰：「於所體之中，而權輕重之謂權。權非為是也，非非為非也，權正也。」「於事為之中，而權輕重之謂求，求為之非也。」「為暴人語天之為是也，而性。為暴人歌天之為非也。諸陳執既有所為，而我為之陳執。執之所為，因吾所為也。若陳執未有所為，而我為之陳執，陳執因吾所為也。暴人為我為天之以人非為是也，而性。不可正而正之。」「義可厚厚之，義可薄薄之。謂倫列。德行君上，老長親戚，此皆所厚也。為長厚，不為幼薄。親厚厚，親薄薄，親至薄不至，義厚親。不稱行而顧行。為天下厚禹，

為禹也。為天下厚愛禹，乃為禹之人愛也。厚禹之加於天下，而厚禹不加於天下。若惡盜之為加於天下，而惡盜不加於天下。」「聖人不為其室臧之，故在於臧。聖人不得為子之事。聖人之法，死亡親，為天下也。厚親分也，以死亡之。體渴興利，有厚薄而毋倫列之興利，為已。語經，語經也。非白馬焉，執駒焉說求之。舞說非也，漁大之舞大，非也。」「志功為辯……志功不可以相從也。」「有有於秦馬，有有於馬也，智來者之馬也。」「富人，非為其人也，有為也。以富人，富人也。治人有為鬼焉。」「子深其深，淺其淺，益其益，尊其尊。察次山比因至優指，復次察聲端名因請複正夫辭，惡者人右以其請得焉。諸所遭執而欲惡生者，人不必以其請得焉，聖人之附瀆也。」

這裏文義多不能曉，但也有能夠知道的。「求」都是輕重權慮意義上的事情。一旦求了，就不為墨家所認同。比如說求愛人，顯然就不是真正的愛人。因為愛都是發乎心、根於心的，是本體直現的。至於說學愛人就更不對了，更不是、更非。可以注意的是，「權正」與「不可正而正之」本身說明了什麼？是否表示「正」的不可能情況，或者「且正」？或者就是：不得不權宜的各種處理？很明顯的一點，厚薄、倫列仍然是這裏的意思的核心。通過倫列之辯，廓正真正的愛、利。比如說興利，就有為天下與為自己的區別。也可以說有公、私之別，分公心與私心。有厚薄而無倫列、不講倫列的興利，顯然是為了自己。比如說渴了才打井，顯然就不是出於公義，而是為自己興利。但是這裏也有實際效果的問題，即只要興利就行，不管是出於什麼、為了什麼。荀子是實效派主張的代表，但墨家是講究克己而兼利天下的，所以也就很仔細地討論能否「兼厚薄」的問題。因為這裏面「待親之道」是一個不好處理的環節，所以最終還是要求助於倫列，也就是類上面的事情。比如說，為了什麼而讓別人富，這不是真正要「富人」。就是要別人富，這才是真「富人」。也就是說，「富人以……」與「……以富人」是根本不同的。這裏藏著一個「……以……」（以……與……以）的格式。可以注意的是，《大取》對容易發生「移換」的細節有很仔細的分厘。比如說「厚禹」一節，到底是為了禹還是為（了）天下，顯然容易互相滑入、發生混淆。因為事情往往是最後搞成「為大禹」而不是為天下了。大禹治水，有功業於天下，天下實在的得到了好處，這利益本身就足夠了，這才是本體。至於厚愛禹、厚譽禹、厚待禹等等，如果加被於天下，就「轉成」為禹自己了，當然不可以。正如惡盜，惡的是盜對天下的所行所為，並不是要把「惡盜」這一念頭加被給天下、世人。那樣就助長了，移換了（發生移位、換位）。所以講愛、惡，也就是講利、害。但不是一般地講，而是要廓正真正的利、害本身。否則，愛、利天下就會發生偏離。成了愛、利某人或集團，實際得到好處的並不是世人。所以說「厚」的是禹為天下做什麼、所做的，而不是把「厚禹」加之於天下，就是這個意思。只是古文太拗，所以達意上增加了困難。因此說不稱行而顧行，「行」才是第一和唯一的準則。我們只要還記得三表法，對此就不會陌生。稱頌、稱道、稱說某人的行為業績，這並不是合宜的。考量、「觀顧」其行，這才是根本的。從這些地方我們都能看到墨家重實質的性格。所以說要「智之」。就是只認這一個，認準這一個，親知這一個。這樣才能清楚這一個。所謂秦馬、所謂馬，只是一個比方。最終都是要看那當下的、具體的來到跟前的一匹馬。秦馬是有特點的，這從出土的秦俑實物就能看出。由此可見，唯有「智其類」、知倫列，才能夠分釐清楚愛、利等大問題，不至於出偏而適成其害。所以墨學是摳得很細的。

關於利、害，《大取》還說：「斷指以存孥，利之中取大，害之中取小也。害之中取小也，非取害也，取利也。其所取者，人之所執也。遇盜人，而斷指以免身，利也。其遇盜人，害也。斷指與斷腕，利於天下相若，無擇也。死、生利若一，無擇也。殺一人以存天下，非殺一人以利天下也。殺己以存天下，是殺己以利天下。」、「害之中取小，求為義，非為義也。」、「利之中取大，非不得已也。害之中取小，不得已也。所未有而取焉，是利之中取大也。於所既有而棄焉，是害之中取小也。」、「聖人惡疾病，不惡危難，正體不動。」、「欲人之利也，非惡人之害也。」「義利不義害。」

一切都是人的「執取」，都是一個輕重。有無也是名理的，是作名理對待和使用的。比如未有和既有，便是一組對比。執取以類為依歸，利害的執取就確立在類性上。斷指輕，而斷孥重。害之避重就輕，當然是利。從這裏來說，事體、物體、實體往往是固定的一個，但是「觀」卻是多重性的，人的「看法」是不一的。這裏就是對利害的看、怎樣看，對利害的「正」就包含於其中。碰見強盜當然是壞事、倒楣事，但是受傷得脫卻又是幸運的，這中間處處有一個相對比。所以，有的「正」是在比中完成的，只有在比中才能成立、才能達成，這是名理的一類情況。可以很清晰地看到，墨家克己的性格表現得還是很明顯。像殺人與殺己就有不同的論定。殺一人以存天下，與殺一人以利天下，二者根本不同，絕不許偷換。「存」與「利」是不能等齊相淆的，不可劃一。但是殺己、捨生取義、殺身成仁等等，卻是另一番情形，存與利就可以合一了。因此，墨家對人、己界分得很徹底、很清楚。可以要求自己，但不可以要求別人，更不用說強求別人了。這與殺一不辜、不為也的思想是一貫的。如果殺人以存……、殺人以利……不分，那麼殺人盈野之事就是肯定的了。所以墨家在名理上就已經把存、利的同異關係說死了。利天下是此處的主旨，只要利天下是一樣的，那麼便「無擇」。也就是無擇於輕重。所以利的實際效果主導一切，這也是克己的表示。墨辯用不得已說利害之事，是借情理去論。在還沒有的而去取，就是求。在已經有的當中去掉就是擇。所以求與「義」是相隔的，求利不是義利。所以大小、多少、有無、輕重、利害等等，處處形成一陰一陽的對待關係，其陰面的與陽面的怎麼看，直接關係到正名。所以墨辯名學的思維，首先是它的陰陽性思維特徵，即處處都有一個陰陽面的問題。比如對聖人的要求，俗人容易灌進一個「不怕」的標準。但是不畏危難與愛惜健康卻是風馬牛不相及的，這些點滴都是陰陽面思維的例子。墨辯所舉雖然都是常例，但是一旦組合翻轉起來，卻會搭配出很多情況。我們在後面討論「是」與「然」的部分可以更清楚的看到墨家對詭辯的應對與設防，這直接關係到政教利害。

《大取》云：「意楹非意木也，意是楹之木也。意指之人也，非意人也。意獲也，乃意禽也。」「智是之世之有盜也，盡愛是世。智是室之有盜也，不盡是室也。智其一人之盜也，不盡是二人。雖其一人之盜，苟不智其所在，盡惡其弱也。諸聖人所先為人欲名實，名實不必名。苟是石也白，敗是石也，盡與白同。是石也唯大，不與大同，是有便謂焉也。以形貌命者，必智是之某也，焉智某也。不可以形貌命者，唯不智是之某也，智某可也。諸以居運命者，苟人於其中者，皆是也。去之因非也。諸以居運命者，若鄉里齊、荊者，皆是。諸以形貌命者，若山丘、室廟者，皆是也。智與意異。」

關於智、意，兩者顯然是相異的，而且相對為言。大體說來，意比較泛，比如意想，就是可以比較寬泛的。比如說想到一個人，也許是因為想他的妹妹。我想（到了）一個楹，雖然並不是想（到了）木頭，但是想到了那個楹、包括做成它的大木，很具體的一些相關聯的東西自然都在內。但是智卻是確定性的，亦即要確認，不能泛化、散開。比如說這宅子裏有一個賊，那一定是藏在什麼地方，不可能整個宅子同時到處都是他。即使把他找不出來，但是確認、確定的意向也不會模糊。兩個人當中有一個人是盜賊，無論能不能確定誰是，要確認卻是不含糊的。當然，確認這個世界上到處都是強盜，那麼這時候，整個世界是確定的對象。雖然是整個世界，但並不是泛化模糊的。可見確定與泛化模糊不是從多少、大小等等量上去看的，而是與事情的具體情況相關。所以意與智並沒有簡單的範圍上的比較。意可以只想到一小塊，智卻可以確認一大片。這裏文句上雖然不是字字通順，但是完全看得清楚意思，乃是要說明名實的情況的。名實要求的是精准，不能只是泛泛的印象。如果說大致上就是那麼一回事，這個絕對不行。《大取》舉了一些例子來說明。比如說一塊白石頭，如果把石頭盡去掉，那麼就只剩下了白。這個白是否就盡與白同呢？我們說這個白還不完全與白本身相同，而是有異。因為這個白是具體的那個石頭的白，石頭的白與豆腐的白就是不同的。而白本身是根本不可能落實的。所以無論是不是「盡敗」，無論是不是全部損去、盡數去掉，「物白」都不可能與白同。除非文本還包含別的意思層面。同樣，一塊大石頭，如果去掉、敗掉、損掉石頭，只剩下「大」，但是這「大」也不會與大本身相同。為什麼呢？因為物之大小是和量度「關係」在一起的，而大本身在量上怎麼算呢？白顯然是不與大小相關係的。比如說一片海洋是水，一滴水也是水，都是水，「是不是」和「水多少」沒關係。所以「盡與白同」和「不與大同」之間，看來在這裏安設了一個對比性。但是無論白或者大都是不可能同的，只是異得不一樣、異的情況不同。至於文本中說到的形貌、居運，大意也是明瞭的。比如形而下的世界，一切都是看得見摸得著的。也就是說，都是有形貌的。至於沒形貌的、虛玄的就不好確定了。像山丘室廟，這都是有形貌的。包括宇宙、天地全在內，只要是有形貌的就好確定。居運是就動靜說，比如人口的流動，鄉里有齊國來的人，也有楚國來的，這就屬於運者。至於本地生長多年不變的，就屬於居者。居、運也是一種不好確定的情況，或者就是有其特別的確定法。萬物也有一個變動居運的問題，比如候鳥、物種遷移等等。「智是之某」與「智某」的區別很關鍵：是者惟是也，也就是確定的這一個。智某就泛一些。一定、一泛，構成了一種輕重情況。所謂一定者，就是凡事都要確定。但是，對不好確定的不是沒有辦法，而是有一個輕重的辦法。只是墨家頂真，所以處處講確定，偏重於講確定，這個一點不奇怪。

《大取》云：「重同、具同、連同、同類之同、同名之同、丘同、鮒同、是之同、然之同、同根之同。有非之異、有不然之異。有其異也，為其同也。為其同也異。一曰乃是而然，二曰乃是而不然，三曰遷，四曰強。」

這裏對同異本身作了分類，也就是對各種同異本身進行別同異。異粗分為兩類：一種是「不是」的異，一種是「不然」的異。這裏講到的乃是而然、乃是而不然，在《小取》中有詳細說明。同異會在不斷的名理運行長流中遷轉、流失，無聲無臭地變異，在不知不覺中離開其本來的「應正」。所以「正同異」正是因為「知類」

不能夠保持。「強」就是勉強、強行、強為之說。比如說子路強不知以為知，就屬於強。無論強或者遷，都容易使類和同異變形。非就是不是，異的分類在這裏比同要少得多，僅從是、然兩方面說。同也包括是、然兩種情況在內。最常見的同是同類之同，比如說白馬、黃馬都是馬，牛、馬都是動物等等。而同名不等於同實，同名在正名上有製造麻煩的可能，因為名會帶來或者造成某種實。

《大取》曰：「籍臧也死，而天下害，吾持養臧也萬倍，吾愛臧也不加厚。」臧、獲都是至賤之人，是奴婢。假令臧死了對天下有害（僅僅是假令），那麼我將百倍地護持供養臧，免得臧死了對天下不利。但這一切並不說明我對臧本人就如何，或者增加了什麼特別的東西。在這裏一切都是單純的，並沒有額外的東西。在愛上面更不是就怎樣厚一些，這僅僅是一種利害的「行事考慮」。這個例子集中說明了很多問題，如是非、利害、愛等等。從一是而一非來看：

是：吾養臧而愛加厚

不是：吾養臧而愛不加厚

愛、利往往是分離的、獨立的。墨家思想的核心在利，愛是人心的好處，利是實際的好處，這一點看來是清楚無疑的。從常規情況的推來說，一般會偏於「是」的一邊的考慮。但是，名辯考慮得更多的則是「不是」這一邊的情況。這是須注意的。因為不是、不然的情況變化多端，不容易控制和把握。

《大取》曰：「長人之異，短人之同，其貌同者也，故同。指之人也，與首之人也異，人之體非一貌者也，故異。將劍與挺劍異，劍以形貌命者也，其形不一，故異。楊木之木，與桃木之木也同。諸非以舉量、數命者，敗之儘是也。故一人指，非一人也。是一人之指，乃是一人也。方之一面非方也，方木之面方木也。」

大個子與小個子如果有什麼貌同，首先還是在類上。比如說都是人類，長一個人樣子。不是牛樣子，也不是馬樣子。這種同是類定的。但是大個子畢竟不是小個子，從形貌上來說還是不同的。比如孔子是長人，晏子是短人，兩人貌不同。其實孔子和晏子處處都有一種對比性，晏子是齊國的重臣，孔子是魯國的重臣。要討究儒家思想，先要瞭解晏子的思想。許多方面，晏子與孔子之間都透著一種同異對比性。前面說：「意指之人也，非意人也。」看來這意思是說：想到人體的一部分，與想到人還是不一樣。手指與腦袋同樣是人體的一部分，但它們的外形卻不一樣。雖然同處在人體上，但是二者卻只能異。這可見同異原則的「一不一」特性。指頭部分的人與頭部的人不一樣，是它們的外形不一樣，所謂人之體非一貌者也，故異——所以不一樣、不相同。這是從形貌方面去說，是最外表的同異。當然手指頭與頭腦的功能也不一樣。持劍或使劍的動作不一樣，也是從外形上去說的。但是這裏有一個問題：楊木之木怎麼可能與桃木之木相同呢？那樣一來，好木頭與壞木頭、壞木材、壞木料不是沒有區別了嗎？所以楊木與桃木肯定是不同的，否則就沒有好傢俱與壞傢俱之分了。因此，這裏不是說楊木、桃木，而是說木本身，所以用了一個之字——楊木之木。木本身是「所共」，墨辯應該是從這一層去講。也就是說，舉凡不是用量、數來命定的，「敗盡」以後只剩下了純的類，而那就是、就是那個。比如木就是純類。所以量數都是形而下的，像什麼形貌、居運、度量等等，都屬於量數這一邊。所謂「敗」，乃是指名類上的一種去，屬於名觀。楊木和桃木不同，是材質上的不同。但是木本身卻是落實不下來的，一旦落實，就成了某一具體的木材、木質。所以量的思維與單純類的思維，中間有一道鴻溝。因此說，方的一個面當然不是方，因為面是無厚的，不能形成和構成方體。但是一個方體的木頭，它的任何一個面卻都是木頭材質的。可見單純的面是沒有質地的。但是方又是形，當然類意義上的方就落實不下來了。是正方、還是長方？抑或別的變形？一旦落實下來，就只能是某一種方。所以在這裏便有一個明顯的梯級過渡：從類方、方類到形方、方形，再到體方質方、方體方質、有質體的方，這中間的層次是很清楚的。墨辯講這些例子，無非是要說明是與然的各種同異情況，也就是「是」與「然」本身的不定性。像指頭部位的人，當然不是整個的、完全的、全部的人。但是用手指指一個人，卻是指的整個兒的這一個人。所以部分與全體、與整體的同異關係在這裏分得很清楚。部分與全部的關係，是最基本的一種同異關係，也是最周邊的。所以，「指」的兩層意思，我們在這裏也能夠看得很清楚。

《大取》曰：「以故生，以理長，以類行也者，立辭而不明於其所生，忘也。」「三物必具，然後足以生。」這裏所說的忘乃是「名忘」。一說三物指故、理、類，但是方、類、故也適成其為三。立辭要明其所生，即明瞭根本的、一切的由來。包括對類、理、故、方等等的確正、考究。把諸如巧轉、狂舉、過論等一系列的名理根結問題追究清楚。因為人文思想學說就是由「立辭」堆積起來的。所以「忘」之一義說到了根本癥結。忘的意思，參照老子說的「迷」，大致上可以清楚。老子說，人之迷、其日固久，又說雖智大迷，所以忘就是一種「久迷」。後來理學講習忘，也可以包括在忘的意思範圍內。

《大取》曰：「立辭而不明於其所生，忘也。」又說：「立辭而不明於其類，則必困矣。」辭的意思，我們可以舉一例來說明。《左傳》桓公十年記：「冬，齊、衛、鄭來戰於郎，我有辭也。」這件事是說，魯國猶秉周禮，按王爵尊卑等序對待諸侯，引起鄭國惱怒，挑起事端。按道理是魯國直諸侯曲，所以說我有辭，以禮自釋。從這裏歷史中的語言的習慣分析，有辭的意思是說我有道理，有一個說法、根據，我有理由等等。都指我能夠成立。所以很明顯，辭之立義與理掛在一起是無疑的。名理中講辭、講立辭，當然也是指學說上能夠立論、能夠成立。提出、創立一個說法，給出理論，或者下一命斷等等。立論、立說自然會首先與理關聯。根據、理由不成立，辭當然也不能成立。這裏達意應該沒有問題。

《大取》曰：「今人非道無所行，唯有強股肱，而不明於道。其困也，可立而待也。」這說明了先秦時代尚力的實況，世人都不遵道而行，當然也包括不守名理，所以困頓是必然的。同時也說明，強力比一般道理更容易在現實中得勢。又說：「夫辭以類行者也。立辭而不明於其類，則必困矣。故浸淫之辭，其類在鼓栗；聖人也，為天下也，其類在於追迷；或壽或卒，其利天下也指若，其類在譽石；一日而百萬生，愛不加厚，其類在惡害；愛二世有厚薄，而愛二世相若，其類在蛇文；愛之相若，擇而殺其一人，其類在阬下之鼠；小仁與大仁行厚相若，其類在申；凡興利、除害也，其類在漏雍；厚親不稱行而類行，其類在江上井；不為己之可學也，其類在獵走；愛人非為譽也，其類在逆旅；愛人之親，若愛其親，其類在官苟；兼愛相若，一愛相若，一愛相若，其類在死也。」

可以看到，這裏的連類是不太容易解開的，因為銜接不上。而且這裏是關於愛、類問題的說論。孟子辟楊、墨，足以說明孟子自己的思想受衝擊之重。所以老吾老以及人之老諸說，無疑是儒家應對兼愛等學說思想的一種自我調整和方案。此甚可注意。雖然「兼愛」各家都講，但以墨家為最著。關於連類、引類，我們可以舉例來加以說明。《韓非子‧說林》曰：「田駟欺鄒君，鄒君將使人殺之。田駟恐，告惠子。惠子見鄒君曰：今有人見君，則睞其一目，奚如？君曰：我必殺之。惠子曰：瞽，兩目睞，君奚為不殺？君曰：不能勿睞。惠子曰：田駟東欺齊侯，南欺荊王，駟之於欺人，瞽也，君奚怨焉？鄒君乃不殺。」可以說：田駟欺君，其類在瞽也。因為田駟其人欺騙成性，所以自然不值得多計較。雖然我們對《大取》中的各種連類感到費解，但是通過《韓非子》書中所舉的例子，還是可以明白一個大概。《韓非子》中有大量關於「說在」的例子。有一點可以清楚的，就是《大取》中講的（這裏）還是愛、利問題。同時，類是名理的核心。如果不能知類，則困頓是必然的。辭的運行，關鍵在於推類。正辭就在於明類。

《小取》是《大取》的配合和補充。《小取》曰：「夫辯者，將以明是非之分，審治亂之紀，明同異之處，察名實之理。處利害、決嫌疑焉。摹略萬物之然，論求群言之比，以名舉實，以辭抒意，以說出故。以類取、以類予。有諸己，不非諸人。無諸己，不求諸人。」案孔子惡似而非者，「似」與「是」就是相「嫌疑」的。這裏對名辯進行了一個總說，我們可以看到這樣幾個組對：是非、治亂、同異、名實、利害、取予、辭意、說故。關於「然」，墨辯前後上下文各處已經講得十分清楚，這裏不再贅言。只有在切實的操作中，我們才能夠進一步充分達意。從治亂、利害這一層來看，名理乃系實學，這是毋庸置疑的。可以說，這裏的每一句話都是重要的通則。不經過實際的運用展開，對此很難理會。比如說，我們一且論求群言（各種學說）的比並，那麼諸如巧轉、過論等大量的問題就會汩汩湧出。關於非諸人、求諸人這樣的問題，可能還是與獨斷、「不可常用」等問題關聯在一起的。另外，「非」也包括「責求」的意思在內。

《小取》曰：「或也者不盡也；假者今不然也；效者為之法也；所效者，所以為之法也。故中效，則是也。不中效，則非也。此效也。辟也者，舉也物而以明之也；侔也者，比辭而俱行也；援也者，曰子然，我奚獨不可以然也；推也者，以其所不取之，同於其所取者，予之也。是猶謂也者，同也；吾豈謂也者，異也。夫物有以同而不率遂同，辭之侔也，有所止而正。其然也，有所以然也。其然也同，其所以然不必同。其取之也，有所以取之。其取之也同，其所以取之不必同。是故辟、侔、援、推之辭，行而異、轉而危、遠而失、流而離本，則不可不審也，不可常用也。故言多方、殊類、異故，則不可偏觀也。」

這是很重要的一段原則總論。「不可常用」是關鍵，「不可常用」是「不可用」的保留餘地的說法。這些是由不定性決定的。也就是，「然」與「所以」之間的關係是「多歧」的，很難固定把捉，根本上是不一定的。所以古人只講到正名為止，抓住了名，就等於把握了一切。如果跟著各種關係跑，像夸父追日一樣，其結果可想而知。「或」就是不定，所以也是不「盡」的，也不能「盡」。正因為事端是不「盡」的，所以才必然不定，即「或」。這中間是一種互根的關係。「假」可以有兩種理解：一種是假的、不真的，一種是理解為「借」。「不然」是相對於「然」而說，比如是與不是、然與不然等等。名理上假的東西固然是不然，但是如果在名理上胡亂地假借，任意穿插，絲毫不經過「正之」這一關（環節），那麼「不然」

就是必然的結果。一種學說、理論根本上不然，其成立與否也就可知了。所以「假」應該是與「行」、「轉」牢牢關聯在一起的。在名理的展開、運行過程中，往往就是一個失控的局面。這種失控流向、流於巨大的相異與不然，在各種「轉替」中，比如巧轉，造成很不好的危險。名理的危險是最大的危險。所以說「遠而失」、「流而離本」，不可不審，這就是告誡人們千萬要當心，因為思想學說不是小事情。一言可以興邦，一言可以喪邦。在運行轉替中，辟、侔、援、推各種活動會跑得很遠，漫無邊際、漫無管束、漫無收檢。究其「是」、「然」不定的總因，乃是由於「方」、「類」、「故」多歧、殊異的緣故。所以名理不能「偏觀」，偏就意味著失掉什麼，就不能正名。然與所以然、取與所以取，在同異關係上都是互相歧出的。可以看到，辟、侔、援都是關係到「連類比並」的，其具體的達意則需要結合它們的運用來瞭解。案「舉也物」應該是「舉他物」的意思。就是說，通過舉說、說舉各種其他的物、事來「明」這一個。而「推」最關鍵，是從「取予」上去講的。取就是拿出，予就是給進。推就是拿出、給進的反覆交替使用和運用，其關鍵在類。比如說見孺子入井，我拿出了一個善，這個人性善，我是從「見孺子入井」這件事當中提取出來的。然後，我再把性善論給進一切事體當中去，並推求某種性善學說、性善思想的解釋。這就是「予之」，也就是「同於其所取者」的情況。所以「推」最麻煩。基本上，人文中的各種推都不見得成立。所以說不可常用、甚至不可用。因為推是不成立、至少是很難成立的。像性惡論，也是用同樣的套子、模子推出來的，然後給進一切事體中去。性善、性惡，究竟哪一個有理呢？可能它們同樣都是偏觀。所以說「取易予難」。取可以很自然，予卻必須正之。否則隨意拿出一個什麼就給進一切中去，害人也就是這樣造成的。

《小取》曰：「夫物或乃是而然（一），或是而不然（二），或一周而一不周（三），或一是而一不是也（四），不可常用也。故言多方、殊類、異故，則不可偏觀也，非也。」偏觀則非，這裏又強調了一次，足見「不可用」之義的核心關鍵地位。方、類、故的多歧、殊異說明「類」與所以然是至關重要的。正是類性與所以然決定了是、然的歧出，以及辟、侔、援、推的困難甚至不可能。墨家主兼觀，這裏列出的四條通則是板塊整齊的。從論求群言之比這一點來說，首先就是要求考量多方、殊類、異故三點，否則不成其為兼觀。摹略萬物萬事之所然，只能是一個大概的、約定達意的東西。正如一張圖片對麒麟的說明、喻會作用遠比無盡的言語還要完善、直接一樣。因為名言的作用是有限制的，至少它不能代替官覺。乃是而然、是而不然、一週一不周、一是一不是這四種情況是對各種名理情況的一個總結、歸總。只有是、然統一、相應、一致的時候，才屬於常規情況。「周」是周偏的意思，既然不可偏觀，自然要周偏觀之、要周觀。在辟、侔、援、推當中，有的情況是可以周顧的，這時候就是一定的，可以比較放心地運行到下面的環節。有的情況是非常規的，不能周顧、不能周偏地說明問題，這時候就不能辟、侔、援、推了，而是要步步正之。於是辟、侔、援、推就讓位給了「辯正」。所以，為什麼我們通常都說名辯，而不說名推，就是因為只能辯而正之的情況多，而可以一馬平川往下推的情況少。基本上每一個步驟都是要辯的，所以推要麼不可能，要麼很滯澀、運行很難。當然，這是從正的要求上去說。

《小取》曰：「白馬，馬也；乘白馬，乘馬也。驪馬，馬也；乘驪馬，乘馬也。獲，人也；愛獲，愛人也。臧，人也；愛臧，愛人也。此乃是而然者也。」臧、獲都是至賤之人，即古代的奴婢僕役。但是愛臧、獲仍然是愛人。我們可以簡單地表列一下：

是：白馬馬也
然：乘白馬乘馬也
是：驪馬馬也
然：乘驪馬乘馬也
是：獲人也
然：愛獲愛人也
是：臧人也
然：愛臧愛人也

「是而然者」是最簡單、最常規的一種情況。墨辯講它，主要還是為後面的非常規情況做底襯和鋪墊。因為常人的思維，總是陷於「是而然」這一種情況的居多。是而然下面的推都是常規的推，但是常規的推絲毫不能說明是而不然的情況。是而不然根本上就是不可以推的。《小取》曰：「獲之親，人也；獲事其親，非事人也。其弟，美人也。愛弟，非愛美人也。車，木也；乘車，非乘木也。船，木也；入船，非入木也。盜人，人也；多盜非多人也，無盜非無人也。奚以明之，惡多盜，非惡多人也；欲無盜，非欲無人也。世相與共是之，若若是，則雖盜人人也。愛盜非愛人也，不愛盜非不愛人也；殺盜人非殺人也。無難盜，無難矣。此與彼同類，世有彼而不自非也。墨者有此而非之，無也故焉，所謂內膠外閉，與心毋空乎？內膠而不解也，此乃是而不然者也。」如果我們舉列一下，就是：

〔不然〕

愛弟非愛美人
乘車非乘木
入船非入木
多盜非多人
殺盜非殺人
無盜非無人
惡盜非惡人
惡多盜非惡多人
欲無盜非欲無人
愛盜非愛人
不愛盜非不愛人

墨辯說得很清楚，世人一般都不自覺其陷入是而不然的毛病，其中的迷惑、迷局是根深蒂固的。將是、然的真相解開，乃是名理的關鍵。《小取》曰：「且夫讀書，非好書也。且鬥雞，非雞也。好鬥雞，好雞也。且入井，非入井也。止且入井，止入井也。且出門，非出門也。止且出門，止出門也。若若是，且夭非夭也，壽夭也。有命非命也，非執有命非命也。無難矣。此與彼同類，世有彼而不自非也。墨者有此而罪非之，無也故焉，所謂內膠外閉，與心毋空乎？內膠而不解也，此乃是而不然者也。」我們同樣列舉如下：

是：止且入井止入井也
不然：且入井非入井也
是：止且出門止出門也
不然：且出門非出門也
是：且夭壽夭也
不然：且夭非夭也
是：好鬥雞好雞也
不然：且夫讀書非好書也

這裏顯然有「時」的問題，比如「且」。「且」與「必」的關係是一個很微妙的關係。雖然這裏舉了很多例子，但其名辯主張卻顯得非常緊湊、結實。《小取》云：「愛人，待周愛人，而後為愛人。不愛人，不待周不愛人。不（失）周愛，因為不愛人矣。乘馬，不待周乘馬，然後為乘馬也；有乘於馬，因為乘馬矣。逮至不乘馬，待周不乘馬，而後為不乘馬。此一周而一不周者也。」

周愛、不周愛，還是說明墨家對愛的要求偏高，這與兼愛思想是配套的。周指周遍，比如說我吃東西，並不是要吃遍天下所有的東西才成其為我吃東西。只要我僅僅吃了一個，就成其為我吃東西；但是我不吃東西，則是一樣也不能吃。即：天地宇宙間的一切東西我都周遍地不吃，才成其為我不吃東西。如果說我不吃東西要廣義地包括不食氣在內，那麼我就連呼吸也不可以了。所以這裏就是：

周：我不吃東西
不周：我吃東西

一周一不周的應用範圍肯定是相當廣的，墨辯在這裏僅僅是說明一下原則，至於具體的展開還要結合實事來進行。《小取》曰：「居於國則為居國；有一宅於國，而不為有國。桃之實，桃也；棘之實，非棘也。問人之病，問人也。惡人之病，非惡人也。人之鬼，非人也；兄之鬼，兄也。祭人之鬼，非祭人也；祭兄之鬼，乃祭兄也。之馬之目盼，則為之馬盼；之馬之目大，而不謂之馬大。之牛之毛黃，則謂之牛黃；之牛之毛眾，而不謂之牛眾。一馬馬也，二馬馬也。馬四足者，一馬而四足也，非兩馬而四足也。一馬馬也，馬或白者，二馬而或白也，非一馬而或白。此乃一是而一非者也。」

所謂鬼，就是人死為鬼。比如說兩千五百年前孔子活著的時候他是人，但是兩千五百年後孔子早已去世，他就是鬼了。我們如果祭孔，就是在祭鬼。但是祭的又確實是孔子，而不是別人。「人」與「鬼」名實不同、有區別。祭孔是在祭孔子之鬼，我們沒有祭墨子，也沒有祭孟子。所以這裏「一是而一不是」是清清楚楚的。從「非」來說，鬼不是人；從「是」來說，孔子之鬼還是孔子，不會是墨子，也不會是孟子。依此推之，在中國居住可以說是住在中國，但在中國買了一所房子卻不能說是買了中國。討厭兄弟得的重病，並不是討厭兄弟；但是問兄弟你得了什麼重病卻是在問兄弟。如果列表會更清楚：

是：桃之實桃也

不是：棘之實非棘也

是：之馬之目盼為之馬盼

不是：之馬之目大不謂之馬大

是：之牛之毛黃謂之牛黃

不是：之牛之毛眾不謂之牛眾
是：馬或白者二馬而或白
不是：馬四足者非兩馬而四足

很明白的，「或」必須以「二」為「底數」。「或」本身就是在「一以上」這一點上命定的。每匹馬我們算一條腿，當然可以說四馬四足，但這是另一回事了。所以這裏關係到「命定」的如何約定的問題。「之馬」就是這匹馬的意思。《小取》中列舉的四種情況，僅例子就足夠人清楚了。所以關鍵是對這些法則的使用，而不是空洞的說明，這一點我們以後會感受到。有必要補充說明的是，學說的取予，我們是隨處都可以找到例子的。像《周易》的卦象，就是最原始的取予實例。老子的學說雖然不再形成卦象形式，但性質上也差不多，其取予性並沒有絕斷。比如說：「上善若水，水善利萬物而不爭，處眾人之所惡，故幾於道。」從水象認識到某種義理、道理，在《老子》書中不止一例。物象與義理在取予關係上達成了堅固的聯結。比如：「三十輻共一轂，當其無有，車之用。埏埴以為器，當其無有，器之用。鑿戶牖以為室，當其無有，室之用。故有之以為利，無之以為用。」這是借器用之象講有無之妙道。說「天下莫柔弱於水，而攻堅強者莫之能勝，其無以易之」，便是從「水象」取「柔弱之道」一義。上舉數例，體例上是完全一樣的。需要說明的是，在名學中，包括比喻、想像、寓言、譬方等等手段在內，與純繹理的分析之間，其實都是「共轂」的關係。它們當中的名理含量，並不因為具體形象而就有什麼不等。也就是說，名理所重的只是不同的類型，這是一個平列層。可以說，任何一種認識（方式）都是一個取予。如果視每一事物皆為一獨立之集合，那麼取予就是單項的或者若干項的「提取活動」。正如老子可以從水中拿出無為柔弱之道這一義理，孟子也可以從水中拿出性善這一義理來。他說：「水信無分於東西、無分於上下乎？人性之善也，猶水之就下也。人無有不善，水無有不下。今夫水，搏而躍之，可使過顙。激而行之，可使在山。是豈水之性哉，其勢則然也。人之可使為不善，其性亦猶是也。」（《告子》上）

這是在反對告子的辯說。告子以為：人性無分於善與不善，猶如水無分於東、西。告子可以從水象中拿出另一種截然不同的性說，與孟、荀完全相異，「綜觀」可見，水象本身乃是一個集合，供人「取義」而已。從水象中，各家學者可以取出多項各種各樣的義理，而這些義理又絕不相同。可見學說的製造，完全在取予上。水象當然還只是自然之象，此外如人事之象，也是取予義理的一個重要源。這裏我們可以舉一個通俗的例子。孟子說：「所以謂人皆有不忍人之心者：今人乍見孺子將入於井，皆有怵惕惻隱之心，非所以內交於孺子之父母也，非所以要譽於鄉黨朋友也，非惡其聲而然也。由是觀之，無惻隱之心，非人也。」（《公孫丑》上）這是從「孺子將入於井」這一人事之象中拿出性善說的顯著例子。但是，這種片面取予（偏取偏予）既然可以「說有不說無」地立論，那麼，同樣的，人們也可以從人事之象的取予十分輕易地反向立論。我們可以舉《荀子》中的幾個例子。荀子說：「故陶人埏埴而為器。然則器生於工人之偽，非故生於人之性也……用此觀之，人之性惡明矣。其善者偽也。」（《性惡》）老子從「埏埴以為器」這一「事象」中取予「用無之道」這一義理，而荀子用同樣的例子卻導引出最終的「性惡」義。錯綜觀之，上述這些不僅說明了同一例「物象」或「事象」的「集合多項性」，可以「為取予選擇巧轉」，同時也說明了一切立論的有待正名問題。因為從上舉例子中，我們完全可以看到：一切人文學說絕不能逸出取予的範圍，只是它們具體的取予手段各異罷了。那麼，正取予（正取正予）作為正名的一部分，其必要性也就不言自明瞭。而推進一層，我們還可以看到：只要是思想學說，它就先天的伴隨著不可靠性。而這一點在以前是估量不足的。

取予以類為核心，關於上古類思維，我們在《周易・說卦》中可以看得很清楚。《說卦》云：「乾，健也。坤，順也。震，動也。巽，入也。坎，陷也。離，麗也。艮，止也。兌，說也。乾為馬，坤為牛，震為龍，巽為雞，坎為豕，離為雉，艮為狗，兌為羊。乾為首，坤為腹，震為足，巽為股，坎為耳，離為目，艮為手，兌為口。乾，天也，故稱乎父。坤，地也，故稱乎母。」「乾為天、為圓、為君、為父、為玉、為金、為寒、為冰、為大赤、為良馬、為老馬、為瘠馬、為駁馬、為木果；坤為地、為母、為布、為釜、為吝嗇、為均、為子母牛、為大輿、為文、為眾、為柄、其於地也為黑；震為雷、為龍、為玄黃、為旉、為大塗、為長子、為決躁、為蒼筤竹、為萑葦、其於馬也為善鳴、為馵足、為作足、為的顙，其於稼也為反生，其究為健，為蕃鮮。巽為木、為風、為長女、為繩直、為工、為白、為長、為高、為進退、為不果、為臭，其於人也為寡發，為廣顙、為多白眼、為近利市三倍，其究為躁卦。坎為水、為溝瀆、為隱伏、為矯輮、為弓輪、其於人也為加憂、為心病、為耳痛、為血卦、為赤、其於馬也為美脊、為亟心、為下首、為薄蹄、為曳、其於輿也為多眚、為通、為月、為盜、其於木也為堅多心。離為火、為日、為電、為中女、為甲冑、為戈兵、其於人也為大腹、為乾卦、為鱉、為蟹、為蠃、為蚌、為龜、其於木也為科上槁。艮為山、為徑路、為小石、為門闕、為果蓏、為閽寺、為指、為狗、為鼠、為黔喙之屬，其於木也為堅多節。兌為澤、為少女、為巫、為口舌、為毀折、為附決、其於地也為剛鹵、為妾、為羊。」

根據孔穎達等學者的解釋，我們可以清楚看到其中的思路，以及義類是怎樣聯繫在一起的。雖然這裏提到的大多是一些實物，但顯然構成了一個義類的集合。把握了其中的類思維特性，我們就能順暢地理解類問題。《正義》說：「此下曆就八卦廣明卦象者也。」首先是乾，乾象之所以為天，是因為天體運行不息，符合健義，所以其義為健；其象為天，於是天動運轉，循環往復不止，所以乾象又為圓；因為圓是滾動不停的，從這裏可以看到觀象之間的連續性；乾象可以說是一個聚類之方，這樣，從天到木果，就在義類這一中樞紐帶上系聯於一起，從而變得易於理解了。乾為君父，是因為乾為萬物之元始，這在乾卦中講得明白。古代人文中，君父不是單純的人倫之名，而首先是一個法則，通過自然垂範顯示給人，從而有了人倫，人只是照著這個本然的法則去做，履踐而已。像漢代五行論中五行相生的倫理解釋，就是上古理解傳統的繼續，還沒有斷檔。可以說，乾卦中講的天圓乃是自然之象，而君父則為人事之象，兩者統一為易象，故而自然與人文的合一特徵極為鮮明。而這種「合一」並不是簡單籠統地規定在一起的，而是通過類關聯來達成，可見「合一」本身是有待分析理解的對象。

乾象又說，乾為玉為金，因為金是堅剛的，乾為陽剛之卦，剛健不已，所以可以說其象為金；玉石溫潤透明，乾之立義，單純簡易，取象清明，所以說其象為玉。因此，在明象的過程中需要意會。中國的文字也有這一特徵，古代學者解釋的文字與易卦之間的血脈聯繫正可以在此得到一點說明。接著，取乾象為大赤，是考慮到大紅為盛陽之色，同乾卦本身的陽剛剛亢性是相應的，這就是說，兩儀性的義類關聯是取義觀象的核心與最基本內涵，事物的聯繫，就是類性關聯本身。不同的聯接方式，是取類即類性理解、格致上的不同，但任何一種聯接，只要其所以然是自圓的，那它就是成立的。這樣，世界上就不再存在不可思議和理解的東西，故而易學認為知與能是完全的、無所不達的，道理就在此。另外，乾取馬為象，也是極可注意的方面，這裏分別用良馬、老馬、瘠馬、駁馬四象說明行健之善、行健之久、行健之甚，以及至剛之性，因為是好馬，所以必然善於奔跑，因為是老馬，所以健行年月很久了，這是從時間上說，而運行太多太久，所以馬就瘦瘠，這是從量上說，老馬、瘠馬，都是從跡象上講說指示的。駁馬是古代能食虎豹的一種動物，所以喻至健至剛之性，同樣一種動物，可以有多種取法，這說明取像是沒有固宜性的。最後，乾象取木果，因為果實長在樹木上，年年都有，循環不止，生命的生息消長就如同天體的運行一般，健健不息，因此，木果之為乾象，其思路也就很明顯了。可以說，從天到木果，由巨到細，這上面所體現的正是易學該物不遺的體物原則，通過極為直感的方式得到說明。我們有必要把思路的過程排列在下面，雖然有些繁瑣，但這樣做可以使問題顯得更加一目了然。《說卦》中從坤到兌的羅列是這樣的：

> 坤為地，因為大地承載一切，而坤取義順承，係純陰之卦，元卦八象本是取地，所以說坤為地，下面震為雷等取象都是這樣。
>
> 坤為母，大地生育萬物，為化育萬物的母體與場所，所以取象為母。從這裏可以看到自然倫理的痕跡，因為古代倫理的涵義並不是局限於人倫一域上的。

坤為布，大地廣布、廣載萬物，所以取象為布。其象為布，其義為廣承性，其中的類性關聯可以清楚地意會。

坤為釜，釜是烹具，大地化育萬物，萬物成熟，猶如食物被烹熟，所以其象為釜，其義則為成（熟）。

坤為吝嗇，萬物生成，各依照遵循自己的類性，其性分不會胡亂發生移轉。名分思惟就是從自然的這種理解來的，所以名分是吝嗇的，既不會多一點，也不會減一點，大地生物不轉移也應這樣理解，就是只給予物性規定下的發育，所以是吝嗇的。

坤為均，因為大地給予萬物的機會是均等的，都各有自己的分額。

坤為子母牛，牛性溫順生育多，大地順承萬物而化育多，所以取象如此。

坤為大輿，大車能載物，這是對大地的比方。

坤為文，文指花色繁多，萬物成就五彩繽紛的世界，鬱鬱乎成文。

坤為眾，萬物眾多。

坤為柄，大地是生物的根本，好比器物的手柄，故取柄象而為義也。

坤於地也為黑，坤不就是地，地是基本的坤象，上述理解，都包含著一個以地為仲介的內容，又多轉了一個彎。坤在地為黑色，這是因為黑為極陰之色，而坤是極陰之卦，光都被吸收的時候即為黑色，這內收性就是陰性的。大地吸附萬物也是這樣，都是在陰儀性下統一達成的義類關聯，黑色不過是所取的一項坤象而已，易之取像是變動不居的。

震為雷，雷為震動、發動之象，所以取為基本的震象，雷性剛健，震為陽卦，正好相符。

震為龍，龍為陽剛之物，主發動，乾卦取龍為譬，言各種不同的動作，所以取象為龍。

震為玄黃，《正義》說取其相雜而成蒼色也。可能兩色相混而成另一種顏色，古有蒼龍之說，上文說到龍，所以蒼色可能與之相連屬，不然兩色成一色較難理會。也可能指春天的顏色。

震為旉，春天萬物萌蘇，旉生長。震取義發動，生命的萌動是專一的，其義類大概在此。

震為「大塗」，萬物的生出所循的途徑好像一條大通道，大「通塗」。古代以大路喻道，震系義於生命所出之道，所以取象如此，從這裏可以看到易卦所包含的生機涵義、取象命義間的類性關聯。

震為長子，因為震是乾坤兩個母卦初交所得的結果，即坤卦初六得乾而變為初九，由陰爻變為陽爻，這就是震。震為陽卦，又為子卦，所以說震為長子。即初交所得故為長，這一取象比較專門，下面筆者只選擇比較一目了然的取象來說明問題。這裏再一次說明倫理不限於人倫。

震為決躁，《正義》只解釋說取其剛動，這樣看來，決謂決斷，躁為躁動，都是陽剛性的動作，所以說為剛動，震這發動本身就是陽剛性的，故取象如此。

震為蒼筤竹，春天是萬物發動的時節，蒼筤形容春天竹子初生之美，故而取春竹之象以為震義也。

震為萑葦，萑葦是荻蘆之堅成者，與上象相連屬。

震於馬也為善鳴，馬嘶象雷聲一樣遠遠就能聽到，震本象為雷，所以這裏從聲音上說，可見相象性就是相類性，也就可以相與為義。

震為馵足，馵就是指馬的後足白，非常顯眼，一動就可以看見，所以這裏取義顯見之動，象打雷，就是動而顯見的。

震於馬也為作足，馬足能矯健運動，震本義全在動上，所以取象如此，馬本是善動之物。

震於馬也為的顙，指白額，也是動而易見的意思。

震於稼也為反生，穀物剛長出來時，外面都是有殼的，這是初生之象，初生就是一種發動，反生指始生之象而說。

其究為健，究就是至極、終極的意思，不斷地發動，推到終極，這就是健健不已。

震為蕃鮮，鮮指鮮明，是說春天草木繁生而鮮明可見，春天的氣象，所以春天亦為震象。

巽為木，因為木可以輮曲，有巽順的意思。

巽為風，風是通暢順達的，自身沒有阻隔，所以取為巽的本象。

巽為繩直，取其為物立准，如發號令，木工要以繩墨為法範，巽有號令順達之義，所以這樣取象。

巽為工，與上面相一貫。

巽為白，風把塵埃吹掉，就一片潔白，這一取象也是與風相關的。

巽為長，長在這裏是遠的意思，指風吹送很遠而言，也是依風取象。

巽為高，指高遠，風的物性是既高且遠的。

巽為進退，因為風性是變換不定的，隨時改變方向。

巽為不果，指不能果斷，因為風的稟性是隨順柔曲的，而不是截然分明，不是乾乾脆脆，一定下來就不再改移的那種類型，所以風性是不定性的，而不是一定的。

巽為臭，氣味順風傳得很遠，逆風就聞不到，這是典型的相關取象，或者說關聯取象。

巽為寡發，風吹落樹葉，葉子稀少，如人之少頭髮，所以在人則取少髮之象。

巽於人也為廣顙，額頭寬闊之意，也是指頭髮少。

巽於人也為多白眼，對人有意見則多白眼，風大時其勢躁急，對人有意見是內心不平靜，大大地起了風浪波濤，所以取象如此，心中興風作浪，對人可想而知。

巽為近利、市三倍，承上象，人際衝突，多因為利害關係，就是惡人之情多近乎利也；市三倍指木（包括作物）生長順利，大大豐收，市面充足，三倍（喻多）之利也。這類取象較遠，從中可以體會出什麼叫曲成萬物的委曲義涵。

巽究為躁卦，風勢趨極則躁急暴烈，所以取象如此，但這裏說躁卦而不說躁，可見卦的廣取性，還不單純就是那六十四卦的局限，只要合乎立卦標準原則，就可以取卦設卦。

巽為高還指樹木往上長。

坎為水，此坎卦所取之本象。

坎為溝瀆，是積水的地方，坎含險陷義，與此象正相類。

坎為隱伏，水藏在地中，隱伏在地下，險陷本身也是潛伏著的，都是一般。

坎為矯輮，使彎曲的東西變直叫做矯，反之為輮，水性是任意曲伸的，所以這樣取象。

坎為弓輪，水可以像弓矢一樣噴射出去，也可以像車輪一樣循環運行，所以為弓輪。

坎於人也為加憂，坎為險難，當然要多多地憂煩了，故加憂為坎象。

坎於人也為心病，憂慮險難，故成心病。

坎於人也為耳痛，聽勞則耳痛，面臨險難，豎起耳朵監聽窺探一切消息，所以取象如此。

坎於人也為血卦，人之有血，猶如大地有水，所以在地為水就是坎卦，在人為血就是血卦，符號都是一樣的，這就是分殊，上面巽為躁卦也是這類情況。

坎於人也為赤，人血是紅的，水是綠或藍的，古代認為其色黑，所以坎於地也為……。

坎於馬也為美脊，坎卦陽居中，水性剛居中，脊椎是運動的中樞，屬陽剛性，故比方如此。

坎於馬也為亟心，即急心，焦急是心裏面的活動，焦急是堅剛性的，以中堅內動與水坎為類，同為坎象。

坎於馬也為下首，水向下流，下首就指這個。

坎於馬也為薄蹄，水貼著大地和物體流，馬蹄貼著地跑，以貼行為類，無固宜之方。

坎於馬也為曳，拉著東西在地上拖著走，與大地相磨擦，水就是緊貼著地流動的，比上面程度更進了一步。

坎於輿也為多眚，就是多災，多隱患的意思，一架儘是毛病的大車，不能重載，處處都是險情。

坎於輿也為通，水流則通，水象既含險陷之義，義稟通義，險陷與通相反相麗，無險不通，無通不險，兩義相反而又相成，故有反訓特性，這類取象，也就是反訓之象。易卦取象多如此，也就是反訓性的類性關聯。

坎為月，古人認為月系水精，故取象如此，而從潮汐來看，月、水也確實有至深之關聯。

坎為盜，水是無孔不入，而又無聲無息，到處浸滲，所以用盜來形容，故取盜象也。

坎於木也為堅多心，取剛在內，水是外柔內剛的，坎卦中爻為陽，上下為陰，就是陽在陰中，木質中堅，正應此義類，故取堅多心為坎象。

離為火，這是離卦的本象。

離為日，太陽就是一團火。

離為電，電有明，本來似火之類。

離為甲胄，甲胄是剛性在外的，離卦柔中而剛外，所以取甲胄為離象。

離為戈兵，戈兵也是外剛的，所以亦為離象。

離於人也為大腹，大肚子裏面是一包氣，所以是內柔的，故為離象。

離為乾卦，取其日所烜也，太陽如一團火，普照大地，日復一日迴圈，健健不已。

離為鱉、為蟹、為蠃、為蚌、為龜，都是甲殼類動物，取其內柔外剛之義。火也是外烈內軟的。

離於木也為科上槁，指樹木中空而上面枯槁了，中空為柔，樹木為剛，故取為離象。

艮為山，此為本象。

艮為徑路，山上有路，路是行走用的，這就是止亦反訓動之義也，故徑路為具有反訓義涵的艮象。

艮為小石，小石也是山之類，不過有大小之別而已，這是易象該攝大小之象，只問義類，不論小大的意思，故取象如此。

艮為門闕，門闕高又可以通行，這也是從行與止上來連類取象的。

艮為果蓏，指草木的果實，草木生長在山間，所以也取為艮象。

艮為閽寺，指禁止人的地方、場所，直接針對止這一本義，所以取為艮象。注意，這是人文之象，前面小石等為自然之象。

艮為指，這是《指物論》方面的取象，當我們指定一項事物時，於是就在它上面停住固定下來了。比如我們指牛為牛，它以後就叫牛，也不會變成馬，所以取指為艮象。這樣看來，正名也是艮象。

艮為狗為鼠，狗是看門的，鼠老呆在人家裏，都是止於家中的動物，所以取為止象。

艮為黔喙之屬，指棲息在山裏的動物，同上象住在人類家中的動物只是生活場所不同罷了。由於這些動物身上有山止性或家止性，所以俱為止象。

艮於木也為堅多節，多節是樹木堅勁的表現，山中的林木性質堅勁剛挺，兩儀性上為陽剛。上面說到山裏的動物，這裏說植物，從止性上面來講，大概節是固定不變的，所以為止。

兌為澤，這是本象。

兑為巫，《正義》解釋為取其口舌之官也，在易卦中，兑為說，即悅，看來其來源同言語方面是有些關係的，所以這裏才取口舌之官的巫象，其淵源待考。

兑為口舌，口舌乃言語之具，與上象相連屬。

兑為毀折，為附決，都是指秋天作物成熟。兑的基本義為喜悅澤布，秋物成熟自然可悅可喜，天播其德澤。按古代語言到今天已經陌生疏遠，其義旨本來簡單，這裏只作簡短說明，所以暫不推究。

兑於地也為剛鹵，指少水鹹鹵的地帶，取水澤不到之義，因此這一兑象有反訓指性。

兑為妾，妾主順從，令人悅喜，這是人事之象。

兑為羊，也是取羊性順從令人愉悅，都是在悅義上取象。

《說卦》中的「義象」編排大致就是這樣。上面作了逐條簡單的複述，這個工作是繞不過去的。從這些簡短的解釋中，我們所看到的乃是一種思維、一些路徑、一種思路。在統一的思路上，以「類性」為中樞，將紛繁的「法象」貫穿在一起。設若不瞭解這些思維路徑，那麼就會對這些法象系列產生莫名其妙的感覺。因此，也就不能夠更進一步地從這裏為起步，去洞察整個「類」基礎上的中夏思維。故而建立「思路派」的治學法，乃是最為要緊的工作。關於這一點，此處不能展開討論，只是順便提到而已。

先秦名學文獻除墨辯六篇外，《公孫龍子》也一樣重要。《列子・仲尼》曰：「龍誑魏王曰：有意不心，有指不至，有物不盡，有影不移，發引千均，白馬非馬，孤犢未嘗有母。其負類反倫，不可勝言也。公子牟曰：子不諭至言而以為尤也，尤其在子矣。夫無意則心同，無指則皆至。盡物者常有，影不移者，說在改也。發引千均，勢至等也。白馬非馬，形名離也。孤犢未嘗有母，非孤犢也。」

從這一段論辯中，我們可以窺見上古人文的很多消息。先秦時代的論題繁多，絕不止限於現在保留下來的那些。所以說「不可勝言也」即在此。「影不移者，說在改也」一條在墨辯中有相應的輔證。而且從語言習慣上分析，「說在……」應該是很普通的習慣，不一定限於墨家專用。雖然《仲尼》篇激烈批評公孫龍之說，但是也可以看出：公孫龍留下來的關於許多論題的論辯，乃是名理展開的極具體的例子。通過這些實例，我們就可以把很多古代的論題還原，從而抓住先秦時代的一般思維操作，並得到實在的結果。案《公孫龍子‧跡府》曰：「公孫龍，六國時辯士也。疾名實之散亂，因資材之所長，為『守白』之論。假物取譬，以『守白』辯，謂白馬為非馬也。白馬為非馬者，言白所以名色，言馬所以名形也；色非形，形非色也。夫言色則形不當與，言形則色不宜從，今合以為物，非也。如求白馬於廄中，無有，而有驪色之馬，然不可以應有白馬也。不可以應有白馬，則所求之馬亡矣；亡則白馬竟非馬。欲推是辯，以正名實而化天下焉。」又曰：「龍與孔穿會趙平原君家。穿曰：素聞先生高誼，願為弟子久，但不取先生以白馬為非馬耳！請去此術，則穿請為弟子。龍曰：先生之言悖。龍之所以為名者，乃以白馬之論爾。今使龍去之，則無以教焉。且欲師之者，以智與學不如也。今使龍去之，此先教而後師之也；先教而後師之者，悖。且白馬非馬，乃仲尼之所取。龍聞楚王張繁弱之弓，載忘歸之矢，以射蛟兕於云夢之圃，而喪其弓。左右請求之。王曰：止。楚人遺弓，楚人得之，又何求乎？仲尼聞之曰：楚王仁義而未遂也。亦曰人亡弓，人得之而已，何必楚？若此，仲尼異楚人於所謂人。夫是仲尼異楚人於所謂人，而非龍異白馬於所謂馬，悖。先生修儒術而非仲尼之所取，欲學而使龍去所教，則雖百龍，固不能當前矣。孔穿無以應焉。」

孔穿是孔子的後代，公孫龍在這裏用了「反詰法」。「楚人」異（非）人，故白馬非（異）馬。其實，公孫龍只是想正名實，我們只要從「共名實」非「別名實」去理解，一切便順暢了。公孫龍引孔子的意見並不奇怪，因為孔子就是講正名的。從這裏來看，孔子認為楚王還未達於仁義之究竟，還有明顯的不足，需要更進一層才行。公孫龍是趙惠文王、趙孝成王時候的人，政治上很有才略。關於公孫龍所持堅白、同異諸說與「名家」相反之事，我們從《堅白論》中大概能夠看見。比如公孫龍從官覺方面說堅、白相離，與名家認為堅、白、石三者共同體在於一起確有細節上的不同。堅、白相盈，同「體」於這一塊石，這塊堅白石是固定的。至於從感覺方面看，堅、白相離，道理上其實並不與堅、白、石相盈、同處的事實相扞格，這一點是須說明的。可離與「就離」是兩回事。墨辯講「體同」，也可以與此參看。值得注意的是，史料中記載：鄒衍過趙言「五勝三至」之道，以「辭正」為下，公孫龍乃絀。這似乎有著歷史預示的意味。也就是說，後來的五行生克論之流行、甚而居主要的地位，乃是單純的名理、名辯所無法競爭的。平原君謂龍曰：「公辭勝於理，終必受絀」，就是前引。此外，公孫龍與孔子的後人孔穿論辯，大概公孫龍也是知曉儒術的。戰國時儒、墨並為顯學，尤其是公孫龍這樣的辯士，不大可能不瞭解儒術。他與孔穿之間的辯論，大概就反映了儒墨、形名之間的分合。

案《白馬論》曰：「白馬非馬，可乎？曰：可。曰：何哉？曰：馬者所以命形也；白者所以命色也。命色者非命形也。故曰白馬非馬。」

我們結合上古學說中的「體」與「質」諸名聯觀就可以知道，這裏舉「形」與「色」並不能包攬全部的名理說明。從達意上說，形而下的事物大都包含質體、形色諸節，這是不難理喻的。但是這裏有兩個問題：此處說白馬非馬，如果按照墨辯的說法，到底是正舉，還是狂舉呢？另外，形與色的「出舉」本身應作何看待呢？

按照「牛狂與馬惟異」的例子，「白馬非馬」這一立辭應該如何「辯而正之」呢？如果僅以形、色或其他節目去加以證說，會不會陷入狂舉的循環？正如我們要說牛與馬的不同，不能取「牛有角、馬有齒」之類的路徑，而只能說，牛與馬異，所以才有了牛有角、馬有齒……「為什麼不同」和「有什麼不同」，這兩者是極容易混淆的。因之，以形、色去說白馬非馬，會不會情況相類，這是需要考慮的。

就形與色本身來說，「馬者所以命形也」一辭本身便有疑問。形在這裏應該如何理解呢？形包不包括「質體」在內？從古人用語的細緻分別來說，通常不會很籠統。那麼，「馬」與「形」之間便有問題。正如許多古畫白描線勾的馬那樣，如果形僅只是一個輪廓，那麼這個可見的輪廓也絕不是「馬」，而是「圖畫馬」。圖畫馬與白馬、黃馬等等都是一樣，都是同一級的別名、「別實」，而不是馬那樣的共名、「共實」。由此，馬是很難落實下來的。一旦落實，它馬上成為一個具體的「別名實」，而不再是「共名實」。所以，「以形色命」乃是一種落實，當然這裏形、色本身之為「共名、共實」的情況暫不考慮。正如一匹玻璃馬，它是透明的，但是它有「質體」

（玻璃方面）。那麼，這玻璃馬也還是「別」而不是「共」。即便「馬形」再模糊，它也是「別階」的所謂「漫畫馬」，而不可能是「共名實」之「馬」。這其中的關係應該是極明白的。所以說，「馬者所以命形也」一辭包含很多問題。

由此，「白馬非馬」之「可」首先是因為「正舉」與「共別」的緣故。白馬為別名實，馬為共名實，兩者自然不等。但說「白馬，馬也」卻是可以的。因為，如果白馬不隸屬於馬下，則共別關係無由建立。所以「白馬非馬」一辭之立義應該是屬於某種特指。由此，如要證說為何白馬非馬，就應循正舉而不是狂舉的路徑進行，否則會陷於「有何不同」的糾纏。形、色諸節的出舉顯然有這個問題。

《白馬論》曰：「曰：有白馬，不可謂無馬也。不可謂無馬者，非馬也？有白馬為有馬；白之非馬，何也？曰：求馬，黃、黑馬皆可致。求白馬，黃、黑馬不可致。使白馬乃馬也，是所求一也。所求一者，白者不異馬也。所求不異，如黃、黑馬有可有不可，何也？可與不可，其相非，明。故黃、黑馬一也，而可以應有馬，而不可以應有白馬；是白馬之非馬，審矣。」

從文中「使白馬乃馬也」一語可以看出，「白馬非馬」不是對應日用語中「白馬、馬也」一義的；而是針對「白馬是馬」一義的。亦即，名理上的「白馬」這一名實與「馬」這一名實是相異、不等的關係。這裏的專論顯然使用了「參差換法」，即「同異交得放有無」一義所講的。比如說要「求」天下的名馬，我們可以得到黃色的馬，也可以得到黑色的馬；但是如果要「求」白色的馬，那麼黃色、黑色的馬就不合要求了。這一事例本身說明：馬與白馬相異。因此，這裏也不是談「白馬、馬也」的問題。這種鮮明而極端的「別同異」完全就是為正名預備的。像白馬與馬不一，一可一不可，相是與相非，以及明、應諸關係，都是我們應該注意的名理常則。

當然，關於「白馬非馬」，我們也不能不多留一個準備，就是：如果古人真的連「類屬」關係也取消了怎麼辦？有一點，我們看不出「可致、不可致」等討論與「共別屬關係」之間有什麼不能兩立、互容的矛盾扞格。並不是說，有了命形、命色之辯，白馬與馬之間就不許建立某種關係。至於公孫龍還有一個「白馬非白馬」的論題，我們確實是很難理解了。不過只要知道一點，就是：先秦時代有大量的、種種極端的論題，這就可以了。《白馬論》曰：「曰：以馬之有色為非馬；天下非有無色之馬也。天下無馬，可乎？曰：馬固有色，故有白馬。使馬無色，有馬如己耳，安取白馬？故白者非馬也。白馬者，馬與白也，馬與白馬也。故曰：白馬非馬也。」

可以注意的是這裏問題的「回向性」。問難一方所要表達的是：世上的馬都是有顏色的，「純馬」哪裏去找？但是這種問難只限於形而下的一邊才有效，因為它是以「天下」為範圍，只限於人間世。最重要的乃是問題回過來：即便世上有「馬」也不能說就是「白馬」；但是說世上有馬卻完全可以說都是馬。從言辭上比照著來看，也能見出白馬與馬確實為兩個名實。而且白馬本身乃是「馬固有色」的一個結果，它不可以倒過來安插於什麼之上。這裏的決定關係是單向的。並且還須注意，這裏有兩個套在一起的關係：馬與白也；馬與白馬也。如果對白馬這一名實進行「名觀捶分」，則可以得到：白、馬、白馬。至於「馬白」，顯然屬於另一個範圍：白。因為馬白與「牛白」、與「石白」顯然是不一樣的。雖然從「共」上來說都是白（色）。那麼，「馬與白馬也」一語所含的關係，也就不能理解為「白與馬也」。因為這樣就等於「馬與色」的關係，「失掉」了

「馬與白馬」的關係，從而遮住了這裏的強調的作用。因為「馬」是疊在「白馬」上的。

《白馬論》曰：「曰：馬未與白為馬；白未與馬為白。合馬與白，複名白馬。是相與以不相與為名，未可。故曰白馬非馬，未可。曰：以有白馬為有馬；謂有白馬為有黃馬，可乎？曰：未可。曰：以有馬為異有黃馬，是異黃馬於馬也。異黃馬於馬，是以黃馬為非馬。以黃馬為非馬，而以白馬為有馬；此飛者入池，而棺槨異處：此天下之悖言亂辭也。」

從這裏所論來看，顯然是以「白馬非馬」為「正辭」，以相反意見為「悖辭」。我們可以注意，問難的一方道理上也並非不充分。像「相與」、「不相與」這層關係便非常重要。白與馬並不是一定要到一起去的，這顯然屬於「不相與」一邊；但是如果到一起去，便屬於「相與」一邊了。既然馬屬於「不相與」一邊的情況，白馬屬於「相與」一邊的情況，那麼「名」的情況不同，「白馬非馬」應該是很自然的，為什麼還要說未可呢？這是一個問題。實際上，合白與馬，或者馬與白，首先是一個「取」的問題。因為這裏並不止「白馬」一種結果，還有「馬白」這一種可能。所以只取白馬，完全是出於人的「取予」，這一層是須明瞭的。我們通常可以說，有白馬就是有馬，但是說「有白馬」就是「有黃馬」卻很難。這樣，將兩個句子中各自「離出」一部分來對比著看：有馬與有黃馬，顯然是相異的。進而，馬與黃馬也是「相非」的。不過這樣的推進關係就好像算術中的「約換」似的。把單純的名實延伸到「用」上面去，在「動用」的展開中放大，以顯現其不同，這是一個顯著的特點。所以名辯中的「用」與「換」的說論辦法很值得我們注意。亦即：通過「用」的展開和在「換」中放大明顯與不明顯的關係，將同異差別參差凸顯出來。關於這些，在先秦名辯文獻中常能看到。

《白馬論》曰：「曰：有白馬不可謂無馬者，離白之謂也。不離者，有白馬不可謂有馬也。故所以為有馬者，獨以馬為有馬耳；非有白馬為有馬。故其為有馬也，不可以謂『馬馬』也。」

這裏的論說提醒我們一點，就是日用中的「說」與名理中的「說」是兩回事。日常生活中，有白馬當然就是有馬；但是，如果參照上文中有黃馬、有馬、有白馬諸「異點」，則有白馬與有馬絕對應該分開。這裏的「離白」就如「離堅白」一樣，對「堅白石」，可「離」者有「堅」與「白」二。對白馬，可離者有白。就像「孤駒未嘗有母」那樣，有母自然不是「孤駒」。從正名上來說，孤駒就是在「無母」（包括未嘗有）上「正」下來的。具體的小馬可以曾經有母，但「孤駒之名實」則無所謂曾經還是未嘗。所以「孤駒未嘗有母」這一立辭算是「吊」了一下。「獨以馬為有馬耳」一辭講的也是類似的意思。這樣：有馬可謂有馬，有白馬可謂有白馬，看似生硬的「對應」就建立起來了。這是名觀所要求的對應。它不過是強調有黃馬不能等同於有馬、黃馬不能等同於馬的考慮。實際上，一切論說都是為了擺明各個名實單位之間的同異關係。正如「僭臣」與「君」，二者之間如果建立了共、別關係，那麼僭臣便隨之獲得了某種程度的合理、合法認可，即「別權」。這當然是「名教」所不能容許的。所以名分之下，惟異無同，這是名學的死理。

《白馬論》曰：「曰：白者不定所白，忘之而可也。白馬者言白，定所白也。定所白者非白也。馬者無去取於色，故黃、黑皆所以應。白馬者有去取於色，黃、黑馬皆所以色去，故唯白馬獨可以應耳。無去者非有去也，故曰白馬非馬。」

有馬可謂有馬、有白馬可謂有白馬，在日用看來，這似乎是無用的廢話。但是在名辯中，我們卻只能這樣去注意：所有這些只是反映了名理的最基本的特點。「無去」與「有去」又是一組對待。名學中的諸相對關係，如一是一非、一周一不周、一可一不可等等，是很繁多的。「白」本身是不定的，只有當我們說「白馬之白」時，這白才是相對確定的、固定的。是馬的白，而不是樹的白，或別的什麼的白。這種被定為屬於什麼的白、特定的白不是白本身。也就是說，這樣的白是「別白」，而不是「共白」。同樣的道理，白既然「無定屬」，反過來馬也「無定取」、「無定去」、「無定應」。但是白馬卻是有「定應」的，黃馬、黑馬都不能「應」白馬。即從「無定」與「有定」這一層分別來看，也能說明白馬與馬二者之間的同異關係。簡單的說，就是：只要找到一條不同，哪怕是在「展開去用」當中有一點不同，也能說明二者相異。由此，各個名實之間是「只異不同」的。雖然可以「相共」，但「共」不是「同」。

《通變論》曰：「曰：二有一乎？曰：二無一。曰：二有右乎？曰：二無右。曰：二有左乎？曰：二無左。曰：右可謂二乎？曰：不可。曰：左可謂二乎？曰：不可。曰：左與右可謂二乎？曰：可。曰：謂變而不變可乎？曰：可。曰：右有與，可謂變乎？曰：可。曰：變奚？曰：右。曰：右苟變，安可謂右？苟不變，安可謂變？曰：二苟無左又無右，二者左與右奈何？」

有與無、變與不變是關節所在。從數上說，一加一等於二是再通常不過了，但這只是算術上的事情。名辯一旦設問「二有一乎」，就一定有它的強調所在，是不可以用常情、常理去「准衡」的。一與二之為數，從「名觀」上應看作兩個孤立項。我們說二有一，二包含一，實際上是裹進了「量」的思維。比如說兩斤鐵一定包括一斤鐵在內（兩個一斤鐵）。儘管這小的一塊鐵不見得包括在那一大堆鐵中，但是兩斤鐵中必然包含有一斤鐵。所以，名觀中的數是不裹雜量思維的，它們（每一個數）都是「離藏」的、都是孤立的「一」，是彼此不「相有」的。正如象數思維所顯示的那樣，量屬於「象」這一邊。

關於左、右，不能排除它們與方位的關係。通常，我們可以分出東西南北、東南東北、西南西北八個方向。如果用易之八卦去配，每個方向上可以安置一個卦。而左與右，則可以分別在任何一個方向上。所以這裏有一個「變數」在內。比如說以西方為左，那麼東方就為右；以南方為右，北方就為左。左、右當然是兩個，雖然左、右相對這一點是固定的，但是左右落在實物上卻是變動的。比如一面牆，既可以是左牆，又可以是右牆。但是人體左邊的就不太容易成右邊的。左與右本身固然是「不相有」，但任何一個實物卻都有左右。所以說左無右、右無左好理解；但是說左、右可謂二，而左右「不有」右或者左，就只能從「孤離」上去理解了。

這樣，討論便由「有無」進而轉到變與不變上去了。「變」本身是不變的，左與右本身也應該是不變的。我們只能說在具體的實物上，其左右是可變的，但這種變首先也只是人對左右的「觀法」，即「取」哪一邊為左或者為右的「安排」。所以這裏面的層次不能相混。右本身如果變了，固然就不再是右了；但如果是在實物上移換變轉，則雖變而仍為右。所以「苟變、苟不變」之問，顯然是把不同層的關係偷偷地套在了一起，而乍看上去顯得似乎有理。《通變論》正是透過這些具體的例子來說明「不易之正」怎樣在變中安處。

《通變論》曰：「羊合牛非馬，牛合羊非雞。曰：何哉？曰：羊與牛唯異。羊有齒，牛無齒；而牛之非羊也，羊之非牛也，未可。是不俱有，而或類焉。羊有角，牛有角；牛之而羊也，羊之而牛也，未可。是俱有，而類之不同也。羊牛有角，馬無角；馬有尾，羊牛無尾。故曰羊合牛非馬也。非馬者，無馬也。無馬者，羊不二，牛不二，而羊牛二。是而羊、而牛，非馬，可也。若舉而以是，猶類之不同，若左右。猶是舉：牛羊有毛，雞有羽。謂雞足一，數足二；二而一，故三。謂牛羊足一，數足四；四而一，故五。牛羊足五，雞足三，故曰牛合羊非雞。非有以非雞也。與馬以雞，甯馬。材，不材，其無以類，審矣。舉是亂名，是謂狂舉。」

案《道藏》本作「而羊牛之非羊也之非牛也」。即便文本上有可商榷，但在道理上已構成必然要的討論。這裏想要提出的核心思想即「狂舉」，是相對於「正舉」而言的。對此，墨辯中也有詳細的說明。正舉、狂舉是名學重要的通則。我們可以對套在一起的諸層關係作一個析分：這裏「唯異」一語乃是關鍵。也就是說，羊與牛正是因為不同，所以才有了這樣那樣的不同、有了種種的差別。因此，「為什麼不同」與「有什麼不同」是不能相混淆的。「有什麼不同」無論列舉多少億、多少兆條，也絲毫不能說明「為什麼不同」。而且，在用「有什麼不同」去答說「為什麼不同」的過程中，還會滋生很多「非類」的問題。所有這些，都屬於狂舉。這些我們在前面已經說過了。比如說羊不是牛，牛異於羊，因為羊有齒、牛無齒（案《呂覽》中說凡有角者皆無上齒）等等。這一「出舉」顯然是屬於「有什麼不同」一邊的，不能證說「為什麼不同」，因而是狂舉。所以說「未可」。因為反過來，羊與牛都有角，是否就可以說它們相同呢？當然不能。因此，這裏便有一個「俱有」、「不俱有」，

「或類焉」、「類不同」的組對關係。「同異交得放有無」正能說明此類情況。也就是說，「類有無」與「類同異」之間是交織的、不定的關係。而狂舉未能充分考慮這些，有時便以「類有」、「類無」去說「類同」、「類異」。墨辯中講得很清楚：有以同，類同也。參比這裏所說的「無以類」、「審矣」來看，確實能夠「勘」出許多東西。

簡言之，羊非牛非羊牛（羊≠牛≠羊牛），三者之間是三角循環「相非」的關係。這裏有兩個例子，顯得十分有趣。即「羊合牛非馬」與「牛合羊非雞」。羊與牛有角，而馬沒有；馬有長尾鬚，而牛和羊沒有，這就是「有、無」（類的有無）上的參差。我們還記得《白馬論》、《堅白論》中講「相合」、「相與」，假定「羊合牛」是將牛與羊「名加」起來，那麼也還是沒有長尾鬚。這裏面根本是「無馬」的，還不要說「非馬」。同異之間永遠是鴻溝的關係，無論它是「不用說」的，抑或相反。羊、牛可以謂二。羊一、牛一、馬一，它們永遠是「相外」的關係。即「羊非牛非羊牛非馬」。無論再加進多少、再扯進多少，都是一樣。如果說羊與牛還「有所同」，比如有角等等，那麼羊、牛與馬的共同點就更少。至於牛、羊與雞的同異分別，這裏是以「足數」上不一樣為例。至於羽與毛二名的不同，也可以說明在古代「單名」有細緻的劃分與分工。即以漢語的特性論，文（比如偏旁部首等）與字、與詞之間就有一個共別關係。雞足、牛羊足之為共名共實，在「名數」上只計為一。而作為實際的動物，雞有兩隻腳爪，牛、羊卻有四條腿。像「三」與「五」這樣的相加法，乃是將共與別放在同一個平列層（進行相加）的最好說明。通過牛、羊與馬、與雞的名理上各種關係的層層例舉、推進，從「或類焉」、類不同到「無以類」，最終是要說明「類的出舉」

的：在對同異的「說」的過程中，到底是正舉還是狂舉。「羊合牛非馬」、「牛合羊非雞」看來是舉的兩個極端的凸顯的例子，使人看到「狂舉」也能夠到何種地步。

《通變論》曰：「曰：他辯？曰：青以白非黃，白以青非碧。曰：何哉？曰：青、白不相與而相與，反對也；不相鄰而相鄰，不害其方也。不害其方者反而對，各當其所；若左、右不驪。故一於青不可，一於白不可，惡乎其有黃矣哉？黃其正矣，是正舉也；其有君、臣之於國焉，故強壽矣。而且青驪乎白，而白不勝也。白足之勝矣而不勝，是木賊金也。木賊金者碧，碧則非正舉矣。青、白不相與，而相與不相勝，則兩明也。爭而明，其色碧也。與其碧，甯黃。黃，其馬也，其與類乎！碧，其雞也，其與暴乎！暴則君臣爭而兩明也。兩明者昏不明，非正舉也。非正舉者，名實無當。驪色章焉，故曰兩明也。兩明而道喪，其無有以正焉。」

青色與木相配，白色與金相配，顯然這裏有「五行克生」之說扯進來。比如方向上東方主生，屬木，青色；西方義，屬金，白色，所以說木賊金。「青驪白」不難理解。各種顏色相雜成章，就不再是原始的純色了。顏色相混的例子還是為了說明政治上的事情，比如先秦書中常說的臣重則奪君，百乘之家僭千乘之國等等。所以「兩明」則政昏，田氏奪齊就是最好的說明。這樣看來，正舉是必然要確定「一個」的。由此，我們也就可以明白：牛合羊非雞，正如同說周公合召公非君一樣。無論周公是否被認為賢。大臣即使可以共和攝政，也根本異於君。當然，單從理論上說，這裏還是要歸結到正舉上面，與前面所云狂舉形成完整的配套。即名實當，有以正。所謂通變，也是說「不易其正舉」的意思。正舉不變而為狂舉、不流於狂舉，所以名理與政教是一體的。實際上，我們不能不注意到這裏面搭配的各種關係。按照古代的常識，馬與西方相配，雞與東方相配。牛與中央土配，其色黃，其臭香。羊與南方火配。所以這裏說黃其正矣，前後是一貫的。「方」應該從類性上去理解，《易》云方以類聚，正是從「類」上去講。雖然「方」作方向講也可以，但是在這裏顯然不太貼切。方、類對反，各當其所，這是典型的「正而不相淆」的態度。單從配色上來說，青與白無論如何配不出黃色，而只能配出碧色。所以說「寧黃」，本身已含輕重之義。文中前後兩截是有一種對比性的，如果以青、白、黃譬喻君、臣、國，那麼，此三者原本是互相不遮蓋的「要件」，缺一不可。但是青、白混而為「碧」，則「碧」是第三個東西，是另一個東西。正如孔子所說的，他最討厭似是而非的東西。「相似」與「相是」、與「相非」，三者之間的關係應該是十分清楚的。

《堅白論》曰：「堅、白、石，三，可乎？曰：不可。曰：二，可乎？曰：可。曰：何哉？曰：無堅得白，其舉也二；無白得堅，其舉也二。」

這裏的關鍵是「舉」，所謂三與二的討論只是反映了「舉法」上的不同認同。從名實上的捶分來說，一塊石頭可以這樣去「離」：堅、白、石、堅石、白石、堅白石。至於能不能有「堅白」、「白堅」兩項，則須討論。這是因為，從文學語言上來說，我們完全可以這樣修辭：堅硬的白色、白色的堅硬。但是從學術陳述上來講是否還可以這樣，就完全是另一回事了。按照白與「定白」、堅與「定堅」、石與「定石」的關係，堅、白、石三項「單立」是沒有問題的。亦即，合與不合、相與不相與兩種情況有所分別。堅、白、石「相合」、「相與」而成堅白之石，類似這樣的例說，我們在《白馬論》中也可以看到。所以「二可三不可」顯然有問題。因為「無堅得白」只是「應」了白石這一項（只是諸種情況之一）；「無白得堅」當然只應「堅石」這一情況。所以說，「舉二」本身只是表示了一種態度，不能說明事實。我們不能排除這樣兩種情況，即：如果以為「三」說的是堅、白、石彼此孤立，這當然比堅石、白石之舉二在「離」的程度上更徹底；但如果三說的是「堅白石」只能在一起「為一」，那麼「離堅白」就不能不說要透徹一些了。這是確定方面的難點。

《堅白論》曰：「曰：得其所白，不可謂無白；得其所堅，不可謂無堅：而之石也之於然也，非三也？曰：視不得其所堅而得其所白者，無堅也；拊不得其所白而得其所堅者，無白也。」

按照「名觀」的理解，這裏答方所論應該屬於知覺運動的範圍。從人的官感來說，只能看見白色，而不能看見堅硬。如果以為看見了「硬邦邦」，那顯然已不再是原始情況了，而是後天知識「成就」以後的表現。亦即，在後天知識有了相當堆積之後產生的通感。同樣，手摸上去只能觸感到堅硬，而摸不出白色。所以就「官覺」上言，堅石與白石是相離的。但問題是，官覺對名理沒有多少意義。因為官覺完全是後天的、形而下的。這裏到底是要「究名」，還是要分析「後天官覺」的情況，顯然是一個問題。如果是因為「知覺運動」而說「二可三不可」，便顯得好像是以「後天官覺」來決定什麼了。因此，「論名」與「論知」在這裏混到了一起，這是有問題的。雖然從另一面說，官覺上的「相離」更能說明名觀上的「可分」是不成問題的，但知覺與名理畢竟不是一回事。

《堅白論》曰：「曰：天下無白，不可以視石；天下無堅，不可以謂石。堅白石不相外，藏三可乎？有自藏也，非藏而藏也。其白也，其堅也，而石必得以相盛盈。其自藏奈何？曰：得其白，得其堅，見與不見離。不見離，一。一不相盈，故離。離也者，藏也。」

如前所說，在各段的讀解中都有一個兩分的問題。一是從一般道理上校論，應該怎樣。一是古人的意向究竟是什麼，這屬於考證問題。問難的一方為什麼總要說「三」，到底是為了徹底的離出、單立，還是說三者實不可分？這是一個問題。如果是這樣，那麼「二」的態度相對於「三」的態度就反而要透徹一些。所以，對古人的說法如何具體確定，這才是真正的難點。堅與白固然是共同「體在」於石上的，而且是相盈的。亦即：石頭的任何一處都是硬的、白的；凡是白的地方也都是硬的，反之亦然。所以說堅、白、石不相外。至於在各個官覺中它們是分割的，那屬於知覺問題，不能說明「堅白石」這一事實本身。知覺運動與事實本身是兩回事。「藏」在這裏應該好理解。比如說相對於觸覺而言，「白」好像隱遁起來了。而官覺的這種離、藏的特性卻是出乎自然的。所以，至少各個官覺之間是不相盈的，是彼此「絕隔」的。這種絕隔，也就是孤立，即「一」。堅與白雖然是彼此孤立的（在知覺運動中），但是「石」似乎能同時「兼受」視與「拊」。正如日常生活中我們看見一塊石頭，知道它是石頭；摸到一塊石頭，也知道它是石頭一樣。這大概說明了「性質」與「物體」的不同。堅硬是性質，即堅性；而石頭是物體、一個有質體。官覺上的可分（離、藏），說明名觀上的捶分是毋須贅言的。

《堅白論》曰：「曰：石之白，石之堅，見與不見，二與三，若廣修而相盈也。其非舉乎？曰：物白焉不定其所白；物堅焉不定其所堅。不定者兼，惡乎其石也？曰：循石，非彼無石。非石，無所取乎白。石不相離者，固乎然其無已。曰：於石，一也。堅、白，二也，而在於石。故有知焉，有不知焉；有見焉，有不見焉。故知與不知相與離，見與不見相與藏。藏故，孰謂之不離？」

我們可以進一層說，官覺運動既然是自然「相離」的，那麼在名觀上「捶分之」就更不成問題了。只是二與三放在知覺與物的關係中討論，總顯得不夠熨貼。如果說堅白石一定要「一體」地去看，那麼堅性與白色並不一定要與石頭相合。比如說豆腐，就是軟白合的。墨辯講「合同」、「體同」，正可以參看；雖然「合、體」與「同」實際上還是有別的。那麼在豆腐上，白與堅還是分開了，並沒有「兼在」一物上。至於「在於石」，只是諸「不定」中的一個「定堅白」的情況。堅、白可以兼在於石，軟、白也可以兼在於豆腐。什麼與什麼「相兼」本身是不定的。「不定之兼」本身說明了「離藏」是自然的。當然，相與、相合，共同「體在於」石的堅、白是私名、私實。就「大別名實」這一點來說，我們可以從道理上反對「離堅白」之論。因為這一個石頭的堅與白，固然是必然地要「同在」這個石上的。所以從官覺上「便於」離藏的，從共、別上講便不好離藏了。因此，這裏面的問題還是很多。而從同異上講離藏又比從共別上講離藏為更方便。比如堅白與軟白，軟與堅之間顯然是直接的同異關係而不是共別關係。但此石之堅、白，與堅、白本身之間卻有著共別、「俱一」、「惟是」等關係。

《堅白論》曰：「曰：目不能堅，手不能白。不可謂無堅，不可謂無白。其異任也，其無以代也。堅白域於石，惡乎離？曰：堅未與石為堅，而物兼未與為堅。而堅必堅，其不堅石物而堅。天下未有若堅，而堅藏。白固不能自白，惡能白石物乎？若白者必白，則不白物而白焉。黃、黑與之然。石其無有，惡取堅白石乎？故離也。離也者因是。力與知，果不若因是。且猶白以目，目以火見，而火不見；則火與目不見，而神見。神不見，而見離。堅以手，而手以捶；是捶與手知。而不知，而神與不知。神乎？是之謂離焉。離也者天下，故獨而正。」

所謂「獨正」者，「獨」是一切的根本。官覺是「異任」的，不能被替代。堅、白「域於」石，看來問難的一方是反對「說離」的。從道理上論之，不僅石頭可堅，許多「物」都可以堅。比如說銅、鐵。像銀子，也是堅、白同「域」的。這樣的情況，我們也許可以說就是「域同」。但是「堅白銀」與堅白石顯然不同。因此，如果這樣不斷地參差「挪轉」下去，那麼「堅」就必然的會「單獨為一」，而完全與物相離了。假如不「因」著實物、「就著」物體去觸「知堅」，那麼堅就隱遁起來了（堅藏）。至於在人的「心知」中曉得堅則是另一回事，「知堅」本身也是從「歷物」中得來的。所以《堅白論》的主旨，乃是要說明：所有的名實都是彼此各自分開的。而知道堅是單獨的、是孤立的。從單位上來說也就是：「知」是一。亦即：捶分到無可分為止。所謂天下「獨正」，意思再清楚不過了。正名，一切確正，都要在「既離」的「一」這一基石上建立。獨、正、離、藏、兼諸名已能說明問題。眼睛固然能夠看見白色，但是需要有光亮；如果伸手不見五指，也還是看不見白色的。但是火光本身看不到任何東西，眼睛雖然能看東西，但沒有光卻不行。在這裏，「見」本身就已經「離」了。同理，手「捶知」堅硬也有「知離」的問題。「神」通常是很難說的。比如說死人瞪視一物，但他並無知覺；活人知覺事物，不是取決於諸感官，最終還是由「心知」來宰製一切；諸感官只不過是工具途徑、條件手段罷了。人活著，神還在，所以終能心知萬物；死後神散，即便有五官、軀體，也是不能知物的。由見、知、神而言離，可知離是一個基本的立義。「離堅白」不過是一個具體的例子而已。

《名實論》曰：「天地與其所產焉，物也。物以物其所物而不過焉，實也。實以實其所實不曠焉，位也。出其所位非位。位其所位焉，正也。以其所正，正其所不正；（以其所不正），疑其所正。其正者，正其所實也；正其所實者，正其名也。其名正，則唯乎其彼此焉。謂彼而彼，不唯乎彼，則彼謂不行。謂此而此，不唯乎此，則此謂不行。其以當，不當也；不當而（當），亂也。故彼彼當乎彼，則唯乎彼，其謂行彼。此此當乎此，則唯乎此，其謂行此。其以當而當也；以當而當，正也。故彼彼止於彼，此此止於此，可。彼此而彼且此，此彼而此且彼，不可。夫名實，謂也。知此之非也，知此之不在此也，則不謂也。知彼之非彼也，知彼之不在彼也，則不謂也。至矣哉古之明王！審其名實，慎其所謂。至矣哉古之明王！」

物其所物、實其所實、名其所名、指其所指、象其所象、位其所位、是其所是、謂其所謂⋯⋯，這一連串的說辭都是為了強調「唯彼此」之義。《易》曰：「盈天地之間唯萬物。」對於萬事萬物，古人有各式各樣的指稱法。按照易學的專稱，就是「法象」，簡言之即「象」。「物」是最普通的稱法，荀子稱之為「大共名」。所以，這裏很快就導出了名學的專指：「實」。日常生活中我們一般用「東西」這個詞，名學則是說「實」。所謂「實」，其基本的立義就是：物其所物。很明顯地，「實」有界限上的限制，所以說「不過」焉。這表明實是有其「分」的，正如「名」有名分那樣。名實各有其「分位」，沒有一個位子是空著的。每一個位子都要為各個名實所填滿，所以說「不曠」、實其所實，意思甚為明白。由此，我們就可以得到一串強調。如：位其所位、正其所正、名其所名、正其所實、謂其所謂、疑其所疑等等。無論名實是「實態」的名實，還是「虛態」

的名實，只說明名實的「類不同」，其為名實總是一樣的。《名實論》中所講的各條通則都不脫出「審其名實而正之」這一條。這些條目並不難理解，關鍵是要遵守和運用這些律條。名實一旦越出自己的分位，便不再是「正名、正實」了。「彼」與「此」只能止於一邊，即要麼彼，要麼此，既彼又此，既此又彼是不行的。比如說銅馬是銅還是馬，我們說它既是銅又是馬，既是馬又是銅，這不合「正」的要求。銅馬就是銅馬，雖然就「共別」關係上說，我們可以將它「正為」馬的別名，而不是銅的別名。正如馬肉是肉的別名。彼且此、此且彼，不可，說的就是此類情況。名實一定要在位、各自在其分位上，彼其所彼，此其所此。對「非正」的則不謂，也無法謂。所以說「名正則順」。「名實當位」是至簡的原則。所以每一個名實都是「唯獨」的、唯一的。

案《指物論》曰：「物莫非指，而指非指。天下無指，物無可以謂物。非指者天下而物可謂指乎？指也者，天下之所無也。物也者，天下之所有也。以天下之所有為天下之所無，未可。天下無指，而物不可謂指也。不可謂指者，非指也。非指者，物莫非指也。天下無指而物不可謂指者，非有非指也。非有非指者，物莫非指也。物莫非指者，而指非指也。天下無指者，生於物之各有名，不為指也。不為指而謂之指，是兼不為指。以有不為指之無不為指，未可。且指者天下之所兼。天下無指者，物不可謂無指也。不可謂無指者，非有非指也。非有非指者，物莫非指。指，非非指也。指與物，非指也。使天下無物指，誰徑謂非指？天下無物，誰徑謂指？天下有指無物指，誰徑謂非指？徑謂無物非指。且夫指固自為非指，奚待於物而乃與為指？」

《指物論》是典型的綱領性通論，歷來難以論定。所以想要一下窮盡《指物論》也是不實際的。我們可以找到的線索是：「天下無指者，生於物之各有名，不為指也。」可見「指」與名的關係，兩者是有區別的。大體說來，「指」是活的，而名卻非常固定。萬物一旦被命名，便處於正名之下。但指卻是不固定且不受限制的。我們可以指這個，也可以指那個；可以指全部，也可以指若干部分。指牛與指馬並沒有什麼不同，但「牛名」與「馬名」卻絕對不同。所以天地可以一指，因為「指」是可以相當籠統、泛化的；但天地之名卻是一定的。這樣，「指」與名便構成一種分工，名是有固定的「位」的；而「指」則可以在各個位元之間任意游離、組合。這就是所謂「兼」。指與名、與物當然是核心的三項。就名本身來說，當然是指「實」的。從原始的方面來講，人們指向一物，看見一物，最終必然會給它命名。於是這名便成為對該物的「定指」（誠如「黃帝正名百物」那樣的說法所傳達的）。假設天下是虛無、至虛的一片，沒有一物，那麼紛紜的指也就談不到了。也可能只會有一個混淪的指——太虛。由於萬物都是可以被指的，可以被當作對象的，所以「物莫非指」一說便不難理解。那麼，關於「大共名」，或者說「達名」，便有幾套「表說」方案。從日用生活語言來講，我們可以稱之為「東西」；一般化的表達，我們可以說「物」；名言表達可以稱之為「實」；按易學的習慣表達就是「象」、「法象」；而用《指物論》專門表達便是「指」。

由此，「東西」、「物」、「實」、「法象」、「指」、「象」諸名是否又需要一個共名呢？顯然，這只是一個具體制定的問題。天下無「指」，物無可以謂物。從字面來看，這是說如果沒有「指」，乃是談不到什麼萬物的。指物論中，物與「謂」的關係需要擺明。人固然可以自設為中心，如果人不朝向萬物，那麼物只是中性的而已。正如《易》所說：「盈天地間唯萬物。」或者人可以說，萬物皆備於我。值得注意的是這一句：「奚待於物而乃與為指？」這裏很明顯有一個傾向，就是說：「指」並不需要依附對象才（能夠）成立。或者更具體一些理解：「指」天生就是不一定的。比如說，當初我們用「狗」去指一種很好玩、依傍人、旺旺叫、搖尾巴、啃骨頭的動物，而沒有用來指「長角」的動物。這裏暫不考慮作文造字、命名的必然思路。實際上，《指物論》的「費解點」就在「非指」這一點上，這是我們現在還沒有確知的。

總體上來講，公孫龍的《守白論》代表著一個極端。這裏，《守白論》是對《公孫龍子》學說的代指。而戰國時代的極端思想，又絕不僅限於《公孫龍子》的《守白論》。像《莊子》中的《齊物論》、《天下》等篇也有很多極端的東西。比如，在《白馬論》中，「白馬非馬」這一論斷無疑是核心。而《齊物論》中則說：「以指喻指之非指，不若以非指喻指之非指也。以馬喻馬之非馬，不若以非馬喻馬之非馬也。天地一指也，萬物一馬也。」這段話很有名，常常被引用。但是這段話究竟要講說什麼意思，並不完全為人們所清楚。實際上，只要我們看到了最後的那一句立辭：「天地一指也，萬物一馬也」，我們就不難想到《公孫龍子》的《白馬論》。該論的核心立辭是「白馬非馬」。可以說，「萬物一馬」與「白馬非馬」這兩個論點正好形成了歷史學說中的兩端。只要我們用歷史學說中叩其兩端的辦法來對勘二者，就不難搜尋到一些消息。兩端法的使用，要在具有兩極對比性的條件下來展開。也就是說，我們不妨將《白馬論》與《齊物論》二者視作代表著兩極觀點的兩個論方。因為「萬物一馬」這一論斷，與「白馬非馬」一辭有著鮮明的對比性。

「白馬非馬」是確立在絕對「離異」的基石上的，而「萬物一馬」則以完全「齊同」為基礎。白馬本身都不是馬，與萬物不過一馬，這兩種立論，是名辯時代思想學說激烈討論的必然產物，同時也是直接相互針指對方之立論而導出來的。從這裏我們可以看到先秦各家學說之間的「貫聯性」。於是，百家、諸子的學說思想乃成就為、顯現為一個整體。人文不是支離的、斷片的。也就是說，人文中的任何一項消息（全部消息），都無一例外的同時體在、具備於其他項之中。《白馬論》與《齊物論》代表著兩個極端，這兩個極端本身正好形成對稱的反極。因此，單就這一「反極」來說，《齊物論》本身也是應該納入到名學範圍以內的學說。我們只要看一看「白馬非馬」、「萬物一馬」這兩個核心立辭，便能明瞭兩論的宗旨。

必須補充說明的是，秦趙高指鹿為馬，也是一樁名學公案。是政治名理事件，我們可以這麼看。《莊子•天下》云：「犬可以為羊。」鹿可以為馬，犬為什麼不可以為羊？犬可以為羊，鹿為什麼不可以為馬？所以，如果說名理中的「條例」沒有兌現為切實的歷史政治案件，我們只能感覺到慶幸，而不能說：「那怎麼可能呢？」像趙高就是一個「指為」者，其所持乃「指為之論」。亦即：如果我對一切都不管、不顧，就這麼「說認」了，你又能怎麼樣？充其量，儘管你可以說這是明擺著的，但是在名理上卻不能奈我何。所以，先秦時代（包括秦在內）的「三馬論」我們是應該記住的。那就是：「白馬非馬」、「萬物一馬」、「指鹿為馬」。它們無不代表著名理的極端。下面我們就要討論《齊物論》中的一些節目。

關於《齊物論》，歷來解釋繁眾，有很多是從玄學的角度說解的。但是有一點，就是在具體的考論中，說解者對歷史中的各個學問部門之間的互勘，結合利用得不夠。換句話說，治學不應該是外向施加性的，不能作「外鑠型」的處理，而應當以歷史學問本身還治歷史中的各種思想學說。《齊物論》與名學有著很深的扭結關係。因此，如果以名學去索解《齊物論》，也許更能趨近其本來面目一些。由此，歷史中思想學說的真價值亦能更充分地顯露。這也是符合《齊物論》本身所處的名辯時代的背景的。

首先是「三籟」的問題。《齊物論》曰：「汝聞人籟而未聞地籟，汝聞地籟而未聞天籟夫！」人籟、地籟比較容易理解，關鍵是對天籟的理解。如果我們細推原著的文意就會發現，並不是在人籟、地籟之外別有一個天籟與之相並列，而是說人籟、地籟，這就是天籟，是作為天籟來命定的。用簡單的名言式來表達就是：人籟者，天籟也；地籟者，天籟也。常規語言，充其量只能說出一個意思，而只有轉化為簡要的名言式，才能在表述傳達上完成一種透徹性。用名學的話來說就是立辭。根據解釋，人籟是指人工聲音，人為的聲音、樂器的聲音，是賦含韻律的。而地籟則係自然聲音，比如自然之物的聲音：風聲、雨聲、雷聲等的交響，在人類心靈的感受和理解中，也是富有韻律和旋律的。實際上，這裏地籟還是借人籟一指來比況、來理解喻會的。三籟的思維，很明顯是和先秦的禮樂思維相一貫、相一致的。因為禮樂性思維有一層重要的涵義，也可以說是首要內涵，那就是「各如其分位，這本身就是和諧」的理認。道家無為之學講性分，精神素質上正與此相通。而名禮正是一體的，都從分、同異性起步。正名、別同異都為此而立。墨家出於地位卑下的小禮官，就能說明名辯與禮的內在關係，這在周禮中有詳細的相關說法。

可以注意的是，接下去有一大段發問，其風格與屈原的《天問》有類通處，至少是有形似之處。南郭子綦，楚人也，《齊物論》從南郭隱機而坐開始，從中我們可以搜索《齊物論》與《天問》之間的一些可比性，因為兩者都含有楚地人文的消息。但最重要的，還是與名學的關聯。這裏有一句話：「未成乎心而有是非，是今日適越而昔至也。」可以說，這句話的提出，在這裏是作切實運用的對待的，不是簡簡單單的一個立辭，而是直接運用某一律則（名理上的）來做論斷。我們在《天下》篇中也可以找到這一立辭，即惠施曆物之意：「南方無窮而有窮，今日適越而昔來。」關於這一立辭的原義的理解，不能做過於玄妙的揣度，而應取比較質實的態度，這樣更恰當一些，能貼近上古人文的本來情況。應該說，這一立辭絕不是以講說過去、現在、將來三者之關係為歸宿的。因為先秦禮樂人文，尤其是道術為天下裂的時代的人文，最關切的可能是什麼？很顯然地，絕不可能是時間、空間這樣無關痛癢的問題，而只能是關於人文絕對性的討論，比如禮樂的絕對性、制度的絕對性、道的絕對性、是非可斷的絕對性、可知不可知的絕對性等等。這裏所包藏的，就是情勢之義，我們可由每一人文時代特定的情勢來確認文義理解的大體方向。實際上，上下文的連貫銜接已經很清楚地告訴我們，至少可以說是提示我們應如何理解認取這一立辭及其應用。

我們只要變換一下句式銜接，就可以看得很清楚：

> 未成乎心而有是非。
>
> 是今日適越而昔至也。
>
> 是以無有為有。

可見，「今日適越而昔至」這句話的核心意思是要說明「以無有為有」一義的。古人解釋這個昔字為昨日，在文義理解上造成勉強、不順暢。因為昨日怎樣、如何與今日適越沒有直接的關係，不搭界。因此常規的解釋應該是，今天去往越地，當天晚些時候就到了。《天下》作「今日適越而昔來」，充其量也只應理解為，今天去往越地，當晚就回來了。古代以往越形容路途遙遠，當日往返不可能，所以人們說、或者以為當日往返於越，是「強無有為有」。但是既然人們這樣堅持、如果一定要這樣認為，即使聖人也沒有辦法說服。這裏面所要表達的意思應該是質樸簡單的，而「以無有為有」一義，便是對上面一連串詰問的歸結。是為了說明世人受既成的、既定的心志所驅役，終日奔忙，為一些無意義的、虛妄不實的對象、目的拼命，這真是茫昧到了極點。實際上，這裏並不是反對成心，而是反對不當的成心。因為文中既然說了「未成乎心而有是非，是以無有為有」，這意思當然就是說還沒有確立正當的是非座標，那麼其是非認斷也肯定是妄是妄非的了。所以這裏只是要突出強調論者、質問者的成心。

這裏用來論斷各種茫昧情況的立辭，在惠施曆物之意中也能看到，從中我們直接地感觸到《齊物論》與名辯的關係。既然稱「曆物之意」，顯然就涉及到經驗核證的問題。像「今日適越而昔至」一事，在上古就是與人們可經驗核證的相悖逆的。在接下去的思理開展中，我們還能找到多處涉及名理的論議，這對我們理清、把握《齊物論》的本義、原本精神很有輔助作用。論中說「夫言非吹也」，顯然這裏吹是承上文「夫吹萬不同」而言的，亦即三籟之指。言指學說等，指世人的學說、思想系統等固然是不可與三籟同日而語的，因為它是人文性的，不同於自然事物。但這裏主要是引出儒墨兩道是非相爭，因儒墨並為顯學，所以儒墨之爭適足以代表道術的分裂。所以，《齊物論》講是非問題，本來是有極為具體的指對的，其意旨是認為這樣的是非兩執對天下之道不利、無益。從一般義理上來看，論中所說的「莫若以明」，這個「明」在《墨辯》中也多次出現。從最常規的意思廓定上來說，「明」應該是指明知性而言的。也就是說是非相爭，至少不能脫離、違背一般明知的基礎。但這一認識還僅僅是粗線條的，因為歷史學說乃是有許多具體細節的，否則我們的認識還是顯得不夠清楚，而這些只能慢慢去還原。接下去的進一步展開申說對我們的觀察會有一些幫助。

《齊物論》宣揚了一種著名的相對態度，但這只是表面跡象，因為在後面我們可以看到，這相對的態度並不是什麼認識，而是為了導引出一種行事原則。從論中討論彼此的是非問題來看，是非者並不僅限於對錯、正當與不當等義，還包括是與不是的涵義。但是，正如人文的人事性所規定的，彼此是非問題的討論也只能從事的性質上去考慮，而不能從物的性質上去觀照。也就是說，這裏的討論，其最根本的意向還不是為了申說一種認識，而是為了導出行事原則，先立一番論據。因為如果純粹地從學理出發，《齊物論》關於彼此是非問題的態度是很難站住腳的。比如說是亦一無窮，非亦一無窮，就是不可靠的立論。這一立論，是直接適應得其環中，以應無窮這一行事原則的，也就是莊學虛無以待的主張。虛應與無為是一致的。無論是、正確、當理，都是唯一的，而不是、不當、非理則是無窮的。比如說這是一匹馬，如果真的是馬，那麼這是必定是唯一性的，它不再可能是牛，是其他別的東西。但是，如果它不是馬，那麼它就有可能是一切別的什麼。因此，是與非之間，首先是一與多的關係，是固定與不確定的關係。因此，「認為是」也是無法確定、是無窮的觀點，顯然是人為違逆常理的強說，與前面說的「以無有為有正」是一樣的行為，即包含意圖性。我們所能說的，僅僅是世間自以為是的「是乃是無窮」的，如果《齊物論》是從這一面去說，那只能說明該論僅只考慮到人事而已，在思想上便無價值，只是在應事上可以作為一種辦法使用。因此，在這樣的是非討論基礎上確立起來的「明」，似乎就不再是指明知性，而有些接近神明、主神明一義了。

這裏有一段立辭是極有名的：「以指喻指之非指，不若以非指喻指之非指也；以馬喻馬之非馬，不若以非馬喻馬之非馬也。天地一指也，萬物一馬也。」這段立辭，最直接地與公孫龍的《守白論》有一種可比性，也就是白馬非馬這一立論。我們知道，白馬非馬是公孫龍最有代表性的立論，它是針對正名問題而設立的。在這裏，我們首先得同時考慮兩種情況，即常規的情況和非常規的情況。所謂非常規的情況，乃是指名學所特有的情況要求，白馬非馬之論在這裏就只能從單純的名實同異性上去理解。在《荀子・正名》中曾經闡述過，共名與別名是不相同的。白馬相對於馬而言，白馬是一個別名，而馬是一個共名，它們所指的實是不同的，也就是說二者在名實上相異。因此，白馬非馬是一個完全合乎名理常則的可成立的立論、立辭。在理解過程中，由於我們的思維受到了常規情況的牽撓，所以會出現一些障礙。從常規的情況來看，白馬非馬這一立論，總是不自覺地與「白馬馬也」這一判斷連繫在一起了。而事實上，從名觀的角度來說，白馬非馬並不是要指對「白馬馬也」這一立辭的，它只有從名實的共別關係上才說得通。因為名分所要求的，本來就是森嚴的同異分別，共別正形同水火。所以，對於古代的名禮人文及其思維，不能用常規的理解去度量，它有特殊的要求，是絕對的。

回到與《齊物論》的比較上來。「萬物一馬」與「白馬非馬」正好形成一個有趣的歷史對比主題。前者是要泯同異、是非，或者可以說是齊同異、是非，而後者則是絕對的同異態度，是力主名實唯一的。因而，後者白馬非馬之論合乎「是」的唯一規則。「萬物一馬」雖然與「是」亦一無窮的論調相吻合，但不符合名理，也違反名分。我們總不能說「萬民一君也」，這是可想而知的。因此，先秦名辯時代出現這樣兩個反極的對比、反端的對比：「萬物一馬」與「白馬非馬」，並不為怪，乃是必然的。《齊物論》講到「以馬喻馬之非馬，不若以非馬喻馬之非馬」，這其間包含了一個同異對比程度的問題，直接關係到對各家學說所取的態度。比如說辯白馬非馬，與舉牛非馬為例，兩者相較而言，後者易明得多，可以說是不言自明的。而在具體的學說中，如果運用這一規則，就意味著以同異對比鮮明的、差別性大的來替代同異差別小的比較。前文說的「莫若以明」與此也有關係。因此，《齊物論》的「齊」，最直接地與先秦人文的「別同異」主流相關。齊的態度，可以說就是對同異採取的無為的態度，就是同異上的無為，各循其性分，即「無為同異」。在論中，我們發現有這樣一段話，與《墨子・小取》中的一段話可以比照來看，兩者都是說然的：「惡乎然？然於然。惡乎不然？不然於不然。」物固有所然，物固有所可。無物不然，無物不可。已而不知其然，謂之道。

這是《齊物論》中說「然」的一段話。下面我們再回顧一下《小取》中的一段話，曰：「其然也，有所以然也。其然也同，其所以然不必同。夫物或乃是而然，或是而不然。或一周而一不周，或一是而一不是也，不可常用也。白馬，馬也，乘白馬，乘馬也。驪馬，馬也，乘驪馬，乘馬也。獲，人也，愛獲，愛人也。臧，人也，愛臧，愛人也。此乃是而然者也。獲之親，人也，獲事其親，非事人也。其弟美人也，愛弟，非愛美人也。車，木也，乘車，非乘木也。船，木也，人船，非人木也。盜人，人也，多盜，非多人也；無盜，非無人也。奚以明之？惡多盜，非惡多人也；欲無盜，非欲無人也。世相與共是之。若若是，則雖盜人人也，愛盜非愛人也，不愛盜非不愛人也，殺盜人非殺人也，無難盜無難矣。此與彼同類，世有彼而不自非也，墨者有此而非之，無也故焉，所謂內膠外閉，與心毋空乎？內膠而不解也。此乃是而不然者也。」

實際上，在《大取》篇中就說過：「有非之異，有不然之異。有其異也，為其同也，為其同也異。一曰乃是而然，二曰乃是而不然。」《小取》篇還說：「援也者，曰子然，我奚獨不可以然也？」這些與《齊物論》並可參證。其中心意思就是講同異關係的，並且詳細例舉了同異類型及其情況。「然」的基本意思，就是學說、派別、主張上的許可、認同，表示是否相互承認。在墨學中，同異、彼此、是非的態度是絕對的，相當清晰而具條理，這是名學知類的要求。但是，在《齊物論》中，這種絕對化我們卻看不到了，代之以一種相反的態度，就是要泯同異、齊是非。當然，這些還只是表面的說法，其核心是欲行無為之道，在名辯上當然也不會力主有為，因為辯之又何益。在行文論說中，《齊物論》與名學多有關涉處，比如說：「其分也，成也；其成也，毀也。凡物無成與毀，複通為一。」就與《墨辯》中的「已，成亡」一條相關，可以互相參看。這樣的地方隨處都是。可以說，《齊物論》已經很明確地表達了對名辯的態度。那就是：「名實未虧而喜怒為用，亦因是也。是以聖人和之以是非而休乎天鈞，是之謂兩行。」並且舉朝三暮四的故事來加以說明。因此我們說，《齊物論》本身並不是在道理上講出了一個怎樣的究竟，而是提供了一個高明的對待處理辦法、對付應對之方，因此它是行事意義上的。

《莊子》書中，有名學內涵的不止《齊物論》一篇，像《天下》、《秋水》等篇也有很多可以與名學互觀的內容。《秋水》曰：「莊子與惠子游於濠梁之上。莊子曰：鯈魚出遊從容，是魚之樂也。惠子曰：子非魚，安知魚之樂？莊子曰：子非我，安知我不知魚之樂？惠子曰：我非子，固不知子矣。子固非魚也，子之不知魚之樂全矣。莊子曰：請循其本。子曰，汝安知魚樂云者，既已知吾知之而問我，我知之濠上也。」可以看到，這裏就是一個典型的「過論」情況。所謂「過」就是過當、失當，正如前面我們說過的。但是「過」的意思還不止於此。所謂不知魚樂者，其實還包含著政教之義。就是說聖人治人，自以為待民極好，處處為百姓著想，但是你怎麼就知道百姓一定舒服呢？你又不是百姓。所以這裏的寓意乃是十分明白的。莊子所謂「循本」，是說你惠子既然問出了這樣的話，在這問話裏，本身就包含著一種「知」。所以「非魚不知」等等說辭，其「說出」本身就是自悖的，實繫過論無疑。老子說：「小國寡民，老死不相往來。」這也是「魚自得其樂」的一種態度，亦即「聖人為治」的態度。小國寡民其實就是方以類聚、物以群分。也就是齊物，就是同異名分。

案《墨子》書中有兩條可與「魚我之辯」相參證的內容，不妨舉說一二。《經說下》云：「擢疑，無謂也。」《經下》曰：「疑，說在逢、循、遇、過。擢慮不疑，說在有無。」孫詒讓認為：「擢」當為「推」，而「擢疑，無謂也」其義未詳。其實這裏的意思並不複雜，而「擢」字也不可能弄錯。因為《經下》、《經說下》都作「擢」，所以關鍵是解開「擢」的意思。我們知道，《經下》、《經說下》在這裏是專門要講「疑」的問題的。案桂馥《說文解字義證》云:「擢，引也。從手，翟聲。」「引也者，《廣雅》同。《一切經音義》十三、《蒼頡篇》: 擢，抽也。」「拔，擢也。從手，犮聲。」「擢也者，《廣韻》: 擢，拔也。《小爾雅》: 拔根曰擢。《方言》: 擢，拔也。自關而西或曰拔，或曰擢。《蒼頡篇》: 拔，引也。擢，出也。《戰國策》: 擢之乎賓客之中。《漢書枚乘傳》: 手可擢而拔。《公孫宏傳》: 天子擢對為第一。《文選七發》: 所擢拔者。《詩甘棠》: 勿翦勿拜。箋云: 拜之言拔也。」「引，開弓也。從弓。」

由此可見，「擢」就是「升」的意思。所謂「擢疑」，就是人為地助長問題、抬升問題與疑慮，就是人為地提升疑惑，以不疑為疑，將本來不是問題的升格為問題。比如說知狗而自謂不知犬，就是很明顯的「擢疑」、過當的行為。先秦時代，論辯紛繁，所以論者、辯者難免要「擢升」問題、助長疑難，煞有介事地誇張。所以說，疑之為疑之，不疑為不疑，是疑也。這就是「非禮勿疑」。恰當的懷疑精神固然可取，但是人為製造迷惑卻是心術不正。所以懷疑主義不是「擢疑主義」，真正的「擢疑」也就「無謂」了。這就是說，對「擢疑」不再予以接待（在學說思想上）。莊子與惠子之辯，顯然有這個問題。總之，「擢」與「過」是關聯在一起的。

從《天下》篇中我們可以很直接的看到莊學與名辯的關係，所以在這裏我們不妨舉一個例子，以為必要的交代，這也算是一點補充。《天下》曰:「連環可解也。」所謂「連環可解」，《周易·序卦》就是: 從一個卦轉到下一個，連環相扣，又彼此解開。《說文解字》中的「序文」，也有這種情況。案「連環可解」是「歷物之意」中的一條。有一種解釋是說，雖然兩環相貫，但是各自貫於空處，不接觸，那麼這就是「解」掉了。儘管這樣的解釋可以說通，但是對待古代學說中的條目，還是應該力求確鑿，避免猜測之嫌。如果我們從單純的書面思考拉出來，在人文的日常生活中搜尋一下，那麼至少可以找到一些輔助說明性的東西。這些輔證可以幫助我們逼近古代學說中的事實情況——這是用到了人文系統自身配合、配套的性質。必要時，借助這一性質，乃是行之有效的辦法。

比如在武學中，「連環可解」的情況就是存在的。像拳術對練中的拆解，就是一個無盡的、轉動的連環。就像太極陰陽魚一樣。也就是說，在拳法中沒有一個動作招式是不可以拆解的。任何一個動作都是力學上的一個支架、支撐、定型或者軌道運動。亦即一個具體的操作運用法。在連環的對練、對拆中，雙方各自將對方的手法不斷拆解掉，循環往復。這就是說，沒有任何一個手法是不可以破壞的。以武學中這一常識性的現象為例子，進而推之，我們也就可以知道：任何一種辦法和方法，都只是在一個限度內有效。一旦這個限度的支撐被破壞了，或者違反了限度原則，那麼方法就將是無效的或者負效用的。更明顯的是，每一個方法都可以拆解、破解。這樣也就等於說明，「輕重」還是很難脫出去的最終法則。連環可解就表現了一種輕重。李鼎祚《周易集解》說：「且聖人之言，連環可解。約文申義，須窮指歸。」（大衍之數五十，其用四十有九注）對照上面所說，可知「連環可解」一事，如果從實事方面去理解、落實，可能比作為玄言來理解要更可靠、更合適。雖然這裏只是舉出了一個例子來觀察，但是關於「連環可解」一條的意思範圍，大致上已經合圍了。

古人說「連環可解」一事，可能還是為了作為一個原理來使用。因為在我們的日常生活中就有很多連環可解的事象。前人的寄意，主要是在治亂一事上。怎樣建設一個長久的、不斷絕的平穩的政教，辦法最重要。辦法本身是極度靈活、富於彈性的，可以隨時拆解、以求新的適應。這是人文中很自然的問題。《天下》中既然說「道術將為天下裂」，可見其中所出舉的任何一個論題，不論它多麼離奇，都絕不可能是不環繞著「治事」發出的。這可以作為我們把握古代學說思想的一個原則。

《荀子・正名》與《公孫龍子》、墨辯是先秦名學最重要的三種文獻。《正名》曰：「故萬物雖眾，有時而欲徧舉之，故謂之物。物也者，大共名也。推而共之，共則有共，至於無共然後止。有時而欲偏舉之，故謂之鳥獸。鳥獸也者，大別名也。推而別之，別則有別，至於無別然後止。名無固宜，約之以命。約定俗成，謂之宜。異於約則謂之不宜。名無固實，約之以命實。約定俗成，謂之實名。名有固善，徑易而不拂，謂之善名。物有同狀而異所者，有異狀而同所者，可別也。狀同而為異所者，雖可合，謂之二實。狀變而實無別而為異者，謂之化。有化而無別，謂之一實。此事之所以稽實定數也，此制名之樞要也。後王之成名，不可不察也。」

荀子討論的「共名」、「別名」、「大共名」、「大別名」，與墨辯講的「達名」、「類名」、「私名」意思是相通的。比如「物」這個字，在墨辯中的表達是稱為「達名」，在荀學中則稱為「大共名」。但「鳥獸」是「類名」，「大別名」應該與「私名」相當。比如說「孔丘」這個名字，才可以算是「大別名」。案文中後一個「徧」字應該是「偏」字，「徧舉」與「偏舉」是相對為言的一組，這樣才有「共名」與「別名」的分別。而最重要的是，關於「舉」這一義，墨辯中講到「出舉」、「以名舉實」等條，與荀子《正名》中提到的「徧舉」、「偏舉」，意思都是統一的。也就是說，「舉」在名學中是使用非常泛而寬的、「包括性」的用語。任何「指」都是「出舉」。比如馬蹄，這是一個「偏舉」(偏指)，是實態的；人之喜樂之情，也是一個「偏舉」。此外還有虛態的出舉等等。荀子說過：「萬物同宇而異體，無宜而有用，為人數也。」「名無固宜」與「異體而無宜」是一致的。按名的約定法則，「名從習慣」是無疑的。所以在荀子的學說中包含有「名法」的意思。因為他講到過對待「亂名」應該誅之。所以與約定俗成「相異出」的「立名」都是不允許的。「大共名」與「大別名」，分別是名的上限和底限。「類名」是在「大共名」、「大別名」中間升降變動的。我們在古代文獻中還可以看到「總名」、「統名」、「單名」等內容，都可以與此連通。名與實總要遵守「一一對應」的原則，但「命名」無疑是人為的。因此，「名制」如何約定而固定下來，對古人來說從來就不是輕易的。這裏面的具體技術工藝與《指物論》也是相涉的。荀子的意見，大概是要以「達意」的良好程度為標準。這裏不易確定的是具體的「制名」，所謂「二實」、「一實」、「狀所同異」等問題，總體上大概還是要以「相異」為歸。因為「同」在名學上是很難的。

與人相關的「散名」，荀子只歸結了性、情、慮、偽、事、行、知、智、能、病、命諸條。為什麼只是這幾項而不再及其他，因為關於人的「散名」是極為紛雜的，本來很難「歸總」。所以我們只能理解為：這些「散名」正好與荀子的學說的構成相對應，即使是從文面上。通過這些「名」，我們也能意會到荀子學說的意旨。他說：「散名之在人者，生之所以然者，謂之性；性之和所生，精合感應，不事而自然，謂之性；性之好惡、喜怒、哀樂謂之情；情然而心為之擇，謂之慮；心慮而能為之動，謂之偽；慮積焉、能習焉而後成，謂之偽；正利而為謂之事；正義而為謂之行；所以知之在人者謂之知；知有所合謂之智；智所以能之在人者謂之能；能有所合謂之能；性傷謂之病；節遇謂之命。是散名之在人者也，是後王之成名也。」

這些是荀子對性、情、命諸名做的定說。顯然這是為理論運用做的「確正」工作。名與實是一一對應的關係，二者在單位上完全一致。因此，對名的約定必須是確定不移的。如果名不固定、不牢固，遊逸不定，那麼人對實的「知」就會受妨礙。「名定而實辨」就是這個道理。在先秦學說中，「名實」的包含所指是最廣的，「名實」本身也是最普通的詞。這就是說，一切都是「名實」。「名實」這個詞比「事物」、「東西」一類用詞更規則一些，後者更為日用化，而「名實」則是規則的名學用語。這一層意思雖然簡單，但卻是有必要說明的。比如桌子這一對象，看得見摸得著，它是一個「統體的實」，而且是實態的實。因為桌子由金屬或木料製成，是「有質體」，故而是實態的。「桌、子」兩個漢字構成它的名，於是我們說，「桌子」是一個統一的名實。又如「之、乎、者、也」一類虛字，我們說它們也是獨立統一的單獨的「名實」。因為如果沒有「之」這個實，也就不可能有「之」這個名和用詞了。只不過「之」是虛態的實罷了，而「之」這一個漢字，就構成了指「之」這個實的名。從名與實的「互根」和一一對應的關係上來說，「桌子」與「之乎者也」的情況是一樣的。這些基本的意思一旦明確，達意就不再成問題。否則，我們對先秦時代的學說就無法順暢地理解。實態的「名實」與虛態的「名實」我們會經常遇到，尤其是在春秋學中辯說大義的時候，更是紛繁。比如「殺非弒」之類的問題等等。尤其先秦名學的重心，永遠是放在「事」上而非物上的，這是人事人文的特性所決定的。因此，「名實」的虛態討論比實態討論要更多。像「堅白」一類論題只不過是理論上簡化了的例子。

荀子關於「性」的定說有兩條，雖然不會全如文面所呈現的那樣簡單，但「性」之諸義中包含有「自然天性」一義卻是可以肯定的。案儒家學者說性，通常的情況都是側重於「禮性」一邊。比如仁、義、禮、知之性等等。「自然生性」只居輔助地位，自先秦時代已是如此。荀子講「精合感應」，顯然是就陰陽、生理方面而說的。人是血氣所成，官覺與外物相接而有知。通常言神明、言精靈感應等義，都不脫離「生機」一類涵義。對「情」的說解要簡單些，大致上「情」包括情感與情緒兩個方面，比較淺白，餘義不多。但是儒家學者議論「情」的時候，更多的注意情緒方面一些，這是普通的情況，值得注意。荀子論在人之諸「散名」，其主旨還是與他的性惡論相一貫。只不過《性惡》是直接論說人之性惡，其善者偽也。而《正名》則是從名理上給出理據罷了。這樣就形成一種配合，學理上更為完備。比如荀子論「心慮、智能」起偽，又講性、情、知、命等，其中的排列組合關係，很明顯是性命之學的局面。照此看來，兩宋以後的性命之學，在先秦時代「格局」上就已經很明朗了，剩下的只是等待在技術工藝上更進一步地細化、拓伸。在明白知道了荀子的主旨以後，我們對各項「名義」的理解就不能離開荀學太遠，否則便很難得其正解。荀子所講的「偽」當然是與「性」相對而立的，其中最直接的意思還是指說：人有了情慾、慾望以後，「心慮」為了它的實現和達成進行「營劃」。長此以往，積習染成，便遠離了本性。人為日益，自然、天然日損。因此，這裏的一個義理連串，應該結合從「化性起偽」之義上去落實。可以注意的是，荀子並沒有開列「欲」這一條。由此來說，楊倞的解釋可能是合適的，倒是清代學者對楊倞的糾正離遠了一些。比如楊倞解釋「偽，矯也」，而郝懿行卻以「偽」、「為」並解、互釋，顯然隔得遠了一點。這說明，後人在治學上要充分尊重前代，「時序」本身有時候就是法度。否則陷於自是，便容易出偏，歷來的經驗多少證明了這一點。

「知」和「智」在荀子這裏是隔斷了的，不像有些情況下知與智並通。從定義上看，智似較知更進一層。因為知只是規定了單方面的人這一邊的事情，而「智」則是聯合「知者」與所知對象兩邊來說的。也就是說，必須在知與對象相吻合的時候，才成其為智。當然這裏所說的吻合就是「所知確當」的意思。比如說我知覺到這裏有一張桌子，但這知覺是我單方面的知覺運動。至於是不是一張桌子，抑或是一個櫃子，是不管的。如果它真是一張桌子，而不是其他什麼，桌子與我的知覺相合符、相吻合，那麼這就是智了。智的意思，就是知上的某種確定性。知與物要對應（可參看楊倞注）。知與智在荀子這裏劃分得比較徹底，這是與其他各派學說相異、有所不同的地方。這種別同異的處理看來還是有必要的。知與智的切開，在人事人文來講是自然而然的事情。比如說我們知人論事，但是並不一定就對了。很可能人與事和我們單方面的「所知」相比較，完全是另一回事。而一旦我們做出的知「誠知」那一人事對象，那麼這就是智。當然，這裏只是舉一個例子。但是知、智的對稱關係並沒有到此而止，後面還跟隨了一層對稱關係，是關於兩個「能」的義理定說。雖然在形式上，荀子說「能」與前面說知、說智是一樣的，但是要把「能」的意思確定、落實下來，卻困難了很多。「能」是環繞知、智等義建立起來的。知、智的「合」與不合，在人事方面其「歧出」當然要多一些，而在事物方面歧出則比較少，情況相對單一。比如說知牛、知馬，與智牛、智馬就比較統一。但在人事上「知其為人」與「智其為人」之間就有一定的參差歧出。

「能」就有此合與不合的問題，有很多意思層次是我們現在還沒有瞭解的。

荀子寫作《正名》的意圖交代得很明白，他說：「故王者之制名，名定而實辨，道行而志通，則慎率民而一焉。故析辭擅作名以亂正名，使民疑惑，人多辨訟，則謂之大奸，其罪猶為符節、度量之罪也。故其民莫敢託為奇辭以亂正名。故其民慤，慤則易使，易使則公。其民莫敢託為奇辭以亂正名，故壹於道法，而謹於循令矣。如是，則其跡長矣。跡長功成，治之極也，是謹於守名約之功也。今聖王沒，名守慢，奇辭起，名實亂，是非之形不明，則雖守法之吏，誦數之儒，亦皆亂也。若有王者起，必將有循於舊名，有作於新名。」

顯然荀子是從政道考慮名的。名法的制立，其功用就像度量衡一樣，如果不能統一固定，便會失去基本的「衡準」，導致混亂。這裏是結合了大量實際「效用」來說的，並沒有多少艱澀的內容。但有一點應充分注意的是，「名」與「辭」的關係在這裏交代得很清楚。那就是：辭的有序與否，取決於名是否混亂。如果名混亂了，則辭是不能夠保證的。所謂辭，也就是指立辭而言。因為學說是由辭建造而成的。這樣看來，名作為一切的基本單位，會引發連鎖反應。如果名亂了，那麼其他的一切都會失序。因此從技術上說，名學首先也是要正名的。這也就是說，名本身是運思單位。這樣，名學在操作上也就呈現出了它的簡易性，一切「樞紐」都擱在名上。同樣，此處所交代的仍然是「給出原則」。「給出」關係到多少細節內容，有多重要，只有在它完全「打開」了以後我們才能感受到。因為關係到制名，所以荀子不能不在技術上有更多的積累和述論。而制名的宗旨就是王道政教。即使是《公孫龍子》說正名，也還是此義。所謂名守慢則奇辭起，是非之形不明，都是講名教利害的。只是有一點，名是約定的。所以正名就是為了將「名約」固定下來，達到持續恆穩。

《正名》是名學最重要的一篇通論，有很多內容須對照墨辯和《公孫龍子》去看。《正名》一開頭便說：「後王之成名，刑名從商，爵名從周，文名從禮。散名之加於萬物者，則從諸夏之成俗曲期。」

這是關於名的三代劃分。一般日常中的約定俗成之名，大致上是從夏代承續下來的，這一層已經說得非常清楚了。但可以肯定的是，俗成之名絕不會完全以夏代為時間上限，可能還會有更早的原始。因為習俗總是連綿形成的，這是最普通地去說。專有之名，如「刑名」、「爵名」、「文名」之類，多從殷、周兩代。之所以這樣，可能是夏代文獻、制度不足徵考的緣故。另外也不排除選擇「從善」的因素。有一處應該注意的是，這裏謂「刑名從商」，是有專門指說的，即：關於商之刑法，殷刑在上古是比較完善、詳備的，有其合宜性。很多學者以為「刑名」與「形名」通，但是從先秦典籍文獻中二詞的並用情況來看，似乎還是有所區別。尤其此處涉及到「殷刑」，「刑名」的用法更進一步提示我們注意到一些更專門的同異分別。對校言之，「刑名」一詞的使用更窄，而「形名」一詞之所指則要泛一些。比如《尹文子》曰：「形以定名，名以定事，事以驗名。察其所以然，則形名之與事物無所隱其理矣。」便是明證。前人的學說表述，在「擇字」使用上其實是有很多講究的，不可以簡單視作常規的「同義轉用」。能夠有所區別，絕不要「求通同」的解釋。歸約求同、疏通簡化雖然可以作為一種不得已而為之的辦法使用，但是很多時候，這麼做卻也會滑向不自覺的惰性，從而抹掉了思考的線條。

我們有必要說明的是這一段論述，曰：「心有征知。征知，則緣耳而知聲可也，緣目而知形可也。然而征知必將待天官之當簿其類，然後可也。五官簿之而不知，心征之而無說，則人莫不然謂之不知，此所緣而以同異也。」前面說到了制名的歷史方面的事實，此處所言乃是義理方面的關鍵。因為這裏有一個基礎的設定，就是所謂「簿其類」一義。「簿」就是「簿錄」的意思，這是一個形象的說法。而類則是名學的基本單位，它是有升降性的，比如說共、別「級階」的差異等等。而且類還有虛、實之分，這些我們都會慢慢觸及到。這裏官覺與心知的關係是第一重關係。心是主知的，但它以官覺為途徑，兩者之間的分工交代得很簡明。比如眼睛看見一個東西，但是知覺這個東西的卻是「心神」，眼睛看不過是一種官覺、一種向心知起傳遞作用的途徑罷了。因為如果是一個死人，他的眼睛無論朝向哪一物體盯著看，也是無法知覺的。所以心知與醫理上的器官是兩回事。孟子也講到官覺與心知兩者之間的關係，但是不像荀子這樣名理化。這一點我們以後會說到。這樣，通過心知、官覺而形成一個「類的簿錄」，實際上也就是一個無窮大的「目錄檢索」了。對照格物論，我們就可以更明確：實際上荀子是以「心」為一個大的目錄的。那麼心知實際上就是對目錄的檢索，「目錄心學」其實是儒學論「知」的樞紐。所以，人心（的一切都）是形而下的。思考、思想是形而下的，知覺運動是形而下的，格物致知、學問思辨也是形而下的，一切都是形而下的，只要是人心中所運行的都是。

所謂「目錄心學」，就是以類的目錄為基本單位，進行檢索。這就是知，知就是檢索。這一基本設定是非常簡單的，也是儒學的一個學說基礎。比如說格物，就是對目錄（心）進行「格檢」，檢索那一個大的包羅性的「簿錄」。這裏還有一個問題，就是這一目錄是先天的還是後天的呢？從荀子的論說來看，先天、後天之辯並不顯得十分重要。因為即使是後天的，一旦在「簿」上記錄了，那麼以後就只是檢索的問題。這就是說，後天充其量只有一次的機會，只要一次記錄、記錄一次，目錄一形成，便回到先天，實質上都是一樣的。《正名》前後之通論，都離不開「目錄心知」這一樞紐。必須說明，之所以先天、後天之辯在這裏並不突出，是因為類的「平列」特性使得先天、後天之辯並不重要。先秦時代的學說並不是都不重先天、後天之分的，比如《黃帝內經》與孟子的學說等等，都是重視先天性的。荀子講的這一段話，關鍵是在「簿錄」與「同異」二義，它們都是以類為「玄紐」的。單從文面上我們看不到多少深含的東西，但這些簡單的定位對我們以後確認人文的「認識本體」卻是至關重要的。

可以很清楚地看到，荀子討論正名問題是充分考慮過一些外在形而下的節目的，比如事物的外狀、變化，所在的處所、場所以及形質等等。可以肯定，名學是以具體的、實在的內容為主體的。但是具體物的情況本身非常繁複，按照物的不同變動的情況，必須對應不同的「名指」。比如說昆蟲當中，很多從幼蟲到成蟲的變化都須「按」以不同的名，便是最顯見的例子。所以對事物的「所是」如何確定分別，是正名的基本內容。明顯相異的自然容易處理，似是而非的則會成為難點。所以這裏面必然包含有「相是」與「相似」（相像）的問題。「是」與「似」（像）在實際操作中經常會混淆。即使是同一個實體，也顯然要被視作「相異」的連綿。比如說一匹馬，十年前的它與十年後的它就不同。但從最基本的統一實體單位來論之，仍然命定為同一匹馬。所以我們日常生活中確認的「單位同」，實際上也只是一個約定的「同」而已。而這個「約同」是由無盡的異「連成」的綿延，其實是約定、「範圍」在一起的。荀子講「異所」包含了很多意思。應該看到，由於「異」太絕對，所以必須要約定一個有限度的同出來，否則會很不方便。這就像圓自然地分下去，只能有384分；但是為了方便，於是人為制定360度一樣。所以「同」實際上是一種「維」，它把一定的「異」範圍在一起，以便實際運行。比如一個人說：「去年的我借了你的錢，但去年的我不是今年的我」，所以不該由現在的我還錢。這是一種詭辯，當然行不通。可見同異與具體的事情內容分佈在一起時，確實也是很難輕易處理的。

我們講名學，與春秋之學是牢不可分的。因為《春秋》就是強調正名，在春秋三傳中隨處都是名理的例子，我們可以列舉若干條作為補充說明。案《左傳》莊公十年記：「齊侯之出也，過譚，譚不禮焉。及其入也，諸侯皆賀，譚又不至。冬，齊師滅譚，譚無禮也。譚子奔莒，同盟故也。」經十年記：「冬，十月，齊師滅譚，譚子奔莒。」因禮滅國，這只是面上的事因，實際上是報怨。案《左傳》莊公八年記：「初，襄公立無常，鮑叔牙曰：『君使民慢，亂將作矣。』奉公子小白出奔莒。亂作，管夷吾、召忽奉公子糾來奔。」從這裏來看，鮑叔牙預見明察，動作明顯較管仲快，所以後來小白先入主齊國也不是偶然的。歷史中關於鮑叔牙與管仲兩人的性格也有比較：管仲能夠包容事情，而鮑叔牙必明察至清。所以管仲當初傅公子糾落在鮑叔牙後面也是必然的，性格銳利的人行事快捷。而兩人一分明、一韜晦，正好形成互補。所以齊國亂作以後公子糾才奔魯，而亂作以前小白已奔莒矣。案莊公八年小白出奔莒，過譚國，譚人不加禮遇。莊公九年小白還主齊國，譚國又不致賀，所以莊公九年齊侯小白就滅了譚國。譚子逃到莒國去，因為莒國是譚國的同盟國。譚國在濟南平陵縣西南，是個小國。從這裏可以看到春秋時諸侯國之間並兼的實況，最後到戰國七大國的局面是必然的。這只是歷史的輕重。春秋國多，還不構成戰國局面，情勢未推進到那一步。關於禮，後人多輕忽之，以為無關緊要。但是從人文史中滅國這類事體來看，禮關乎兵事卻是再直接不過的了。從大故、小故之分來論，禮即使不為大故，也必為小故（滅國等）。故者，所得而後成也。齊滅譚，以譚不禮而致（得「譚不禮」而成「齊滅譚」）。所以禮制是「坊」治體的。但以春秋時代的形勢而論，即使有禮，也不能就保證不滅國。如果無禮，滅國之速就是隨時可待的了。所以在這裏只視「禮」為小故（有之不必然）。墨辯中講體分於兼也，與天子制時代的共主結構正好相對應。案春秋筆法，在名言上是處處講究的，常於一字之間體現出來。比如這裏說譚子「奔」莒，而不用「出奔」兩個字，乃是因為譚國既滅，已無國可「出」，也就談不到「出奔」了。國際關係就是人際關係，譚不能及遠，所以亡。由此可見，名學的重心，其核心是在「名」上用工夫。

又《左傳》桓公六年記：「九月丁卯，子同生。以大子生之禮舉之：接以大牢，卜士負之，士妻食之，公與文姜宗婦命之。公問名於申繻，對曰：名有五——有信、有義、有象、有假、有類。以名生為信，以德命為義，以類命為象，取於物為假，取於父為類。不以國、不以官、不以山川、不以隱疾、不以畜牲、不以器幣。周人以諱事神，名，終將諱之。故以國則廢名，以官則廢職，以山川則廢主，以畜牲則廢祀，以器幣則廢禮。晉以僖侯廢司徒，宋以武公廢司空，先君獻武廢二山，是以大物不可以命，公曰：是其生也，與吾同物，命之曰同。」

這裏講的是名的迴避制度，實際上還是別同異。所以彼此要錯開、參差開，否則會「壞禮」。所以命名有許多規矩講究，不能不遵守。像避諱，其實在人文中早就存在。雖然此處是說取名之事，但卻實在地牽涉到名實問題，所以必須作為名例的實例來討論。諸侯生子與平常民人情況當然不同，但取名必須有禮制為限制卻是肯定的。魯大夫講的五種情況，在歷史中都可以找到切實對應的例證。比如孔子頭形長得像尼丘山，所以取名為丘。這屬於「像」的情況，即類似、相像。孔子的兒子伯魚出生時，有人以鯉魚贈孔子，孔子按致敬之禮取名為鯉，這屬於假借的情況，即因某事、某物而命名。像文王名昌，是因為長輩希望以後興旺有德，這是以德取名，屬於「義」的情況。魯桓公因為太子和自己是同一天生的，所以按「類」的情況取名為同。只是取名有很多忌諱，上面所說不過是一些基本的情況分類罷了。比如漢武帝原來叫豬，顯然非禮。國君如果以牲畜為名，祭祀之禮就會受到妨害和干擾。比如說，如果國君名叫羊，可能以後就不再用羊做犧牲，這是以名廢祀的例子。晉僖侯名叫司徒，所以晉國的司徒就廢為中軍。宋武公名司空，所以宋國的司空就廢為司城。這都是以名廢官的例子。像魯獻公名具，武公名敖，具、敖原來是兩座山的名字，因為避名諱，後來都改掉了。這是廢山川的例子。根據名實原則，名廢則實必移位。比如廢官、廢職，職官原來的本體可能就因此移易了。這裏面的害處顯然是潛移默化的、致命的。如果人名與國名相牾，則國之實都會受到影響。所以名實最直接關係到人文中的實際作用。命名屬於名學問題，這其中所包含的實際上是政教利害。

春秋學中名的安排、講究是無處不在的。我們看《公羊傳》中說：「元年，春，王正月。元年者何？君之始年也。春者何？歲之始也。王者孰謂？謂文王也。曷為先言王而後言正月？王正月也。何言乎王正月？大一統也。」

為什麼「元年」要排在「春」前面，而「春」要排在「王正月」前面呢？是簡單按照年、時、月、日由大到小的排序嗎？注解中有一些說法，我們可以參考。「即位者，一國之始，政莫大於正始。故春秋以元之氣正天之端，以天之端正王之政，以王之政正諸侯之即位，以諸侯之即位正竟內之治。諸侯不上奉王之政，則不得即位。故先言正月而後言即位。政不由王出則不得為政，故先言王而後言正月也。王者不承天以制號令則無法，故先言春而後言王。天不深正其元則不能成其化，故先言元而後言春。五者同日並見，相須成體，乃天人之大本，萬物之所繫，不可不察也。」

一切都是一個「正」，按照從上到下的順序正下來，絲毫不能亂，這也是正名。宇宙人事全繫於這一個「正」。這裏面連續包含了五項意思，處處都有講究，可見《春秋》是無處不「辯」的。我們看《周易》中講元、亨、利、貞，結合《春秋》來觀察，也不能說其排序就無意味。所以先秦思想中只要是「序」，就是包含名理安排的。天在人上，天生萬物，所以自然是「元」排在第一位，因為萬物皆為元氣所成。何休注說：「春者，天地開闢之端，養生之首，法象所出，四時本名也。」所以「春」排在「王」前面也就是因為它屬天，但是在「年」之後。畢竟春為四時之一，為一歲之始，繫屬於年。由於夏、商、周三代在承接過程中是要改元、改正朔的，所以夏、商之「正月」異於周之正月。這樣，「正月」就要隸屬於「王」，亦即：「正月」要排在「王」下面，所以說「王正月」，而不說「正月王」。這裏有一個相繫屬的關係，可見「正序」也屬於正名的具體環節。這裏就是「共名」與「別名」的講究，即共、別之辯。春是共名，無所謂周朝的春天、夏朝的春天。正月是共名，但下面卻有王正月、周正、夏正諸別名。周是以文王為紀的。注中還說：「統者始也。」這樣以「開始」去解釋「大一統」，也是值得注意的。又說：「元者氣也，無形以起，有形以分，造起天地，天地之始也。」在這整個序列安排中，我們不僅看到了共、別名的關係，還看到了諸如「屬名」的情況。經典解釋中對「法象」一義的說明雖然是從禮制方面去講的，但是我們卻不能忽略「法象」的自然一邊的義理。

說到「四時」，在自然中其實並不是一定的。雖然古代學說一直很注重「四時」這一固定說法，以之為自然中的固定法則。但是我們知道，世界上有些地方並不按照春、夏、秋、冬四季去劃分，而是以更簡單的旱季和雨季來劃分的。雖然我們也可以對之「配」上四季的說法，但情況畢竟有所區別。當然，如同四季一樣，旱季、雨季也是按陰陽性去分的：旱季屬陽，雨季屬陰。兩者的交替本身也是一個消長過程，這是從自然物候的不統一、不定方面去說。像極地的季候，與世界其他地方相比，其特點便又有所不同：半年白晝，半年黑夜。這也是由地理位置的條件造成的。白晝屬陽，黑夜屬陰，陰陽性同樣是分明的。由此可知，相對而言，陰陽（兩儀）性較四時更為絕對。其他各種與「數」相配的「象」，比如「四方」，在空間上也存在著相對的情況。比如說南方屬火，這是因為中國在赤道以北，所以北方寒而南方熱，故南方與火相配，便是很自然的。世界上的主要國家多在赤道以北，且以四季分明為主要季候特徵，故人類人文以四季為共識，在經驗上並沒有太大的分歧。但這些只能從平日常見的情況去看待，並不是絕對的，雖然四季可能是必然的。中國的節氣也最多，有二十四節氣。世界上有些地方只有八個節氣。由此來說，所謂的絕對與必然很多時候也是活的，二者有時會有參差。墨經中講，日中正南也，正應了這些情況。

《公羊傳》莊公四年曰：「紀侯大去其國。大去者何？滅也。孰滅之？齊滅之。曷為不言齊滅之？為襄公諱也。春秋為賢者諱。何賢乎襄公？復仇也。何仇爾？遠祖也。哀公亨乎周，紀侯譖之。以襄公之為於此焉者，事祖禰之心盡矣。盡者何？襄公將復仇乎紀，蔔之曰：師喪分焉，寡人死之，不為不吉也。遠祖者，幾世乎？九世矣。九世猶可以復仇乎？雖百世可也。家亦可乎？曰：不可。國何以可？國君一體也。先君之恥，猶今君之恥也。今君之恥，猶先君之恥也。國君何以為一體？國君以國為體，諸侯世。故國君為一體也。今紀無罪，此非怒與？曰：非也。古者有明天子，則紀侯必誅，必無紀者。紀侯之不誅，至今有紀者，猶無明天子也。古者諸侯必有會聚之事，相朝聘之道，號辭必稱先君以相接。然則齊、紀無說焉，不可以並立乎天下。故將去紀侯者，不得不去紀也。有明天子，則襄公得為若行乎？曰：不得也。不得，則襄公曷為為之？上無天子，下無方伯，緣恩疾者可也。」

所謂「報」就是要討一個公道的意思。這裏有一個明白的分別，就是家與家之間不主張互相報，否則私怨盈天下，會有礙於政教。所以報只限於國，因為不是自己一己的私事。紀侯大去其國，不是太無辜了嗎？但這一切卻是必然的，齊、紀勢不兩立，周天子不明，所以最終只能是諸侯之間自行解決。注云：「百世，大言之爾。猶詩云：嵩高維嶽，峻極於天，君子萬年。」疏曰：「解云：蓋以百十者數之終。施之於彼則無罪，施之於己則無義，故謂之大言耳。」這裏顯然是宣揚了一種百世復仇的思想，無疑是屬於經典思想中強毅、極端的一面。而且這種百世復仇的理由被歸之於天子之制，可見名之為大。當然，這是《公羊春秋》的態度。齊襄公當然不是什麼好人，但是春秋卻在這裏「賢之」。這說明什麼呢？說明《春秋》是就事理而論的，根本上是具體的，從來就不存在什麼泛善惡好壞是非，一切都是分而論之。所以名理、同異從來都是不一定的，因為道理只能這樣去校論。從這裏來說，聖人就不大靠得住了，因為「一味好」很難成立。《春秋》從不一概、一味論事，這也就是名理的「捶分」。關於滅國，春秋、戰國都一樣，只是有輕重之別。我們說滅國，通常是從重的意思上去把握，這裏面有一個相對的取捨。

《春秋》一開始就有一個有意味的對比——兄弟相殺。所以，《春秋》是專門指對不義而發的。《穀粱傳》曰：「元年，春，王正月。雖無事，必舉正月，謹始也。公何以不言即位？成公志也。焉成之？言君之不取為公也。君之不取為公，何也？將以讓桓也。讓桓正乎？曰：不正。春秋成人之美，不成人之惡。隱不正而成之，何也？將以惡桓也。其惡桓，何也？隱將讓而桓弒之，則桓惡矣。桓弒而隱讓，則隱善矣。善則其不正焉，何也？春秋貴義而不貴惠，通道而不信邪。孝子揚父之美，不揚父之惡。先君之欲與桓，非正也，邪也。雖然，既勝其邪心以與隱矣，已探先君之邪志，而遂以與桓，則是成父之惡也。兄弟，天倫也。為子受之父，為諸侯受之君。已廢天倫，而忘君父，以行小惠，曰小道也。若隱者，可謂輕千乘之國，蹈道，則未也。」

我們可以看到文中細微的名之同異，比如「善」與「正」等等。正如《中庸》講的：「白刃可蹈也，中庸不可能也。」我們也可以說：「輕國可矣，中庸不可能也。」所以《中庸》與《春秋》的對應關係，一下也就豁然洞開了。由此，怎麼才能做到中庸呢？尤其在政教上？就像《春秋》老是批評這裏不對，那裏有缺漏，那麼怎樣才能做好呢？很明顯，除了「明名」以外，總不可能完全好。比如說隱公可哀，但是不說他對，就有一個「辯名析理」的計較在其中。因此，對隱公我們可以同情、可憐他，但卻不「中庸」他。案《論語・顏淵》曰：「子曰：君子成人之美，不成人之惡。小人反是。」其實《春秋》之義也就在這裏。這就是說，儘管《春秋》批評不留情，但沒有說希望人壞的，雖然我們看《春秋》都是一種示眾。所以，要「蹈」《春秋》、《中庸》之道是很難的，而且春秋三傳之間本來就各有異同。所以《春秋》最大的功用，乃是為後人提供了一個論理的樣本，而不僅僅是陳列一些具體的結果。魯隱公名息姑，惠公之子，周公八世孫，以平王四十九年即位。按照周書謚法，隱拂不成曰「隱」。「謚」當然屬於正名的範圍。魯國是封的侯爵，卻為什麼要稱公呢？其實這是臣下對上的稱謂，所以稱「隱公」，而不是隱侯。《穀梁傳》的意思很明白：政治不是個人的事。不是個人私恩、行小惠可以雜入的，所以這裏實際上表達了儒家當仁不讓的思想。「當仁不讓」是最關鍵的一條人文核心。魯桓公弒魯隱公，這是弟殺兄，而鄭伯克段則是兄殺弟。文曰：「夏，五月，鄭伯克段於鄢。克者何？能也。何能也？能殺也。何以不言殺？見段之有徒眾也。段，鄭伯弟也。何以知其為弟也？殺世子母弟目君。以其目君，知其為弟也。段，弟也。而弗謂弟，公子也。而弗謂公子，貶之也。段失子弟之道矣，賤段而甚鄭伯也。何甚乎鄭伯？甚鄭伯之處心積慮，成於殺也。於鄢，遠也。猶曰取之其母之懷中而殺之云爾，甚之也。然則為鄭伯者宜奈何？緩追逸賊，親親之道也。」

這裏明顯有一個層層貶損的遞進過程，像臺階一樣。甚之者，極之也。我們可以看到，《公羊傳》、《穀梁傳》簡直是由發問構建起來的，就像屈子的《天問》那樣，完全是「問題體」的推進。鄭伯克段，可謂處心積慮，而且是對同父同母的兄弟，所以過惡尤其大。《春秋》從這裏開始，自初就定下了不義的基調，仁是無從說起的。而在春秋學中，最要緊的乃是正名問題，這應該是我們注意的核心。可以看到，《春秋》中名的機關是很多的。《春秋》說，夏五月鄭伯克段於鄢，為什麼一定要明確時間——五月呢？因為段有一幫徒眾，攻之為害必深，故謹而月之；但同時也不能排除下面一點，即：鄭伯就是一心要殺掉弟弟段，讓他死，所以在時間上耗費是相當長的，足見其用心、行事之深。案相近的例子：魯隱公四年九月，衛人殺祝籲於濮。這裏的具體時間「九月」說明什麼呢？就是要說明：對不義的討伐太遲緩了。衛國的祝籲二月弒君，衛人九月才討祝籲，這期間只能任其恣肆亂行。所以謹其時月所在，以著臣子之緩慢也。依照這樣的例子，我們的展開就方便明確了不少，即：《春秋》中的一切名堂和講究，都是名上的一種針對。

《穀梁傳》成西元年記：「三月，作丘甲。作，為也。丘為甲也。丘甲，國之事也。丘作甲，非正也。丘作甲之為非正，何也？古者立國家，百官具，農工皆有職以事上。古者有四民：有士民，有商民，有農民，有工民。夫甲，非人人之所能為也。丘作甲，非正也。」案《穀梁傳》與《左傳》的解釋不同：《左傳》以為是「譏重斂」，而《穀梁傳》顯然是從政治名分上的當與不當、正與不正去說的。這說明《穀梁傳》、《左傳》二者法度不同，但都應該是儒家內部的解釋。《穀梁傳》疏曰：「何休云：月者重錄之。徐邈云：甲有伎巧，非凡民能作。而強使作之，故書月以譏之。範雖無注，或書月，亦是譏。公羊說作丘甲，亦與此傳同。唯左氏傳以為譏重斂。」如果是從「譏重斂」去理會和解釋，顯然就離題較遠了，無關痛癢。所以還是《穀粱傳》、《公羊傳》的說法更合理，雖然「譏重斂」與「譏非分」這兩個歧出的理解都足以成說。由此，這件事說明了什麼呢？至少能夠說明：《春秋》之義的多容性，並不像俗儒所糾纏的那樣僅僅止於一端。三傳之間，更不存在什麼正統之爭，主要是看義理本身如何。《周禮》說得明白：胡人因為人人都能製造弓箭，所以不設專門的職官負責製造弓箭的事。百工之事，本來就不是凡民可以為之的，這是亂名分。注中說：「使一丘之民皆作甲。」「周禮：九夫為井，四井為邑，四邑為丘，丘十六井。甲，鎧也。」按照四民的劃分：士民為「學習道義者」，習者踐行也。商民係「通四方之貨者」，農民乃「播殖耕稼者」，工民是「巧心勞手以成器物者」。因為擴充軍備而驅動萬民，這本身就是違反政教的。後世驅萬民冶煉，與此相類。

附錄

名表

《經上》：

故，所得而後成也。

止，以久也。

體，分於兼也。

必，不已也。

知，材也。

平，同高也。

慮，求也。

同長，以正相盡也。

知，接也。

中，同長也。

恕，明也。

厚，有所大也。

仁，體愛也。

日中，正南也。

義，利也。

直，參也。

禮，敬也。

圓，一中同長也。

行，為也。

方，柱隅四讙也。

實，榮也。

倍，為二也。

忠，以為利而強低也。

端，體之無序而最前者也。

孝，利親也。

有間，中也。

信，言合於意也。

間，不及旁也。

佴，自作也。

纑，間虛也。

䛐，作嗛也。

盈，莫不有也。

廉，作非也。

堅白，不相外也。

令，不為所作也。

攖，相得也。

任，士損己而益所為也。

似，有以相攖，有不相攖也。

勇，志之所以敢也。

次，無間而不攖攖也。

力，刑之所以奮也。

法，所若而然也。

生，刑與知處也。

佴，所然也。

臥，知無知也。

說，所以明也。

夢，臥而以為然也。

攸不可，兩不可也。

平，知無欲惡也。

辯，爭彼也。

辯勝，當也。

利，所得而喜也。

為，窮知而懸於欲也。

害，所得而惡也。

已，成、亡。

治，求得也。

使，謂故。

譽，明美也。

名，達、類、私。

誹，明惡也。

謂，移、舉、加。

舉，擬實也。

知，聞、說、親。

名實合為。

言，出舉也。

聞，傳、親。

且，言然也。

見，體盡。

君、臣、萌，通約也。

合，正、宜、必。

功，利名也。

欲正權利，且惡正權害。

賞，上報下之功也。

為，存、亡、易、蕩、治、化。

罪，犯禁也。

同，重、體、合、類。

罰，上報下之罪也。

異，二、不體、不合、不類。

同，異而俱於之一也。

同異交得，放有無。

久，彌異時也。

宇，彌異所也。

聞，耳之聰也。

窮，或有前不容尺也。

循所聞而得其意，心之察也。

盡，莫不然也。

言，口之利也。

始，當時也。

執所言而意得見，心之辯也。

化，征易也。

諾，不一利用。

損，偏去也。

服執說。

巧轉則求其故，大益。

儇稘秖。

法同則觀其同。

庫，易也。

法異則觀其宜。

動，或從也。

止，因以別道。

讀此書旁行，正無非。

《經下》：

止，類以行人，說在同。

所存與者，於存與孰存，駟異說。

推類之難，說在之大小。

五行毋常勝，說在宜。

物盡同名，二與鬥，愛食與招，白與視，麗與，夫與履，一，偏棄之，謂而固是也，說在因。

不可偏去而二，說在見與俱。

一與二，廣與脩，無欲惡之為益損也，說在宜。

不能而不害，說在害。

損而不害，說在餘。

異類不吡，說在量。

知而不以五路，說在久。

偏去莫加少，說在故。

必熱，說在頓。

假必誖，說在不然。

知其所以不知，說在以名取。

物之所以然，與所以知之，與所以使人知之，不必同，說在病。

無不必待有，說在所謂。

疑，說在逢、循、遇、過。

擢慮不疑，說在有無。

合與一，或複否，說在拒。

且然，不可正，而不害用工，說在宜歐。

物一體也，說在俱一、惟是。

均之絕不，說在所均。

宇或徙，說在長宇久。

堯之義也，生於今而處於古，而異時，說在所義。

二，臨建鑑而立，景到，多而若少，說在寡區。

狗，犬也，而殺狗非殺犬也可，說在重。

鑑位，景一小而易，一大而正，說在中之外內。

使殷美，說在使。

鑑團景一，

不堅白，說在。

荊之大，其沈淺也，說在具。

無久與宇堅白，說在因。

以檻為摶，於以為無知也，說在意。

在諸其所然，未者然，說在於是推之。

意未可知，說在可用過仵。

景不徙，說在改為。

一少於二，而多於五，說在建。

住景二，說在重。

非半弗斮，則不動，說在端。

景到在午，有端與景長，說在端。

可無也，有之而不可去，說在嘗然。

景迎日，說在摶。

正而不可擔，說在摶。

景之小大，說在地正遠近。

宇進無近，說在敷。

天而必正，說在得。

行循以久，說在先後。

貞而不撓，說在勝。

一法者之相與也盡，若方之相合也，說在方。

契與枝板，說在薄。

狂舉不可以知異，說在有不可。

牛馬之非牛，與可之同，說在兼。

倚者不可正，說在剃。

循此循此，與彼此同，說在異。

推之必往，說在廢材。

唱和同患，說在功。

買無貴，說在仮其賈。

聞所不知若所知，則兩知之，說在告。

賈宜則讐，說在盡。

以言為盡誖，誖，說在其言。

無說而懼，說在弗心。

唯吾謂，非名也，則不可，說在仮。

或過名也，說在實。

無窮不害兼，說在盈否知。

知之否之，足用也，諄，說在無以也。

不知其數，而知其盡也，說在明者。

謂辯無勝，必不當，說在辯。

不知其所處，不害愛之，說在喪子者。

無不讓也不可，說在始。

仁義之為內外也內，說在仵顏。

於一有知焉，有不知焉，說在存。

學之益也，說在誹者。

有指於二，而不可逃，說在以二絫。

誹之可否，不以眾寡，說在可非。

所知而弗能指，說在春也。

逃臣狗犬貴者，非誹者諄，說在弗非。

知狗，而自謂不知犬，過也，說在重。

物箕（甚）不甚，說在若是。

通意後對，說在不知其誰謂也。

取下以求上也，說在澤。

是是與是同，說在不州。

《經說上》：

故。

小故，有之不必然，無之必不然。體也，若有端。

大故，有之必無然，若見之成見也。

體，若二之一，尺之端也。

知材，知也者所以知也，而必知，若明。

慮，慮也者，以其知有求也，而不必得之，若睨。

知，知也者，以其知過物而能貌之，若見。

恕，恕也者，以其知論物，而其知之也著，若明。

仁，愛己者，非為用己也，不若愛馬。

著，若明。

義，志以天下為芬，而能能利之，不必用。

禮，貴者公，賤者名，而俱有敬、僈焉。

等，異論也。

行，所為不善名。

行也，所為善名。

巧也，若為盜。

實，其志氣之見也，使人如己，不若金聲玉服。

忠，不利弱孩，足將入止容。

孝，以親為芬，而能能利親，不必得。

信，不以其言之當也，使人視城得金。

佴，與人遇人衆惛。

詷，為是為是之臺彼也，弗為也。

廉，己惟為之，知其䫆也。

所令，非身弗行。

任，為身之所惡，以成人之所急。

勇，以其敢於是也命之，不以其不敢於彼也害之。

力，重之謂下，與重奮也。

生，楹之生，商不可必也。

臥，夢。

平，惔然。

利，得是而喜，則是利也，其害也，非是也。

害，得是而惡，則是害也，其利也，非是也。

治，吾事治矣，人有治南北。

譽之，必其行也其言之忻，使人督之。

誹，必其行也，其言之忻。

舉，告以文名，舉彼實也。

故言也者，諸口能之出民者也，民若畫俿也。

言也，謂言猶石致也。

且，自前曰且，自後曰已，方然亦且。若石者也。

君，以若名者也。

功不待時，若衣裘。

賞，罪不在禁，惟害無罪，殆姑，上報下之功也。

罰，上報下之罪也。

侗，二人而俱見是楹也，若事君。

久，古今旦莫。

宇，東西家南北。

窮，或不容尺，有窮；莫不容尺，無窮也。

盡，但止動。

始，時或有久，或無久，始當無久。

化，若鼃（蛙）為鶉。

損，偏去也者，兼之體也。

其體或去或存，謂其存者損。

儇，昫民也。

庫，區穴若，斯貌常。

動，偏祭從者。戶樞免瑟。

止，無久之不止，當牛非馬，若矢過楹；有久之不止，當馬非馬，若人過梁。

必，謂臺執者也。若弟兄。

一然者，一不然者，必不必也，是非必也。

同，捷與狂之同長也，心中自是往相若也。

厚，惟無所大。

圜，規寫支也。

方，矩見支也。

倍，二尺與尺，但去一。

端，是無同也。

有間，謂夾之者也。

間，謂夾者也。

尺，前於區穴，而後於端。不夾於端與區內。

及，及非齊之及也。

纑，間虛也者，兩木之間，謂其無木者也。

盈，無盈無厚，於尺無所往而不得。得二。

堅異處不相盈，相非是相外也。

攖，尺與尺俱不盡，端與端俱盡。

尺與或盡或不盡，堅、白之攖相盡，體攖不相盡。端。

仳，兩有端而後可。

次，無厚而後可。

法，意、規、員三也，俱可以為法。

佴，然也者，民若法也。

彼凡牛樞非牛，兩也無以非也。

辯，或謂之牛，謂之非牛，是爭彼也，是不俱當。不俱當，必或不當，不若當犬。

為，欲雞其指，智不知其害，是智之罪也。若智之慎文也。無遺於其害也，而猶欲雞之，則離之。是猶食脯也。騷之利害，未可知也。欲而騷，是不以所疑止所欲也。廧外之利害，未可知也。趨之而得力，則弗趨也。是以所疑止所欲也。觀為窮知而懸於欲之理，雞脯而非恕也，雞指而非愚也。所為與不，所與為相疑也，非謀也。

已，為衣，成也。治病，亡也。

使，令謂，謂也。不必成濕。

故也，必待所為之成也。

名：物，達也，有實必待文多也。命之馬，類也，若實也者，必以是名也。命之臧，私也，是名也，止於是實也。聲出口，俱有名，若姓宇。

灑謂狗犬，命也。狗犬，舉也。叱狗，加也。

知：傳受之，聞也。方不障，說也。身觀焉，親也。

所以謂，名也。所謂，實也。

名實耦，合也。

志行，為也。

聞，或告之，傳也。

身觀焉，親也。

見。

時者體也，二者盡也。

古，兵立，反中，志工，正也。臧之為，宜也，

非彼必不有，必也。

聖者用而勿必，必去者可勿疑，仗者兩而勿偏。

為：

早臺，存也。

病，亡也。

買鬻，易也。

霄盡，蕩也。

順長，治也。

鼃買，化也。

同：

二名一實，重同也。

不外於兼，體同也。

俱處於室，合同也。

有以同，類同也。

異：

二必異，二也。

不連屬，不體也。

不同所，不合也。

不有同，不類也。

同異交得，於福家良，恕有無也。

比，度多少也。

免蝨還園，去就也。

鳥折用桐，堅柔也。

劍尤早，死生也。

處室子，子母，長少也。

兩絕勝，白黑也。

中央，旁也。

論行行行學實，是非也。

難宿，成未也。

兄弟，俱適也。

身處志往，存亡也。

霍為姓，故也。

賈宜，貴賤也。

諾，超城員止也。

相從，相去，先知，是，可，五色。

長短前後輕重援。

執服難成，言務成之，九則求執之。

法法取同觀巧，傳法取此擇彼。

問故觀宜。

以人之有黑者，有不黑者也，止黑人。

與以有愛於人，有不愛於人，心愛人，是孰宜心。

彼舉然者，以為此其然也，則舉不然者而問之。

若聖人有非而不非。

正五諾，皆人於知有說。

過五諾，若負，無直無說。

用五諾，若自然矣。

《經說下》：

止，彼以此其然也，說是其然也。我以此其不然也，疑是其然也。

謂四足獸，與生鳥與，物盡與，大小也。

此然是必然則俱，為麋同名。

俱鬥，不俱二，二與鬥也。

包、肝、肺、子，愛也。

橘茅，食與招也。

白馬多白，視馬不多視，白與視也。

為麗不必麗，不必麗與暴也。

為非以人是不為非，若為夫勇不為夫，為屨以買衣為屨，夫與屨也。

二與一亡，不與一在。

偏去，未，有文實也，而後謂之。

無文實也，則無謂也。不若敷與美。

謂是，則是固美也，謂也，則是非美，無謂則報也。

見不見，離一二，不相盈，廣脩堅白。

舉不重，不與箴，非力之任也。

為握者之觭倍，非智之任也。若耳目異。

木與夜孰長，智與粟孰多？

爵、親、行、賈，四者孰貴？

麋與霍孰高？麋與霍孰霍？

蝱與瑟孰瑟？

偏，俱一無變。

假，假必非也而後假，狗假霍也，猶氏霍也。

物或傷之，然也。

見之，智也。

告之，使智也。

疑逢，為務則士。

為牛廬者夏寒，逢也。

舉之則輕，廢之則重，非有力也。

沛從削，非巧也，若石羽。

循也，鬥者之敝也，以飲酒，若以日中，是不可智也，愚也。

智與，以已為然也與，愚也。

俱，俱一，若牛馬四足。

惟是，當牛馬。

數牛數馬，則牛馬二。數牛馬，則牛馬一。

若數指，指五而五一。

長宇，徙而有處宇。

宇南北，在旦有在莫，宇徙久。

無堅得白，必相盈也。

在堯善治，自今在諸古也。自古在之今，則堯不能治也。

景，光至景亡，若在，盡古息。景，二光夾一光，一光者景也。景光之人煦若射，下者之人也高，高者之人也下。足敝下光，故成景於上。首敝上光，故成景於下。在遠近有端，與於光，故景障內也。景，日之光反燭人，則景在日與人之間。景，木柂，景短大。木正，景長小。大小於木，則景大於木，非獨小也。遠近臨正鑒，景寡，貌能白黑，遠近柂正，異於光鑒，景當俱就，去尒當俱，俱用北，鑒者之臬，於鑒無所不鑒，景之臬無數，而必過正，故同處，其體俱，然鑒分，鑒中之內，鑒者近中，則所鑒大，景亦大。遠中，則所鑒小，景亦小，而必正。起於中，緣正而長其直也。中之外，鑒者近中，則所鑒大，景亦大。遠中，則所鑒小，景亦小，而必易。合於中而長其直也。鑒鑒者近，則所鑒大，景亦大。亦（亓）遠，所鑒小，景亦小，而必正，景過正故。

招負衡木，加重焉，而不撓，極勝重也。右校交繩，無加焉而撓，極不勝重也。不勝重也，橫加重於其一旁，必捶，權重相若也。相衡則本短標長，兩加焉重相若，則標必下，標得權也。挈有力也，引無力也，不正。所挈之止於施也，繩制挈之也，若以錐刺之。挈，長重者下，短輕者上。上者愈得，下下者愈亡。繩直權重相若，則正矣。收，上者愈喪，下者愈得。上者權重盡，則遂挈。兩輪高，兩輪為輲，車梯也，重其前，弦其前，載弦其前，載弦其軲，而懸重於其前，是梯，挈且挈則行。凡重，上弗挈，下弗收，旁弗劾，則下直。扡，或害之也。流，梯者不得流，直也。今也廢尺於平地，重不下，無跨也。若夫繩之引也，是猶自舟中引橫也。倚倍拒堅，䠷倚焉則不正，誰並（㻲）石絫石耳。夾寢者，法也。方石去地尺，關石於其下，懸絲於其上，使適至方石。不下，柱也。膠絲去石，挈也。絲絕，引也。

未變而名易，收也。買，刀糴相為賈。刀輕則糴不貴，刀重則糴不易。王刀無變，糴有變。歲變糴，則歲變刀。若鬻子。賈盡也者，盡去其以不讎也。其所以不讎去，則讎。正賈也，宜不宜，正欲不欲。若敗邦鬻室，嫁子無子。

在軍不必其死生，聞戰亦不必其生。前也不懼，今也懼。

或，知是之非此也，有知是之不在此也，然而謂此南北，過而以已為然。

始也謂此南方，故今也謂此南方。

智論之，非智無以也。

謂，所謂，非同也，則異也。

同則或謂之狗，其或謂之犬也。

異則或謂之牛，牛或謂之馬也。

俱無勝，是不辯也。

辯也者，或謂之是，或謂之非，當者勝也。

無讓者酒，未讓，始也不可讓也。

於石一也，堅白二也，而在石，故有智焉，有不智焉，可。

有指，子智是，有智是吾所先舉，重，則子智是，而不智吾所先舉也，是一。

謂有智焉，有不智焉，可。

若智之，則當指之智告我，則我智之，兼指之，以二也。

衡指之，參直之也。

若曰：必獨指吾所舉，毋舉吾所不舉，則者固不能獨指，所欲相不傳，意若未校。

且其所智是也，所不智是也，則是智，是之不智也，惡得為一？

謂而有智焉，有不智焉，所春也，其執固不可指也。

逃臣不智其處，狗犬不智其名也。

遺者，巧弗能兩也。

智，智狗。

重，智犬，則過。

不重則不過。

通問者曰：子知驟乎？應之曰：驟何謂也？彼曰驟施，則智之。若不問驟何謂，徑應以弗智，則過。

且應必應，問之時若應長應有深淺。

大常中在，兵人，長所。

室堂，所存也。

其子，存者也。

據在者而問室堂，惡可存也？

主室堂而問存者，孰存也？

是一主存者以問所存，一主所存以問存者。

五合：

水土火，火離然。火鑠金，火多也。金靡炭，金多也。

合之府水，木離木，若識麋與魚之數。

惟所利，無欲惡，傷生損壽，說以少連，是誰愛也？

嘗多粟，或者欲不有能傷也，若酒之於人也。

且恕人利人，愛也，則唯恕弗治也。

損飽者去餘，適足不害，能害飽，若傷麋之無脾也。

且有損而後益智者，若瘧病之之於瘧也。

智以目見，而目以火見，而火不見。

惟以五路智久，不當以目見，若以火見火。

謂火熱也，非以火之熱。

我有若視曰智，雜所智與所不智，而問之，則必曰：是所智也，是所不智也。取、去俱能之，是兩智之也。

無，若無焉，則有之而後無。

無天陷，則無之而無。

擢疑，無謂也。

臧也，今死，而春也，得文，文死也可。

且，猶是也。

且然，必然。

且已，必已。

且用工而後已者，必用工而後已。

均，發均懸，輕重而發絕，不均也，均，其絕也，莫絕。

堯、霍，或以名視人，或以實視人。

舉友富商也，是以名視人也。

指是臛也，是以實視人也。

堯之義也，是聲也於今，所義之實處於古。

若殆於城門，與於臧也。

狗，狗、犬也。謂之殺犬可，若兩膍。

使，令使也。我使我，我不使亦使我。

殿戈亦使，毀不美亦使，殿。

荊沇，荊之貝也，則沇淺，非荊淺也。

若易五之一，以楹之摶也，見之，其於意也不易。

先智意相也，若楹輕於秋，其於意也洋然。

段椎錐俱事於履，可用也，成繪屨過椎，與成椎過繪屨同，過仵也。

一，五有一焉，一有五焉，十二焉。

非斮半，進前取也。

前，則中無為半，猶端也。

前後取，則端中也。

斮必半，毋與非半，不可斮也。

可無也，已給則當給，不可無也。

久，有窮而窮，正丸。

無所處而不中懸，摶也。

傴宇不可偏舉，字也。

進行者，先敷近，後敷遠。行者行者，必先近而後遠。

遠近脩也，先後久也，民行脩必以久也。

一方盡類，俱有法而異，或木或石，不害其方之相合也，盡類猶方也，物俱然。

牛狂與馬惟異。以牛有齒，馬有尾，說牛之非馬也，不可。是俱有，不偏有偏無有。曰：之與馬不類，用牛有角，馬無角，是類不同也。若舉牛有角，馬無角，以是為類之不同也，是狂舉也。猶牛有齒，馬有尾，或不非牛，而非牛也。則或非牛，或牛而牛也可，故曰牛馬，非牛也，未可。牛馬，牛也，未可。則或可或不可。而曰牛馬牛也未可，亦不可。且牛不二，馬不二，而牛馬二。則牛不非牛，馬不非馬，而牛馬非牛非馬。無難。

彼，正名者彼此，彼此可。彼彼止於彼，此此止於此，彼此不可。彼且此也，彼此亦可。彼此止於彼此，若是而彼此也，則彼亦且此此也。

唱無過，無所周，若粺。和無過，使也，不得已。唱而不和，是不學也。智少而不學必寡。和而不唱，是不教也。智而不教，功適息。使人奪人衣，罪或輕或重。使人予人酒，或厚或薄。

聞在外者，所不知也。

或曰：在室者之色，若是其色，是所不智，若所智也。猶白若黑也。誰勝？是若其色也。若白者必白。今也智其色之若白也，故智其白也。

夫名，以所明正所不智，不以所不智疑所明。若以尺度所不智長。

外，親智也。室中，說智也。

以誖，不可也。出入之言可，是不誖，則是有可也。之人之言不可，以當，必不審。

惟，謂是霍可，而猶之非夫霍也，謂彼是是也。

不可謂者，毋惟乎其謂。彼猶惟乎其謂，則吾謂不行。彼若不惟其謂，則不行也。

無南者。

有窮則可盡，無窮則不可盡。

有窮、無窮，未可智。則可盡、不可盡不可盡，未可智。

人之盈之否，未可智。而必人之可盡、不可盡，亦未可智。而必人之可盡，愛也。誖。

人若不盈先窮，則人有窮也。盡有窮無難。盈無窮，則無窮盡也。盡有窮無難。

不二智其數，惡智愛民之盡文也？或者遺乎其問也。盡問人，則盡愛其所問。若不智其數，而智愛之盡文也。無難。

仁，仁愛也。義，利也。愛、利，此也。所愛、所利，彼也。愛、利不相為內外。所愛利亦不相為外內。其為仁，內也。義，外也。舉愛與所利也，是狂舉也。若左目出，右目入。

「學」也，以為不知學之無益也，故告之也是。使智學之無益也，是教也。以學為無益也，教誖。

論誹。誹之可不可，以理之可誹，雖多誹，其誹是也。其理不可非，雖少誹，非也。今也謂多誹者不可，是猶以長論短。不誹，非己之誹也。不非誹，非可非也，不可非也。是不非誹也。

物甚長甚短，莫長於是，莫短於是，是之是也，非是也者，莫甚於是。

取高下，以善不善為度，不若山澤。處下善於處上，下所請上也。

不是，是則是且是焉。今是文於是，而不於是，故是不文。是不文，則是而不文焉。今是不文於是，而文與是。故文與是不文同說也。

《大取》：

天之愛人也，薄於聖人之愛人也。

其利人也，厚於聖人之利人也。

大人之愛小人也，薄於小人之愛大人也。

其利小人也，厚於小人之利大人也。

以臧為其親也，而愛之，非愛其親也。以臧為其親也，而利之，非利其親也。

以樂為利其子，而為其子欲之，愛其子也。以樂為利其子，而為其子求之，非利其子也。

於所體之中，而權輕重之謂權。權非為是也，非非為非也，權正也。

斷指以存掔，利之中取大，害之中取小也。

害之中取小也，非取害也，取利也。其所取者，人之所執也。

遇盜人，而斷指以免身，利也。其遇盜人，害也。斷指與斷腕，利於天下相若，無擇也。死生利若一，無擇也。

殺一人以存天下，非殺一人以利天下也。殺己以存天下，是殺己以利天下。

於事為之中，而權輕重之謂求，求為之非也。

害之中取小，求為義，非為義也。

為暴人語天之為是也，而性。為暴人歌天之為非也。諸陳執既有所為，而我為之陳執。執之所為，因吾所為也。若陳執未有所為，而我為之陳執，陳執因吾所為也。暴人為我為天之以人非為是也，而性，不可正而正之。

利之中取大，非不得已也。害之中取小，不得已也。

所未有而取焉，是利之中取大也。於所既有而棄焉，是害之中取小也。

義可厚厚之，義可薄薄之，謂倫列。德行君上，老長親戚，此皆所厚也。為長厚不為幼薄。親厚厚，親薄薄，親至薄不至。義厚親不稱行而顧行。為天下厚禹，為禹也。為天下厚愛禹，乃為禹之人愛也。厚禹之加於天下，而厚禹不加於天下。若惡盜之為加於天下，而惡盜不加於天下。

愛人不外己，己在所愛之中。己在所愛，愛加於己。倫列之愛己、愛人也。

聖人惡疾病，不惡危難。正體不動，欲人之利也，非惡人之害也。義利不義害。

聖人不為其室臧之，故在於臧。聖人不得為子之事，聖人之法死亡親，為天下也。厚親分也，以死亡之。體渴興利，有厚薄而毋倫列之興利為己。語經，語經也。非白馬焉，執駒焉說求之。舞說非也，漁大之舞大，非也。

三物必具，然後足以生。

臧之愛己，非為愛己之人也。厚不外己，愛無厚薄。舉己非賢也，義利不義害。

志功為辯……志功不可以相從也。

有有於秦馬，有有於馬也。智來者之馬也。

愛眾眾世，與愛寡世相若。兼愛之有相若。愛尚世與愛後世，一若今之世人也。

是：兄之鬼兄也。

天下之利驩，聖人有愛而無利。俔日之言也，乃客之言也。

天下無人，子墨子之言也猶在。

不得已而欲之，非欲之也。

專殺盜，非殺盜也。

凡學愛人……

是：是璜也，是玉也。

利人也，為其人也。

富人，非為其人也。有為也以富人，富人也。治人有為鬼焉。

為賞譽利一人，非為賞譽利人也，亦不至無貴於人。智親之一利，未為孝也，亦不至於智不為已之利於親也。

重同、具同、連同、同類之同、同名之同、丘同、鮒同、是之同、然之同、同根之同；有非之異、有不然之異。有其異也，為其同也。為其同也異。一曰乃是而然，二曰乃是而不然，三曰遷，四曰強。子深其深，淺其淺，益其益，尊其尊。察次山比因至優指。複次，察聲、端、名，因請復正夫辭。惡者人右以其請得焉。諸所遭執而欲惡生者，人不必以其請得焉。聖人之附瀆也。

仁而無利愛，利愛生於慮。昔者之慮也，非今日之慮也。昔者之愛人也，非今之愛人也。愛獲之愛人也，生於慮獲之利。慮獲之利，非慮臧之利也。而愛臧之愛人也，乃愛獲之愛人也。去其愛，而天下利，弗能去也。

不是：昔之知牆，非今日之知牆也。

貴為天子，其利人不厚於正（匹）夫。

二子事親，或遇孰，或遇凶，其親也相若，非彼其行益也，非加也。外執無能厚吾利者。

籍臧也死，而天下害，吾持養臧也萬倍，吾愛臧也不加厚。

長人之異，短人之同，其貌同者也，故同。指之人也，與首之人也異。人之體非一貌者也，故異。將劍與挺劍異，劍以形貌命者也。其形不一，故異。楊木之木，與桃木之木也同。諸非以舉量、數命者，敗之儘是也。故一人指，非一人也。是一人之指，乃是一人也。方之一面非方也，方木之面方木也。

非：兄之鬼非人。

以故生，以理長，以類行也者，立辭而不明於其所生，忘也。

今人非道無所行，唯有強股肱，而不明於道。其困也，可立而待也。夫辭以類行者也，立辭而不明於其類，則必困矣。

故浸淫之辭，其類在鼓栗；聖人也，為天下也，其類在於追迷；或壽或卒，其利天下也指若，其類在譽石；一日而百萬生，愛不加厚，其類在惡害；愛二世有厚薄，而愛二世相若，其類在蛇文；愛之相若，擇而殺其一人，其類在阬下之鼠；小仁與大仁行厚相若，其類在申；凡興利除害也，其類在漏雍；厚親不稱行而類行，其類在江上井；不為己之可學也，其類在獵走；愛人非為譽也，其類在逆旅；愛人之親，若愛其親，其類在官苟；兼愛相若，一愛相若。一愛相若，其類在死也。

《小取》：

夫辯者，將以明是非之分，審治亂之紀，明同異之處，察名實之理。處利害，決嫌疑焉。摹略萬物之然，論求群言之比。以名舉實，以辭抒意，以說出故。以類取、以類予。有諸己，不非諸人。無諸己，不求諸人。

或也者不盡也；假者今不然也；效者為之法也；所效者，所以為之法也。故中效，則是也。不中效，則非也。此效也。辟也者，舉也物而以明之也；侔也者，比辭而俱行也；援也者，曰子然，我奚獨不可以然也；推也者，以其所不取之，同於其所取者，予之也。是猶謂也者，同也；吾豈謂也者，異也。夫物有以同而不率遂同，辭之侔也。有所止而正。其然也，有所以然也。其然也同，其所以然不必同；其取之也，有所以取之。其取之也同，其所以取之不必同。是故辟、侔、援、推之辭，行而異，轉而危，遠而失，流而離本，則不可不審也，不可常用也。故言多方、殊類、異故，則不可偏觀也。

夫物或乃是而然（一），或是而不然（二），或一周而一不周（三），或一是而一不是也（四），不可常用也。故言多方、殊類、異故，則不可偏觀也，非也。

白馬，馬也；乘白馬，乘馬也。驪馬，馬也；乘驪馬，乘馬也。獲，人也；愛獲，愛人也。臧，人也；愛臧，愛人也。此乃是而然者也。獲之親，人也；獲事其親，非事人也。其弟，美人也。愛弟，非愛美人也。車，木也；乘車，非乘木也。船，木也；入船，非入木也。盜人，人也；多盜非多人也，無盜非無人也。奚以明之？惡多盜，非惡多人也；欲無盜，非欲無人也。世相與共是之，若若是，則雖盜人人也，愛盜非愛人也，不愛盜非不愛人也；殺盜人非殺人也，無難盜，無難矣。此與彼同類，世有彼而不自非也。墨者有此而非之，無也故焉。所謂內膠外閉，與心毋空乎？內膠而不解也，此乃是而不然者也。

且夫讀書，非好書也。且鬥雞，非雞也。好鬥雞，好雞也。且入井，非入井也。止且入井，止入井也。且出門，非出門也。止且出門，止出門也。若若是，且夭非夭也，壽夭也。有命非命也，非執有命非命也。無難矣。此與彼同類，世有彼而不自非也。墨者有此而罪非之，無也故焉。所謂內膠外閉，與心毋空乎？內膠而不解也，此乃是而不然者也。

愛人，待周愛人，而後為愛人。不愛人，不待周不愛人。不（失）周愛，因為不愛人矣。乘馬，不待周乘馬，然後為乘馬也；有乘於馬，因為乘馬矣。逮至不乘馬，待周不乘馬，而後為不乘馬。此一周而一不周者也。

居於國則為居國。有一宅於國，而不為有國。桃之實，桃也；棘之實，非棘也。問人之病，問人也。惡人之病，非惡人也。人之鬼，非人也；兄之鬼，兄也。祭人之鬼，非祭人也；祭兄之鬼，乃祭兄也。之馬之目盼，則為之馬盼；之馬之目大，而不謂之馬大。之牛之毛黃，則謂之牛黃；之牛之毛眾，而不謂之牛眾。一馬馬也，二馬馬也。馬四足者，一馬而四足也，非兩馬而四足也。一馬，馬也。馬或白者，二馬而或白也，非一馬而或白。此乃一是而一非者也。

《指物論》：

物莫非指，而指非指。

天下無指，物無可以謂物。

非指者，天下而物，可謂指乎？

指也者，天下之所無也。物也者，天下之所有也。

以天下之所有為天下之所無，未可。

天下無指，而物不可謂指也。

不可謂指者，非指也。

非指者，物莫非指也。

天下無指而物不可謂指者，非有非指也。

非有非指者，物莫非指也。

物莫非指者，而指非指也。

天下無指者，生於物之各有名，不為指也。

不為指而謂之指，是兼不為指。

以有不為指之無不為指，未可。

且指者天下之所兼。

天下無指者，物不可謂無指也。

不可謂無指者，非有非指也。

非有非指者，物莫非指。

指，非非指也。

指與物，非指也。

使天下無物指，誰徑謂非指？

天下無物，誰徑謂指？

天下有指無物指，誰徑謂非指？

徑謂無物非指。

且夫指固自為非指，奚待於物而乃與為指？

《天下》：

歷譖物之意：

至大無外，謂之大一。

至小無內，謂之小一。

無厚不可積也，其大千里。

天與地卑，山與澤平。

日方中方睨，物方生方死。

大同而與小同異，此之謂小同異。

萬物畢同畢異，此之謂大同異。

南方無窮而有窮。

今日適越而昔來。

連環可解也。

我知天下之中央，燕之北，越之南是也。

泛愛萬物，天地一體也。

《辯者》：

卵有毛。

雞三足。

郢有天下。

犬可以為羊。

馬有卵。

丁子有尾。

火不熱。

山出口。

輪不碾地。

目不見。

指不至，至不絕。

龜長於蛇。

矩不方。

規不可以為圓。

鑿不圍枘。

飛鳥之景，未嘗動也。

鏃矢之疾，而若不行不止之時。

狗非犬。

黃馬驪牛三。

白狗黑。

孤駒未嘗有母。

一尺之捶，日取其半，萬世不竭。

問天地所以不墜不陷，風雨雷霆之故。

遍為萬物說。

以反人為實，而欲以勝人為名。

放於萬物而不厭，逐萬物而不反。

形與影競走。

兵

兵學思想，最能直接反映和表現春秋、戰國時代之特徵。而「春秋之兵」與「戰國之兵」又是顯然不同的。大體上說，春秋之兵還是以戰勝為主，而戰國之兵就完全是以滅國為上了。我們從孫子的兵學思想中就能看到這一層。《計篇》云：「孫子曰：兵者國之大事，死生之地，存亡之道，不可不察也。」兵關係到生死存亡，所以是首先必須的。當然，孫子所講的兵學思想首先是基於常識。比如說：「一曰道，二曰天，三曰地，四曰將，五曰法。——凡此五者，將莫不聞。知之者勝，不知者不勝。」（《計篇》）就是最明白的說明。孫子謂：「兵者詭道也，故能而示之不能，用而示之不用。」（《計篇》）這就是老子講過的正言若反的思想，比如說將欲奪之、必固予之等等。兵者詭道，所以像宋襄公那樣的「禮戰」幻想，至少在春秋末是不再考慮的了。所謂「多算勝，少算不勝。」（《計篇》）顯然已經完全是計謀上的較量了。

「孫子曰：凡用兵之法，馳車千駟，革車千乘，帶甲十萬，千里饋糧，則內外之費，賓客之用，膠漆之材，車甲之奉，日費千金，然後十萬之師舉矣。」（《作戰》）這就充分說明了用兵之費，所耗巨大，而且是以日為計的。尤其周代，中國人口尚少，田地沒有盡數開墾，負擔就更重。而且交通也不利便。其時作戰仍以車兵為核心，以步卒為輔助。所以說：「夫兵久而國利者，未之有也。」（《作戰》）這就是說兵事利在速戰速決，拖延一久，國家便會空耗。所以從「勢」上面來講，春秋時代還不具備統一滅國的條件，除非是兼併極小的邦國。所以主「戰勝」而不是「滅國」，彼時還是主導性的兵學思想。「故兵貴勝不貴久。」(《作戰》)就是最直接的說明。國家的存亡，完全繫於懂不懂軍事。孫子曰：「故知兵之將，民之司命，國家安危之主也。」(《作戰》)

「孫子曰：凡用兵之法，全國為上，破國次之。」(《謀攻》)既然春秋之兵是以戰勝為主，所以很自然是要以不戰而敵國來服為上。所以說：「是故百戰百勝，非善之善者也。不戰而屈人之兵，善之善者也。」(《謀攻》) 不戰而屈人之兵，這樣的好事只能施用於邦國之間的彼此平衡。像秦統一六國那樣的大舉動，是絕不可能依賴不戰而屈人之兵的，雖然齊國的解決並沒有費多少周折。既然還是以戰勝思想為主導，那麼為將的作用就是最直接、最關鍵的了。「夫將者國之輔也，輔周則國必強，輔隙則國必弱。」(《謀攻》)這完全是以兵為主導的思想。國之強弱、安危不在於儒，而在於將，在於將的濟與不濟。因為說穿了，戰爭就是單純的人與人之間的較量。所以為將如果不濟，國家安危是沒有保證的。這是卑之無甚高論的常識。儒者柔弱之士，所以先秦時代並不以儒為重。孫子曰：「不知軍之不可以進而謂之進，不知軍之不可以退而謂之退，是謂縻軍。」(《謀攻》) 這就是反對國君干預軍事作戰的明確態度。因為最瞭解當前情況的是將領，其指揮進退，國君不能胡亂干涉。所以在孫子的兵學中，以將為主導的思想表達得非常明白。這是基於常識，與政教無關，軍事就是軍事。「故曰：知彼知己，百戰不殆。不知彼而知己，一勝一負。不知彼不知己，每戰必殆。」(《謀攻》)一切都是從實際利害去講的。

「孫子曰：昔之善戰者，先為不可勝，以待敵之可勝。不可勝在己，可勝在敵。」(《形篇》) 這是以治己為本。《大學》所謂脩身者，道理上與此是互通的。只不過脩身是從自己、就個人而說，治己則是從軍政上論。也就是說，以自己不可戰勝為保本之底限，然後待敵之鬆懈，捕捉可乘之機。無論是哪一方虛懈，都必然會暴露出隙漏和空子，為敵方所乘而取勝，只是軍政上等待的時間段相當長罷了。從歷史全局來說，這個時間段就更長。比如秦之欲圖中國，就耗費了五百年以上的時間。所以說歷史中有心者必勝，無心者必敗。故權詐機謀，時時窺伺。所以孫子說：「善守者藏於九地之下，善攻者動於九天之上，故能自保而全勝也。」(《形篇》) 這也就是「難知」之道。所謂難知如陰，陰陽不測之謂神。孫子的兵學是很注重神奇的運用的。孫子曰：「兵法一曰度（土地），二曰量（人力、倉稟），三曰數（算數眾寡），四曰稱（相校），五曰勝（勝負）。」(《形篇》) 土地、人力、物資等等，這些都是必要的戰爭準備，一切的歸宿都是為了戰勝，這其中的關係擺得很清楚。後來秦國的耕戰制度就是對此發揮到極致。

「孫子曰：凡治眾如治寡，分數是也。鬥眾如鬥寡，形名是也。三軍之眾，可使必受敵而無敗者，奇正是也。」(《執篇》) 這是強調「分數」、「形名」、「奇正」的原則。所謂「分數」，就是軍隊的人數劃分，這裏面包含很多藝術，其歸趣就是求得最高效的機動靈活性。歷史中常常是數十萬大軍指揮周轉不靈，自相抵牾，為敵人所乘，終致大敗。而數萬甚至數千、數百人的隊伍指揮起來卻像一個人那樣整齊，如手臂相使，作戰精良。所以人數太多，反而是取敗之道，這是必然的。因為軍隊過於龐大，不待敵人打擊，自己都要把自己拖垮。所以以少勝多其實是很自然的事情，並不是像淺見的那樣神奇。因此人數的定立和分配是大學問。所謂「形名」者，指軍事上的陣形、號令。如果指揮應敵不靈，也是不能取勝且足以致敗的。所以鬥眾如鬥寡，只有精神上、心志上高度專一，如錐之破布，才能夠雖百萬之眾而必勝之。歷史上不乏這方面的戰例。孫子說：「凡戰者以正合，以奇勝。故善出奇者，無窮如天地，不竭如江河。」(《埶篇》) 這就是「奇正」相生的思想。所謂以正治國、以奇用兵。「正」是求穩的辦法，而「出奇」則是有力高效的輔助。但是要做到奇正相生卻很不容易。比如關羽打仗便是有奇無正，而諸葛亮用兵則是有正無奇，雖然各有原因。孫子的意見是：要善於出奇謀，而且奇謀之出要像滔滔江河一樣無窮無盡。「是故善戰者其埶險，其節短。埶如彍弩，節如發機。」(《埶篇》) 這就是用兵要像閃電、迅雷一樣快捷的意思，也就是以疾戰為勝。就像弩機上的箭矢，一叩扳機即發射出去。軍隊也是一樣，要像離弦之箭。「故善戰人之埶，如轉圓石於千仞之山者，埶也。」(《埶篇》)「埶」者「勢」也。弄巨石於山，其勢至險。巨石滾下，莫可阻遏。這裏充分說明了兵形至險的機竅。

「孫子曰：凡先處戰地而待敵者佚，後處戰地而趨戰者勞。故善戰者，致人而不致於人。」(《虛實》) 這就是以逸待勞的策略，也就是戰爭中的以「我」為中心。讓別人來就著我，而不是我就著別人。這樣，敵方疲於奔命，便容易戰勝它。所以孫子說：「夫兵形象水。水之行，避高而趨下。兵之形，避實而擊虛。水因地而制流，兵因敵而制勝。故兵無常勢，水無常形。能因敵變化而取勝者，謂之神。」(《虛實》) 這種尚神奇的思想，與老子「上善若水」的思想是相通的。水最奇妙，無孔不入。兵最詭秘，見空子就鑽。「奇」就體現在擊其不能。所以兵是沒有定準的，隨宜而施用。我們看老子的學說思想，最喜歡用水為譬，所以我們說《老子》是兵家的兵家，一點也不過分。從這裏便可以知道，用兵之道也是一個輕重。

「孫子曰：凡用兵之法，將受命於君，合軍聚眾，交和而舍，莫難於軍爭。軍爭之難者，以迂為直，以患為利。故迂其途而誘之以利，後人發，先人至，此知迂直之計者也。」（《軍爭》）這就是後發先至的道理，後來的武學就貫穿了此兵學思想的原理。所以說華文化是高度統一的。個體的戰鬥就是武術，群體的戰鬥就是戰爭，但原理上兩者是互通的、一致的。軍事上面對面的正面衝突和交爭是最難的，最令人頭痛和感到畏縮。比如說短兵相接，能夠用更好的辦法避免而致勝是最好不過了，否則傷亡必定慘重。所以這時候就要強調技術性，即以迂為直、以屈為伸、避實擊虛。在作戰中，利誘敵方而用計取勝是最起碼的。後來孫臏敗龐涓，就是避開正面衝突，設伏以計取勝的。正所謂「不動如山，難知如陰，動如雷霆。」（《軍爭》）

「孫子曰：凡用兵之法，將受命於君，合軍聚眾，圮地無舍，衢地合交，絕地無留，圍地則謀，死地則戰。途有所不由，軍有所不擊，城有所不攻，地有所不爭，君命有所不受。」（《九變》）這裏講的是行軍打仗的忌諱：哪些地方不宜滯留，哪些事情不要去做，說得很清楚。比如地勢低窪難行的地方，就不要在那裏多待或者駐紮。四通八達的交通要地，一定要去把握和經營好它。尤其春秋時代，邦國林立，更要注意國與國之間的依倚縱橫關係。絕境當然是要遠遠避開的，可以打埋伏、設圍的地方就要用奇謀去經營，充分利用。當然這是雙向的，是雙刃劍：我可以圍敵，也可以被圍。被圍就要出奇謀解圍，所謂置之死地而後生，就是「死地則戰」的意思。也就是先秦兵家屢屢講的「疾戰以解之」的意思。因為身處險境，最忌諱猶豫、拖延和耽擱，臨事一定要果斷，否則只會招致覆敗。行軍打仗，有的路不要去走，有的軍隊不要去攻擊它，有的城池不要去攻打它，有的地方不要去爭奪它，一切都要量力而行，還要看有沒有意義。至於君命的干預，完全就是干擾，更不要去理會它，否則對作戰不利。因此，作為將領，就要有一些避忌。「故將有五危：必死，可殺也。必生，可虜也。忿速，可侮也。廉潔，可辱也。愛民，可煩也。凡此五者，將之過也，用兵之災也。」(《九變》）這些都是要說明：為將首先在於戰勝自己的性格和心理，否則人性的弱點被敵人抓住利用，或者敵方把握住了自己的特點，便容易為人所制。尤其愛民為兵家大忌一條，更說明了戰爭就意味著殘酷的犧牲，不可能兼顧兩全。所以打仗是最原始、最粗暴的辦法。因此，為將首先要想到國家的危亡，而不是一己的私忿。所以為將一定要抱必成、必勝的心思，而不是必死的心思，那樣沒有意義。情緒化的將領最容易制服，只需要用一點小計策就可以了。因為他們頭腦簡單、行事簡單。而廉潔對戰爭也是無意義的，因為戰爭本來就是什麼都不講的。所謂講理就沒有戰爭，戰爭就不講道理。這樣，在單純的兵學那裏，道德學沒有安置之地。因此宋襄公那樣的禮戰幻想才根本違反「戰」之正名。

孫子的兵學思想不僅講原則，而且講技術，方法之外更有辦法，兩者結合得很好。孫子曰：「敵近而靜者，恃其險也。遠而挑戰者，欲人之進也，其所居者易利也。眾樹動者，來也。眾草多障者，疑也。鳥起者，伏也。獸駭者，覆也。塵高而銳者，車來也。卑而廣者，徒來也。散而條達者，樵採也。少而往來者，營軍也。辭卑而益備者，進也。辭詭而強進驅者，退也。輕車先出居其側者，陳也。無約而請和者，謀也。奔走而陳兵車者，期也。半進半退者，誘也。倚仗而立者，饑也。汲而先飲者，渴也。見利而不進者，勞也。鳥集者，虛也。夜呼者，恐也。軍擾者，將不重也。旌旗動者，亂也。吏怒者，倦也。」「屢賞者，窘也。數罰者，困也。」(《行軍》) 可以說，這些都是簡單的經驗總結，是供為將者如法操作照行的。戰爭技術的總結和創發是可以不竭如江河的，孫子在這裏僅僅是舉其大者，也就是所謂最通常的情況。又《地形》曰：「孫子曰：地形有通者，有掛者，有支者，有隘者，有險者，有遠者。」「我可以往，彼可以來，曰通。可以往，難以返，曰掛。我出而不利，彼出而不利，曰支。隘形者，我先居之，必盈之以待敵。險形者，我先居之，必居高陽以待敵。遠形者，勢均難以挑戰，戰而不利。」《九地》也說：「用兵之法，有散地，有輕地，有爭地，有交地，有衢地，有重地，有圮地，有圍地，有死地。」「諸侯自戰其地，為散地。入人之地而不深者，為輕地。我得則利，彼得亦利者，為爭地。我可以往，彼可以來者，為交地。諸侯之地三屬，先至而得天下之眾者，為衢地。入人之地深，背城邑多者，為重地。行山林險阻沮澤，凡難行之道者，為圮地。所由入者隘，所從歸者迂，彼寡可以擊吾之眾者，為圍地。疾戰則存，不疾戰則亡者，為死地。」

顯然這些都是關於地利的。由此可見，對「地」的利用的思想非常豐富，這正是孫子兵學對地利問題的最好說明。用火也是如此，都屬於戰爭的具體辦法和技巧。《火攻》曰：「凡火攻有五：一曰火人，二曰火積，三曰火輜，四曰火庫，五曰火墜。」「火發於內，則早應之於外。火發而其兵靜者，待而勿攻。極其火力，可從而從之，不可從而止。火可發於外，無待於內，以時發之。火發上風，無攻下風。晝風久，夜風止。」孫子注重戰爭技術，當然與其整體思路相關。也就是盡量降低殺傷，力求短時間內解決，代價越小越好。《用間》曰：「凡興師十萬，出兵千里，百姓之費，公家之奉，日費千金，內外騷動。怠於道路，不得操事者，七十萬家。相守數年，以爭一日之勝，而愛爵祿百金，不知敵之情者，不仁之至也。」所以孫子的思想中有一個「仁」的底線。戰爭不用心傾力為之，就是視百姓為芻狗。可見「仁」也是貫穿孫子兵學思想的一道主線，這是需要與儒、道互參的。因此，施用計謀從「仁」上來講，也是為了最大限度避免和減少傷害性，達到更好的效果。所以「仁」首先是辦法和方法，而不是空洞的道德，這一點很多人都沒有看到。所以孫子說：「故用間有五：有因間，有內間，有反間，有死間，有生間。」「因間者，因其鄉人而用之。內間者，因其官人而用之。反間者，因其敵間而用之。死間者，為誑事於外，令吾間知之，而傳於敵。生間者，反報也。」(《用間》) 使用「間計」是一個行之有效的好辦法。施用得好，自己可以少付出很多代價，避開了硬戰爭，而照樣達到預期的效果。所以孫子的兵學是很倚重軟技巧的。

孫子說：「亡國不可以復存，死者不可以復生。」所以國家安危之重，全繫於兵事。孫子的後人，也繼續了這一認同。孫臏的兵學思想便保持了與孫子的一致。《孫臏兵法・見威王》曰：「孫子見威王曰：夫兵者，非士恒執也，此先王之傅道也。戰勝，則所以『在』亡國而繼絕世也；戰不勝，則所以削地而危社稷也。是故兵者不可不察。然夫樂兵者亡，而利勝者辱。兵非所樂也，而勝非所利也，事備而後動。故城小而守固者，有委也；卒寡而兵強者，有義也。夫守而無委，戰而無義，天下無能以固且強者。」案「在」字就是「存」的意思。「存亡繼絕」與「削危」都繫於勝敗，這雖然還是以戰勝而不是以滅國為主導的思想，但是說出了一個簡單的道理和法則，就是勝負決定一切，並沒有更多複雜的東西。這樣就把根本的「故」擺明了。迂闊之人往往喜歡總結一些所謂深入而實際上無關痛癢的原因，結果是於治道無補，反而害事。戰國時代，戰爭就是不打折扣的硬道理。許多人因為害怕戰爭，所以另謀迂迴之論。孫臏說「樂兵者亡」，就反映了他主柔的一面。因為戰國時代並沒有什麼真正的樂兵，一切都是為了明確的目的。比如秦統一六國就是必行的，而打仗便成了繞不開的環節。如果僅僅是以樂兵利勝為解釋，便顯得很虛弱。由此也可以說，孫臏的兵學思想與孫子一樣，根本不可能導出「統一戰」的思路。統一戰的思想只能由商、韓來完成。有委（委就是委積）有義，說明了戰備與精神力量兩方面的重要，實際上就是決定戰爭的兩個基元。

《威王問》曰：「田忌曰：賞罰者，兵之急者邪？孫子曰：非。夫賞者，所以喜眾，令士忘死也；罰者，所以正亂，令民畏上也；可以益勝，非其急者也。」可見，賞罰是戰爭有力的輔助手段，但是孫臏並不認為賞罰就是兵之本體。先秦各家思想，對賞罰的態度具體來說也是相互懸殊的。這裏所說的賞罰，程度上就與法家不同，意見、見解各異。像秦國那樣的軍功制度，在這裏是看不到一點思路的。孫臏的思想，並不以賞罰為刺激軍功的手段，還是從治術上來認同。這就充分說明了中國歷史社會古代軍政的輕重性：重，秦可以用賞罰建立起一整套全民耕戰的制度來達成和完成統一。輕，賞罰僅僅是一種為治的輔助手段，只是維持一種制衡的局面。可見輕、重之間的懸殊差異。由此也可以說，校論中國歷史，議論與實做之間就有這種輕重的懸殊性在其中。對某些人根本不可能的，對另一些人卻是簡單的、成就的捷徑。所以凡事之成敗、取決最終都回到了絕對自我。

《威王問》又說：「田忌曰：權、執、謀、詐，兵之急者邪？孫子曰：非也。夫權者，所以聚眾也；執者，所以令士必鬥也；謀者，所以令敵無備也；詐者，所以困敵也；可以益勝，非其急者也。」田忌問的權、勢、謀、詐在孫臏看來只是戰爭的技術與條件，還不是本體。那麼，孫臏認為什麼是根本之急呢？「孫子曰：繚敵計險，必察遠近」，「將之道也。必攻不守，兵之急者也」。可見孫臏講的所謂根本，其實還是技術方面的。只不過他認為最關鍵的在於知己知彼、避實擊虛罷了。從這裏我們也可以知道，孫臏以必攻不守為急，說明他是最忌諱硬戰爭和殺傷性的。其根本思路還是以不戰和最小付出為歸。至於前面說的權、執、謀、詐等等，只是些輔助準備而已。對此我們只能說，孫臏雖然有自己獨特的觀點和看法，但是他也沒有脫出技術論，達到根本與別人不同的另一種正名。

《篡卒》曰：「孫子曰：兵之勝在於篡卒，其勇在於制，其巧在於執，其利在於信，其德在於道，其富在於亟歸，其強在於休民，其傷在於數戰。」案「篡卒」是謂優選士卒。從這裏的論述來看，孫臏的主張是能夠少打盡量少打。這種兵學思想當然只能是保持平衡的、保本的思想，而不是進取的、攻擊性強烈的。所以中國的歷史必然會由少數民族來完成軍政上的很多事情，就是必然的。因為少數民族不受這些兵學思想的限制，也就是說，他們根本不考慮仁道等問題。所以孫臏與孫子的兵學思想雖然是文明的兵學思想，但也註定了是陰柔的、弱勢的兵學思想。「孫子曰：德行者，兵之厚積也。信者，兵之明賞也。惡戰者，兵之王器也。取眾者，勝之勝者也。」「孫子曰：恒勝有五，得主專制，勝。知道，勝。得眾，勝。左右和，勝。量敵計險，勝。」（《篡卒》）相對於滅國戰，孫臏講的所有「勝」都只能是戰術勝利。後來秦滅六國，齊國是唯一和平解決的，沒有經過惡戰。這種不戰而屈己之兵的選擇，與齊國的兵學傳統有直接的關係。所以孫氏兵法是中國各種兵學思想中最柔的一派。孫臏曰：「一曰信，二曰忠，三曰敢。」「不忠於王，不敢用其兵。不信於賞，百姓弗德。不敢去不善，百姓弗畏。」（《篡卒》）顯然都是以德為治的主張。

除了優選士卒，用氣也是關鍵。《延氣》曰：「孫子曰：合軍聚眾」，「復徙合軍，務在治兵利氣；臨竟近敵，務在癘氣；戰日有期，務在斷氣；今日將戰，務在延氣」，「氣不利則拙」，關於氣，《孫臏兵法》和《孫子兵法》都有論述，因為「氣」是打仗至關重要的環節。《孫子兵法》曰：「故三軍可奪氣，將軍可奪心。是故朝氣銳，晝氣惰，暮氣歸。故善用兵者，避其銳氣，擊其惰歸，此治氣者也。以治待亂，以靜待譁，此治心者也。以近待遠，以佚待勞，以飽待饑，此治力者也。」這裏分治氣、治心、治力三項去說，實際上揭示了三個要點。戰爭就是要靠一個底氣，氣虛內怯、不雄壯者難以致勝。尤其在古代冷兵對搏的時代，無氣者根本不可以戰。所以《左傳》中說一鼓作氣，就是「用氣」的道理。這裏並沒有什麼高頭講章。

對卒伍是如此，對將領的要求又怎樣呢？《將義》曰：「將者不可以不義，不義則不嚴，不嚴則不威，不威則卒弗死。故義者，兵之首也。將者不可以不仁，不仁則軍不剋，軍不剋則軍無功。故仁者，兵之腹也。將者不可以無德，無德則無力，無力則三軍之利不得。故德者，兵之手也。將者不可以不信，不信則令不行，令不行則軍不槫，軍不槫則無名。故信者，兵之足也。將者不可以不智勝，不智勝則軍無（決）。故夬者，兵之尾也。」從這裏我們可以看到，孫臏的思想乃是以仁義德信為本的，也就是尚德不尚智的思維。雖然仁、義、德、信是先秦一般的思想。一般的框架與具體的學說之間是什麼關係，我們需要考量清楚。儘管孫臏當戰國時代，但仍然以前代思想為基礎，其認同還是停留於春秋之兵，而沒有到戰國之兵。同時要看到，孫臏的兵學以「義」為首，這正是兵家與儒家的區別——這是由戰爭的性質決定的。如果說有的思想以講「仁」為主，而以「義」輔之，那麼這裏，兵家就是講義為主，而以仁輔之。兵、儒兩者之間適成一種顯明的對比。我們說名、兵、法、儒，本身就包含著先後、本末、輕重之序別。

在孫臏的兵學中，我們也能看到比較一般的思想。《奇正》曰：「天地之理，至則反，盈則敗，（陰陽）是也。代興代廢，四時是也。有勝有不勝，五行是也。有生有死，萬物是也。有能有不能，萬生是也。有所有餘，有所不足，刑埶是也。故有刑之徒，莫不可名。有名之徒，莫不可勝。故聖人以萬物之勝勝萬物，故其勝不屈。戰者，以刑相勝者也。刑莫不可以勝，而莫智其所以勝之刑。刑勝之變，與天地相敝而不窮。刑勝，以楚越之竹書之而不足。刑者皆以其勝勝者也。以一刑之勝勝萬刑，不可。所以制刑壹也，所以勝不可壹也。故善戰者，見敵之所長，則智其所短；見敵之所不足，則智其所有餘。見勝如見日月。其錯勝也，如以水勝火。刑以應刑，正也；無刑而制刑，奇也。奇正無窮，分也。分之以奇數，制之以五行」，「分定則有刑矣，刑定則有名……」「同不足以相勝也，故以異為奇」。

案「刑埶」就是「形勢」。這裏說的同異乃是直接的對反性同異，而「奇」也是對反的。「是以靜為動奇，佚為勞奇，飽為饑奇，治為亂奇，眾為寡奇。」從《奇正》的論述來看，奇之為例可謂繁矣。但是都脫不出一條，就是一陰一陽之謂道。這裏是「一正一反之謂用」。所以善用兵者都要抱一，這就是所謂「壹」。同時又要不竭如江河，這就是所謂「不定」。《奇正》論「刑名」，其實可以與老子對觀。老子說：「名可名，非常名。」「勝負之致」是不定的，「刑名」就是要正對這一點。可以說，只要是有「對反」的，都是可以克制的，都有可乘的弱點，這裏就是致勝的機竅。簡單地說，就是但凡有反義詞的地方，都是弱點所在。比如上下、水火、眾寡等等。利用此弱點以致勝就是「出奇」。所以老子的思想很明確，首先就是強調一點：要絕棄此對反。只有守中，才不會有弱點和把柄。所以老子總是說：「此二者同出而異名」，所謂反義詞就是「異名」。所以宣揚善肯定有惡（也許宣揚善本身就是惡）。所以用兵與「為治」都不如守中，就是這個道理。這個道理是統一的。

從《孫臏兵法》我們就可以知道歷史文本的保持程度如何，因為現存的《孫臏兵法》是漢初留下來的。從《孫臏兵法》文本中大量使用的重文符號來看，我們大致上可以想見許多古籍中讀不順暢、讀不完整的情況是怎樣造成的。比如「故聖人以萬物之勝勝萬物」一句，原文用重文號寫成「故聖人以萬物之勝＝萬物」（＝代表重文號）。此外還有整句省略而代以重文號來表達的。由此可知，古人在傳寫文本的過程中是會有一些歧出的。但我們可以由這些例子來推測當時的情況，從而推知全文。以《孫臏兵法》而論，文字上雖然是省略，但也看得出文意相去並不太遠，損失走樣不是很多。其實孫臏的兵學思想，後面是有一個道為依託的。「孫子出，而弟子問曰：威王、田忌臣主之問何如？孫子曰：威王問九，田忌問七，幾知兵矣，而未達於道也。吾聞素信者昌，立義用兵，無備者傷，窮兵者亡。齊三世其憂矣。」（《威王問》）孫臏的這種擔懼，說明他與「滅國」那種想法根本疏離。孫臏的思路，還是偏於仁道的認同，是講信修睦的一套思維，對殘酷性根本上感覺到頭疼。所以孫子與孫臏的兵學思想只適合於「邦國」的生存，只是邦國時代的想法，與帝國根本是格格不入的。因此，即以孫子、孫臏本人而論，他們只適合於應對具體的局部戰爭，根本不適合於應付殘酷的滅國大戰。至於他們的學說，其價值則另當別論。

戰國最終是以滅國為歸的，其時縱橫之術極盛，現存《鬼谷子》一書能夠說明一些問題。《捭闔》曰：「聖人之在天地間也，為眾生之先。觀陰陽之開闔以命物，知存亡之門戶，籌策萬類之終始，達人心之理，見變化之朕焉，而守司其門戶。故聖人之在天下也，自古至今，其道一也。變化無窮，各有所歸。或陰或陽，或柔或剛，或開或閉，或弛或張。」

此與易陰陽之論是一致的，陰陽即縱橫。這裏可以注意的是：人心之理、其道一也。老子說抱一，孔子曰一貫，都是道理之同然，都是這一個「一」、都是這一個「道」。所以說一陰一陽之謂道，也就是說，縱橫家也就是「一陰一陽之道」而已矣。下面這一段話表現得非常明顯。《捭闔》曰：「捭闔之道，以陰陽試之。故與陽言者依崇高，與陰言者依卑小。以下求小，以高求大。由此言之，無所不出，無所不入，無所不言可。可以說人，可以說家，可以說國，可以說天下。為小無內，為大無外。益損、去就、倍反，皆以陰陽禦其事。陽動而行，陰止而藏；陽動而出，陰隱而入。陽還終陰，陰極反陽。以陽動者，德相生也；以陰靜者，形相成也。以陽求陰，苞以德也；以陰結陽，施以力也。陰陽相求，由捭闔也。此天地陰陽之道，而說人之法也。為萬事之先，是謂圓方之門戶。」

這一段陰陽論，把軍政、遊說就是陰陽術說得毫無保留餘地。老子云「水流就下」、「上善若水」，此與縱橫家之說道理上是相通的。從這裏我們就可以知道，先秦學說根本上無不一貫，只不過各家各派、彼此之間有著輕重之分及同異之別罷了。所以百家也就是「一家」，這就是名理上的大一統，亦即學說義理上的統一。從這一段文字中我們可以看到各家各派思想之間交織的消息。比如修齊治平，至大無外、至小無內等等，與《莊子》等書都是相互契合的。其實所謂「捭闔」就是開、閉的意思，也就是陰陽的來回推運。這是古人要表達的所謂動、運的一般體例和基本「根元」。《捭闔》云：「捭之者，開也、言也、陽也；闔之者，閉也、默也、陰也。」可見，一切的本根還是陰陽。運用於縱橫家就成了「捭闔」。我們在《鬼谷子》書中可以看到一個清晰、整齊的陰陽列：

陽－長生、安樂、富貴、尊榮、顯名、愛好、財利、得意、喜欲　曰始

陰－死亡、憂患、貧賤、苦辱、棄損、亡利、失意、有害、刑戮、誅罰　曰終

《捭闔》曰：「陰陽其和，終始其義。」「諸言法陽之類者，皆曰始，言善以始其事；諸言法陰之類者，皆曰終，言惡以終其謀。」交代得非常明白，這就是陰陽終始之道。而謀慮總是不善的，在兵學上尤其如此。《鬼谷子》說理比較一般化，在學說上也是主張縱橫捭闔的。老子說美言可市，先秦時代，尤其到了戰國，每一種學說最終都是要推銷出去的。關於「說」（包括學說在內，實際上就是指哪一家學說）的重要和關鍵，《捭闔》中有細緻的說明。曰：「捭闔者，道之大化、說之變也；必豫審其變化。口者，心之門戶也，心者，神之主也，志意、喜欲、思慮、智謀，此皆由門戶出入。故

闢之以捭闔，制之以出入。」為什麼「說」這麼重要，因為「說」是心與道之樞紐。先秦時代哪一種「說」見用，實際上這裏已經做了解答。縱橫家說必然較儒家之說好用，這是很自然的，而且也是必然、當然的。

由此，陰陽運用開去，便統領了整個學說套路中的種種節目。《持樞》曰：「持樞，謂春生、夏長、秋收、冬藏，天之正也，不可幹而逆之。逆之者，雖成必敗。故人君亦有天樞，生、養、成、藏，亦復不可干而逆之。逆之者，雖盛必衰。此天道，人君之大綱也。」《持樞》是殘篇，雖然簡略，但是核心意思相當明確。就是說：政教政治必須遵守陰陽節律。天道與人道是一一對應的，對應就是合一，對應就是「類」上的相符。天道與人道的對應就是天人合一，也就是天人相符、天人合類。所以合一就是相類，最終都是一個類問題。利用名理，這一層就看得很清楚。

所以，《繫辭》云「一陰一陽之謂道」，便是諸家學說的一道內在脈絡，是原理性的概括。我們從先秦典籍中一些關鍵的用語都能看出各種學說所遵循的主導，比如輕重、權衡、度數等等。《捭闔》云：「皆見其權衡輕重，乃為之度數，聖人因而為之慮。其不中權衡度數，聖人因而自為之慮。故捭者，或捭而出之，或捭而納之；闔者，或闔而取之，或闔而去之。捭闔者，天地之道。捭闔者，以變動陰陽，四時開閉，以化萬物。縱橫、反出、反覆、反忤必由此矣。」從這裏我們可以看出，「陰陽之運」是對「萬物之動」的體例歸結，無一例外。而反出、反覆、反忤者，都著重一個「反」，此與老子所說「反者道之動」是同理的。可見縱橫之道，就在於「陰陽反動」。陰陽道動、權衡度數，其理都是一貫相通的。《鬼谷子》講「反」的地方很多，《反應》曰：「古之大化者，乃與無形俱生。

反以觀往，覆以驗今；反以知古，覆以知今；反以知彼，覆以知己。動靜虛實之理，不合於今，反古而求之。事有反而得覆者，聖人之意也，不可不察。」反與覆，明文相對，古人對古今關係的態度全在裏面。「反古」的思想就是「反本」的思想，古與今的關係，就是要在「反覆」之道中求解。所以中國古人是很「歷史」的，歷史就是反覆。關於反覆，孔子其實也說到了，就是溫故以知新，意思是相通的。今世的方案、辦法，都不能離開「古」去求，必於古而求之，所以人文是一個相加的關係。

陰陽是運化的樞紐和關鍵，只有轉運陰陽，才能達到把控先機。《忤合》曰：「凡趨合倍反，計有適合。化轉環屬，各有形勢。反覆相求，因事為制。是以聖人居天地之間，立身御世，施教揚聲明名也。必因事物之會，觀天時之宜，因之所多所少，以此先知之，與之轉化。」這就是「因事運化」的思想。古人所謂人生天地間、立身禦世，如果沒有一個至極的把握之方，那麼人心便會無所依歸、無所安頓。所以運化陰陽正是古人找到和總結出來的最終的禦世之方，往大處說就是參贊天地、宇宙之化育。

「世無常貴，事無常師。聖人常為無不為，所聽無不聽。成於事而合於計謀，與之為主。合於彼而離於此，計謀不兩忠，必有反忤。反於是，忤於彼；忤於此，反於彼。其術也，用之天下，必量天下而與之；用之國，必量國而與之；用之家，必量家而與之；用之身，必量身材能氣勢而與之。大小進退，其用一也。必先謀慮，計定而後行之以飛箝之術。」世事沒有常，這是最基本的認識。所以計慮必須前定，以期與事相合而不是相忤。所謂彼此正反、天下國家，其前定都離不開陰陽之道，須以陰陽之術為倚託。因為陰陽是一切的體例，諸如進退、縱橫、忤合、長短、遠近等等，無不攬括。關於常，老子也有明白的論說，其意見都是主張以「虛其陰陽」為歸。所謂「無」並不是真正的無，而是「虛」的意思。只是有一點：老子講不如守中、講虛以待之，而《鬼谷子》更偏於在「對反」中弄潮——通過玩活陰陽之術。

「古之善背向者，乃協四海、包諸侯，忤合之地而化轉之，然後以之求合。故伊尹五就湯、五就桀，然後合於湯。呂尚三就文王、三入殷，而不能有所明，然後合於文王。此知天命之箝，故歸之不疑也。非至聖人達奧，不能御世；非勞心苦思，不能原事；不悉心見情，不能成名；材質不惠，不能用兵；忠實無真，不能知人。故忤合之道，己必自度材能知睿，量長短、遠近孰不如，乃可以進、乃可以退，乃可以縱、乃可以橫。」由此可見，要做到達奧禦世是不容易的，因為達奧禦世屬於高明的範圍。只有用盡心思，才能夠看到情況、看到實情。只有從勞心苦思的基礎做起，歷經磨煉，才能期望高明之域。這是以實入虛的認同，所以《鬼谷子》之書看似語涉虛玄，實際上是古代實學，是從各種教訓中總結出來的。而想用兵打仗，還需要特別的才能和聰明睿智。

我們在《鬼谷子》書中能夠看到很多與道家思想直接相通的內容，這是不奇怪的。因為無論是道家還是縱橫家、陰陽家，都要以陰陽為樞紐，而清靜無為之道亦在其中。《捭闔》曰：「無為以牧之。」就說明清靜之道乃是各家所同守的。又曰：「開而示之者，同其情也；闔而閉之者，異其誠也。」「捭之者，料其情也；闔之者，結其誠也。」從這裏來看，「誠」應該是「情實」的意思。比如《大學》講誠，也應該從情實上去理會才好通，否則總嫌滯澀。這就是說，情況是怎樣的，一定要如實。如果不如其實，那麼也就不好運籌了。而對情實的把握和控制都脫不出陰陽轉運這一條。也就是說，把握了實情，然後再據陰陽之理而處之，就能夠永遠操控一切。顯然，這種思想是中國古人真正的宇宙人事思想。說白了就是一切靠自己玩活陰陽，無論是《書》曰自作元命，還是《易》曰無有師保、如臨父母，都是這種人文性格的表現。所以中國人文發達，宗教不發達。

這裏補充一點：老子論兵，其實是有先秦禮制為底襯的，其中的義理一目了然。「夫佳兵者，不祥之器，物或惡之，故有道者不處。君子居則貴左，用兵則貴右。兵者，不祥之器，非君子之器，不得已而用之。恬淡為上。勝而不美，而美之者，是樂殺人。夫樂殺人者，則不可以得志於天下矣。吉事尚左，凶事尚右。偏將軍居左，上將軍居右，言以喪禮處之。殺人之眾，以悲哀泣之。戰勝，以喪禮處之。」（《老子》三十一章）右、兵、凶事、喪禮相對應，可見上古「儀制」都是以義理為依歸的。用兵主喪禮，兵事乃不得已耳，這是通常的意見。《晏子春秋》中對兵、禮之事有更明白的說明。「晉平公欲伐齊，使范昭往觀焉。景公觴之。飲酒酣，范昭起曰：請君之棄罇。公曰：酌寡人之罇，進之於客。范昭已飲，晏子曰：徹罇，更之。罇觶具矣，范昭佯醉，不說而起舞，謂太師曰：能為我調成周之樂乎？吾為子舞之。太師曰：冥臣不習。范昭趨而出。景公謂晏子曰：晉大國也，使人來，將觀吾政。今子怒大國之使者，將奈何？晏子曰：夫范昭之為人也，非陋而不知禮也，且欲試吾君臣，故絕之也。景公謂太師曰：子何以不為客調成周之樂乎？太師對曰：夫成周之樂，天子之樂也。調之，必人主舞之。今范昭人臣，欲舞天子之樂，臣故不為也。范昭歸，以報平公曰：齊未可伐也。臣欲試其君，而晏子識之。臣欲犯其樂，而太師知之。於是

輟伐齊謀。仲尼聞之曰：善哉！不出尊俎之間，而折衝於千里之外，晏子之謂也。而太師其與焉。」（《晏子春秋》卷六第十六）

這裏講到了禮樂與兵事之間的相互作用和利害關係，非常生動。禮樂不可僭，所謂欲為不可勝之兵，先求不可勝之政。禮樂之政，在這裏是不戰而屈人之兵了。這就是「上者伐政」的意思。先秦的規矩，諸侯不能僭越王政，僭者必伐。我們可以看到，孔子與晏子兩個人之間處處都有一種對比性：孔子可以為魯國的代表，但是不見用；晏子為齊國之重臣（也是一代儒臣），見用。兩人都與國君有密切的關係。孔子長人也，晏子短人也。孔子奢而晏子儉，故常有「禮爭」。齊、魯之跡在晏子與孔子這裏往往可以互校。而禮樂以止兵（以禮止兵）的態度在晏子與孔子那裏又相契合。尊周之意更是明顯。

關於先秦之兵，我們從《春秋》中也能看到很多消息。《左傳》隱公九年記：「北戎侵鄭，鄭伯禦之。患戎師，曰：彼徒我車，懼其侵軼我也。公子突曰：使勇而無剛者，嘗寇，而速去之，君為三覆以待之。戎輕而不整，貪而無親。勝不相讓，敗不相救。先者見獲，必務進。進而遇覆，必速奔。後者不救，則無繼矣，乃可以逞。從之。戎來人之前遇覆者，奔。祝聃逐之，衷戎師。前後擊之，盡殪。戎師大奔。十一月甲寅，鄭人大敗戎師。」

鄭伯擊戎之事，史官得其戰況，所以能保留下這樣詳細的材料。春秋時以車戰為主，戎人多有步兵，一旦滲透進車與車之間的空隙，對付起來就很麻煩。所以鄭伯擊戎，後來就制定了誘敵進入、設伏打擊的辦法：用三重埋伏遮斷戎師，擊殺得非常乾淨徹底。因為戎人一盤散沙，根本談不到嚴整的組織。這樣來看，春秋時作戰的藝術是很講究的。只是車兵在掉轉時較步兵費事，所以車與車之間必然保持一定的間隔，否則會造成相互碰撞、擁堵和阻塞。所以，從軍事技藝上來說，如果車兵與其他兵種合理配置在一起（比如步、騎兵等等），應該有更好的效果。由於車戰的特性，各兵種平時的協作訓練也一定有相當的要求和講究。有一點須注意的，就是北方少數民族的強悍，春秋、戰國時代可能絲毫不遜色於後來各個時代，甚至有過之而無不及。可是上古胡患對中土的壓力、威迫卻遠不及漢以後明顯（從歷史本身來觀察），這是什麼原因呢？依理推之，可能與上古作戰技術及強度有關。即以車兵而論，其衝擊力絕非步騎所能比擬。長江以北，基本上宜於車戰。而且諸侯國林立，各有軍備，這樣就會形成一種多層艙的結構及效果，尤如先秦甲冑每片之間的聯合集成關係，胡人不易穿透。統一帝國時代，內地戰爭強度大減，包括常備軍的強度。邦國局面消失，代之以行政區劃。這樣，國家統一在邊區設防，而且車兵淡出，代之以步騎為主，其勢自然不能如春秋、戰國時代之效果，就是顯而易見的了。以兵器言之，從戈的使用法來看，戈是最危險的一種冷兵。但是隨著六國統一以降，內地戰爭強度減低，後來僅以刀盾、槍等冷兵為主體，也就不足奇怪了。這樣，歷史中的對比之勢必然會發生變化：胡患對統一帝國的壓力，反較先秦時代明顯，便是理勢之當然。以戰車之巨，少則四匹馬，多者六匹馬，由此量之，後代軍隊與先秦接戰，必潰敗無疑。冷兵器時代，戰爭優勢與時代先後之間沒有必然的關係。這樣就推到了一個根本的問題，即：先秦體制的崩壞，可能一直連瑣、潛在地影響到中國近現代的命運，雖然一切都是必然的。這就是歷史人文的穿連性。滿人以十三騎起事，其威力與強度固不能與先秦時代相較。然一經發出，最後也能圖謀中土。可見史無定則，全在輕重。市民社會發育以後，城市安居成為歷史日用生活的主體，個體不能如上古野生時代之強梁是可以肯定的。如果熱兵器不發達，每年防胡還要像防水一樣，也是肯定的。因此，歷史中的資源，對後世是首要的啟示。

案最後一句「十一月……」是總結上文，因為《春秋》經中沒有提大敗戎師，所以傳中按經文之例揔陳。這樣看來，孔子刪定《春秋》，其義旨不在史事，而在正名和理義，便是一目了然的。案夷、夏之辯，夷狄之有君也，不如諸夏之無也。《左傳》閔西元年記齊人救邢，便可以讓我們看到經義對夷狄的態度。傳曰：「狄人伐邢，管敬仲言於齊侯曰：戎狄豺狼，不可厭也。諸夏親暱，不可棄也。宴安酖毒，不可懷也。詩云：豈不懷歸，畏此簡書。簡書，同惡相恤之謂也。請救邢以從簡書。齊人救邢。」

這是管仲的話（意見）。經義常說懷遠人也，但夷狄的稟性是不知滿足的。他們反覆多變，亦不可懷柔，只能打仗。這一點完全可以從中國過去的歷史得到驗證。值得注意的是注疏中對「華夏」一名的解釋。文曰：「此言諸夏，襄四年傳，魏絳云：諸華必叛。華夏皆謂中國也。中國而謂之華夏者，夏，大也。言有禮儀之大，有文章之華也。」顯然，「華夏」之名是從禮來命定的。那麼中國之義，也應該是從禮上面去定的。禮為人文的「中轂」是沒有問題的。由此可以說，對上古人文的理解，也就是對禮的理解。我們可以根據經義本身的說法得到一個簡單的認識：禮等於（就是）人文（禮=人文）。案：齊侯開始還不想打仗，管仲遂以中國諸侯親近力勸。從這裏我們可以看到，齊桓公有非常憨懶、平庸的一面。案《左傳》莊公三十一年記：「六月，齊侯來獻戎捷。」傳曰：「夏，六月，齊侯來獻戎捷，非禮也。凡諸侯有四夷之功，則獻於王。王以警於夷，中國則否，諸侯不相遺俘。」這一段記載義理上是責備非禮的。

因為諸侯、邦國應嚴守禮制，「獻捷」只能是諸侯對天子、下對上之禮。諸侯國之間不可以相互獻捷。魯國禮法相對完好，所以書以示過。齊侯打敗了戎人，獲得大量俘虜，本來應該獻於王，周天子以此來警懼夷狄，結果卻不。可見禮制、規矩之壞，點滴的細節都見於《春秋》。所以《春秋》還是要在禮學（名禮）上定位。

禮不下夷庶，故文不及域外。《左傳》在於明歷史本事，故前後記述甚詳，以備原始要終，這一層在經注中說得極明白。由此，經與傳的關係和分工我們也就越來越清楚了。又《左傳》莊公二十八年記：「晉獻公娶於賈，無子。烝於齊姜，生秦穆夫人，及太子申生。又娶二女於戎：大戎狐姬生重耳，小戎子生夷吾。晉伐驪戎，驪戎男女以驪姬歸。生奚齊，其娣生卓子。」戎狄是廣泛分佈在中國北部和西北部的古代民族，《左傳》閔公二年傳曰：「春，虢公敗犬戎於渭汭。」這裏的犬戎是指西戎，這是西北部的情況。晉國諸侯娶戎人女子，從血統上論，上古國君的血緣就已經雜而不純了。重耳、夷吾都做過晉國國君。驪姬是戎人女子，但戎人的成分並不是單一的（這從經注中可以看出來）。後來的唐王室也雜有胡人血緣，從歷史聯觀，各個時代、各個人群之間的交接有一個不間斷的延續過程。上古民族不斷地化在後來的民族當中，所以我們就不可以說古代某民族相當於後來的什麼民族，因為「關係」不等於「重合」。

法

我們講法，是從「為治」的意思上去說的。法家以管、商之書為代表。《管子》溫和，特別著重治理的技術和辦法，這些在《管子・輕重》中表現得最充分。《事語》云：「桓公問管子曰：事之至數可聞乎？管子對曰：何謂至數？桓公曰：秦奢教我曰，帷蓋不修，衣服不眾，則女事不泰。俎豆之禮不致牲，諸候太牢，大夫少牢，不若此則六畜不育。非高其臺榭、美其宮室，則群材不散。此言何如？管子曰：非數也。桓公曰：何謂非數？管子對曰：此定壤之數也。彼天子之制，壤方千里，齊諸侯方百里，負海，子七十里，男五十里，若胸臂之相使也。故准徐疾贏不足，雖在下也，不為君憂。彼壤狹而欲舉與大國爭者，農夫寒耕暑耘，力歸於上。女勤於緝績徽織，功歸於府者，非怨民心，傷民意也。非有積蓄，不可以用人。非有積財，無以勸下。泰奢之數，不可用於危隘之國。桓公曰：善。」

消費是刺激生產的直接動力，帷蓋之事、俎豆之禮，似乎才是國人的消費。古代的禮制可能要消耗很多物力，這是從文中所論來分析的。但是《管子》的意見顯然是有限制條件的，即對於大的邦國適用的未必適宜於小的邦國，有很多事要依邦國的大小情況而定。由於不同邦國的財力、物力不同，所以對甲國可能會有推動作用的事體（比如興土木等），對乙國卻可能造成虛耗。財物的積蓄是首要的，而財物的生產又取決於地土的廣狹。但是宮室臺榭等方面的建制還是屬於諸侯之事，與國人無關，所以也不是公共性的營為。邦國對國人的徵收總是直接的，徵收是最原始而又最赤裸的經濟手段和辦法。名義上雖然總是強調國用，但事實是歷代的徵收真正投用於有效公共建設的極少。徵收與施用的效率並沒有完全有效的制度來維固。因此，徵收本身就總是直露地表現出輕重性，而開明與否本身也就是一種輕重。墨辯中說：「賞，上報下之功也。」國無積財則無以勸下，顯然就包含這一層意思在內。比如說鼓勵軍功，沒有財物獎勵當然是不行的。而古代的賞賜又往往數量驚人，關於這些似無必要例舉。耕織所得、財物出產，通過徵收都歸邦國府庫所有。徵收制度的合理性問題，始終是歷史國家所難以解決的。因此，單純倚靠政治道德來約制徵收很難湊效，只能通過計算，探求學問知識上的徑路，以具體的實效來取代、替換直接徵收，使徵收的比例在經濟生活中不斷收縮。另外，像宮室的營設通常也有兩種可能，即直接無償地徵用民力或雇傭民力，此二者效果上是大大不同的。因為後者對民生或者還有一些補充作用，而前者卻總是有妨害。

「數」在輕重篇中有著核心的位置，這說明輕重所要求的是「計算出來的」。一切都需要算，即使世運、氣數這樣看似籠統模糊的內容也是經過周詳算計過的，只是未必所有的人都能對它達意罷了。關於這一點，我們以後會討論到。因此，輕重家也就是算家，中夏人文的工藝技術性，往往體現在一些具體情節中。比如輕重篇中的各種「人算」，它們提供給我們的就是直感的範例。在邦國的經營和營為上，《管子》的態度還是趨向於自身的營建，而不是單純以陰陽縱橫之術為立基。比如有一則說：「桓公又問管子曰：佚田謂寡人曰，善者用非其有，使非其人。何不因諸侯權以制天下？管子對曰：佚田之言非也。彼善為國者，壤辟舉則民留處，倉稟實則知禮節。且無委致圍，城脆致衝。夫不定內，不可以持天下。佚田之言非也。管子曰：歲藏一，十年而十也。歲藏二，五年而十也。穀十而守五，綈素滿之，五在上。故視歲而藏，懸時積歲，國有十年之蓄。富勝貧，勇勝怯，智勝愚，微勝不微，有義勝無義，練士勝毆眾，凡十勝者盡有之。故發如風雨，動如雷霆，獨出獨入，莫之能禁止，不待權與。故佚田之言非也。桓公曰：善。」(《事語》)

內政樹立乃可以持天下，這裏的意思是很明確的。實際上，這些還是「自重」的思路。如果只是一味地縱橫於諸侯之間，邦國自己沒有根基，最終還是無以自立的。這說明實力決定一切的法則。從文中《管子》的意見分析，國家儲備有優先的地位。雖然儲備蓄藏是最原始的辦法，但是最原始的辦法在經濟上往往也是最穩妥、最有效的辦法。因為它厚重，所以也有保證。自古貯藏積蓄的內容都不脫出「食」與「貨」二端，而且積儲總量的多少取決於每年積累量的多少，以及是否能夠持續累加。當年的積儲量要視年成而定，即取決於當年的產出量。可見這裏最關注的還是「國蓄」的效果。因為國用富裕，民生寬鬆，社會群體中正面的就會勝過負面的。正面的程度高，邦國就會無敵於天下。所以治理倚靠的是技術經營。所謂十年之蓄，說的還是常規儲備，屬常備儲備。但十年之蓄還不是常備中程度最高的，像三十年之蓄，程度還要更深一些。這些都是古代邦國的保障系統。但是這裏面也有時限問題，即：若干年之蓄這一要求應該是持續維持的，中間不能有任何斷處，要形成一個穩定的鏈條。而且幾年之蓄（的總量）必須在一定的時段內完成，完成以後即可進入有序的循環往復。每年的積儲量根據當年出產總量的多少比例來定（要依據當年的情況具體而定）。國用寬鬆的邦國，在一切方面運行都是通順的。土地開闢的重要，在於能夠將民人固定下來。所以歷史中可用耕地的開闢趨於飽和乃是必然的，農事的發達也是必然的。歲藏、年數、總量之間有一定的比例關係，用來計算國用。可以看到，後來用以理治大陸國家的一些基本思路，在輕重篇中早已成形了。

需要補充說明的是，所謂十年之蓄這樣的計畫，本身也是有輕重升降的。因為人口一千萬的國度即便有十年之積，對人口一億的國度來說顯然也是不敷用的。這在歷史中屬通常的問題，所以計算方面的要求隨時都會有變動。根據加法原則，國富的程度首先並不取決於每年的產出量有多少，儘管這也很重要，但是第一要緊的還是每年能夠固定累積下多少。因為只有在不流失、不虛耗的限制下，財富總量才有可能持續積加。比如說，一個國家每年產出一千億錢的財富，而當年流失、耗用的卻達九百億，那麼能夠積累下來的至多不過百億而已。而一個每年只有七百億產出的國度，如果能夠持續地每年積累兩百億，那麼從財富總量上比較，也會成為強國，超過每年出產更多卻流失更大的國度。在歷史中，中國的各種財富的流失就是非常沒有保障的。所以《管子》書中所論諸理，其用就不止限於成書之時代，因此我們只能把討論放到義理上。

「桓公曰：寡人欲藉於室屋。管子對曰：不可，是毀成也。欲藉於萬民。管子曰：不可，則隱情也。欲藉於六畜。管子對曰：不可，是殺生也。欲藉於樹木。管子對曰：不可，是伐生也。然則寡人安藉而可？管子對曰：君請藉於鬼神。桓公忽然作色曰：萬民、室屋、六畜、樹木且不可得藉，鬼神乃可得而藉夫？管子對曰：厭宜乘勢，事之利得也。計議因權，事之囿大也。王者乘勢，聖人乘幼，與物皆宜。桓公曰：行事奈何？管子對曰：昔堯之五吏五官無所食，君請立五厲之祭，祭堯之五吏。春獻蘭，秋斂落，原魚以為脯，鯢以為鄁。若此則澤魚之正伯倍異日，則無屋粟邦布之藉。此之謂設之以祈祥，推之以禮義也。然則自足，何求於民也？」(《輕重甲》第八十，《管子》輕重十三)

國用依賴向國人徵收是最原始的辦法，財用不足，徵收量自然就會增加。國人因為逃避徵收會變得十分狡猾，所以徵收的藝術，其技術工藝上的要求是相當高的。《管子》的意見，基本上都不脫離這樣一個核心，就是：國用的來源、徵收應力求與國人的生計相迴避，「避開」原則是首要的。所以室屋、六畜、樹木等項都不宜於做徵收，以之為國用的來源。「因勢利權」的認識與老子所講的「神明之治」其理路是相通的——都是對極高明的認同。所以在《管子》輕重中出現那麼多的巧妙的經濟辦法也就不足為奇了。通常，中夏人文的第一個基本特性就是它的「因承性」，所以我們不大可能去做那種完全獨創發明的論斷。換句話說，《管子》所講的經濟思想和技術理路也一定是「其承有自」的，不大可能出於某時代的杜撰。即從文面上說，這裏《管子》所講的辦法其實是來源於當年堯的經驗，是否確鑿屬實，我們雖然不能斷定，但是這種經濟辦法一定有傳承經過，卻是可以肯定的。漁業在人類生活中任何時候都是一筆豐厚的收入來源。堯立的五厲之祭，看來是針對民人的口味的。古代有所謂大厲疫鬼，民間很「畏信」這些。所以堯立五厲之祭才能斂財，這樣職官才能有所食。國用（如行政費用）因為五厲之祭的緣故，收入反而比平時更豐厚，這實在是經濟技巧在發生作用。這種技巧比赤裸裸的收取當然要不知道高明多少倍。沿著這一經濟思路，任何經濟方案都以邦國與民人雙方最大限度地受利而不是蒙受損失為歸、為最終原則（即以誰也不吃虧為度）。那麼，歷史國家的經濟生活，完全可以進入一個良性循環的軌道。但事實卻常與此相反，只是從理論上說，經濟是完全可以通過技術來達到治理的。五厲之祭所需要的供養，它所佔有的有利條件就是：來自於國人的自願而非出於強迫。而且國人供給的財物也不必定要限於「魚」之類，這些只是具體的枝節問題。我們只要把握了技術思路的精神和理論內核就行了。後世的經濟生活中，比如寺廟產業，或者教會產業，其所以豐厚，與民間的自發、自願、自覺供養有極大的關係。所以廟產往往富可敵國也並不稀奇。只是在先秦時代，治者用它來作為經濟策略與方案，和比較自然態的經濟生活相比，確實更運籌帷幄、深謀遠慮一些。上古的「祈祥」禮儀、藉於鬼神等等，與後來的寺廟經濟，原理上可以匯通，當然這裏只是暫且提及，這是為了達意上方便一些。需要討論的是：「招引」的經濟辦法既然比「徵收」的經濟辦法有更多的利處，那麼，如果在國家經濟中「吸引」的經濟手段不斷推進，而直接徵收的經濟手段不斷退縮，直至前者占到全部，或者後者減至最低限度（這也是陰陽推運的關係），這時候才可以說：這樣的國家經濟達到了起碼的理想治理的要求。這是完全有可能實現的，輕重篇中有很多例子都能說明這一點，我們會一一論列到。

只要稍微回顧一下先秦儒家的學說，就會十分清楚：儒家對徵收從來都是取最保留的態度的。但問題是，如果照儒家學者所主張的那樣，徵收不能突破一定的限度，而國用又相當的大，那麼現實的財用問題怎麼解決呢？用什麼辦法解決？這就是說，儒家學說雖有原則立場，但技術支撐從何而來？在《管子》輕重篇中，我們看到了這一解決的可能。因為有很多例子都是說明：如何不經過收取而借助別種巧妙的辦法來同樣地達成實際效果，以至於實質上都一樣——都同樣能夠滿足國用所須。這就是《管子》輕重的思路。由此，一旦輕重中的技術與儒者的立場相加、統合起來，那麼，一種理想經濟的架構也就完整了。而這一簡單的架構（或者說楷式）是可以「抱一為天下式」的。簡言之，這正是經世之學以後應該努力的方向。也就是說：中國之道＝管子＋孔子

《輕重甲》曰：「桓公問於管子曰：今欲調高下，分並財，散積聚。不然，則世且並兼而無止，蓄餘藏羨而不息，貧賤鰥寡獨老不與得焉。散之有道，分之有數乎？管子對曰：唯輕重之家為能散之耳。請以令輕重之家。桓公曰：諾。東車五乘，迎癸乙於周下原。桓公問四因與癸乙、管子、寧戚相與四坐。桓公曰：請問輕重之數。癸乙曰：重籍其民者失其下，數欺諸侯者無權與。管子差肩而問曰：吾不籍吾民，何以奉車革？不籍吾民，何以待鄰國？癸乙曰：唯好心為可耳。夫好心則萬物通，萬物通則萬物運，萬物運則萬物賤，萬物賤則萬物可因。知萬物之可因而不因者，奪於天下。奪於天下者，國之大賊也。桓公曰：請問好心萬物之可因。癸乙曰：有餘富無餘乘者，責之卿諸侯。足其所，不賂其遊者，責之令大夫。若此則萬物通，萬物通則萬物運，萬物運則萬物賤，萬物賤則萬物可因矣。故知三准同筴者能為天下，不知三准之同筴者不能為天下。故申之以號令，抗之以徐疾也，民乎其歸我若流水。此輕重之數也。」

從這一段論述我們可以看到輕重思想的基本核心，仍然是想繞開直接徵收、如何既不直接徵收而又達到國用充足的目的。所以輕重思想裏面全是技術的東西，通過技術辦法修齊治平。癸乙大概是輕重家，尤其他提出的「好心」一說，最值得我們注意。這是不是歷史傳寫中造成的錯誤呢？但是「好心」一詞太簡單直接了，直截了當得出乎人的想像。在傳寫過程中，這麼簡單的東西很難被搞錯，而且我們沒有其為誤訛的證據。所以，這裏最直接的理解就應

該是：好心是作為一種辦法被輕重家加以運用的。像「仁」就是一種方法，從這裏我們就可以知道：好心、仁諸名首先都是作為一種方法被認取的，而不是作為道德被認取的。所以輕重思想是簡單的，輕重篇只是一些應用題堆積。從「萬物通」、「萬物運」、「萬物賤」我們就可以看到：中國歷史經濟的根本特點就是便宜。因為大批量的生產，流通與價廉總是一致的，所以容易達到社會普及。比如傳統的瓷器、茶葉、絲綢等項，都是批量加工出產的，傾銷到世界各地，底價極賤，所以才能夠托起古代世界的商貿。如果起價太高，貿易就做不成了。所以古代中國是以手工業產品為主項的，與靠單純出賣物產的地區不同。這種情況，漢朝就已經很明顯，而其中的經濟思維則可以上溯到先秦，所以歷史中的一切都是必然的。

《輕重乙》云：「桓公曰：衡謂寡人曰，一農之事，必有一耜、一銚、一鎌、一鎒、一椎、一銍，然後成為農。一車必有一斤、一鋸、一釭、一鑽、一鑿、一銶、一軻，然後成為車。一女必有一刀、一錐、一箴、一鉥，然後成為女。請以令斷山木、鼓山鐵。是可以毋籍而用足。管子對曰：不可。今發徒隸而作之，則逃亡而不守。發民，則下疾怨上。邊竟有兵，則懷宿怨而不戰。未見山鐵之利而內敗矣。故善者不如與民，量其重，計其贏，民得其十，君得其三。有褋之以輕重，守之以高下。若此，則民疾作而為上虜矣。」

很顯然這是一種合作分利的思路，也就是國家與國人合夥，各得贏利。這比國家官方專斷、壟斷的辦法要好得多了。如果經濟生活中的各個角落都能推行泛合夥贏利制，一切規矩行事、規矩操作，那麼人文生活的優化也就飽和了。從道理上說，國家與國人之間應該是一種生意上的合作關係。這樣，官方政府就能夠最小限度地親躬公共事務。分利（利益均享）是一切事情得以順利運行的最好推動。農民、女工、造車，這些都需要大量的木料和鐵。無論是製作工具還是出產成品，所謂制器者，都離不開木和鐵。所以壟斷山木、山鐵而贏獲大利的想法也就十分自然了，而且還找了一個毋籍而用足的好理由。但是開山冶煉就會無償地徵用民力，從而遭到國人的怨恨，並且操作效果也不好。所以最後是採用交託（民間）經營、國家分成的辦法，這是《管子》的意見。這樣在經濟上國家與民人就形成了生意合夥的關係，實際上這也可以作為以後的經濟原則。從文中所敘來看，壟斷山鐵的提議似乎抱著一個還不算壞的初衷，即：不通過對民人直接的收取而贏得國用的自足，但事實效果卻可能導致「內敗」，足見輕重術、經濟技術是有很嚴格的講求的。生意關係比統制關係當然要先進、合理許多，所以也應該推行，成為普通經濟原則。在這裏，不僅前面說過的迴避原則能夠繼續很好地得到維護，而且還能夠營造起一些積極的經濟推動力。由此擴充開去，人文經濟的發育達到任何一種極限的豐滿程度，都是預期可待的、完全可能的。這樣就能真正地體現無為而治。國家賺國民的錢有很多種辦法，其中最省事的辦法就是壟斷某行業領域，比如說鹽鐵專賣，因為鹽、鐵兩項是國人日用生活所無法短缺的。賺取雖然較徵取、收取更軟一些，但是與「分取」相比仍然嫌硬，不夠圓順高明，這一層文中已交代得十分明白。國家向國人的「取法」無疑是很專門的一門學問，歷史中的官方政府未必很認真地對待了這件事情。可以說，只有軍事是唯一必須比較硬地統管的。

《輕重戊》曰：「桓公問於管子曰：輕重安施？管子對曰：自理國虙戲以來，未有不以輕重而能成其王者也。公曰：何謂？管子對曰：虙戲作造六峜以迎陰陽，作九九之數以合天道，而天下化之。神農作樹五穀淇山之陽，九州之民，乃知穀食，而天下化之。黃帝作鑽燧生火，以熟葷臊，民食之，無茲胃之病，而天下化之。黃帝之王，童山竭澤。有虞之王，燒曾藪，斬群害，以為民利。封土為社，置木為閭，始民知禮也。當是其時，民無慍惡不服，而天下化之。夏人之王，外鑿二十䖿，韘十七湛，疏三江，鑿五湖，道四涇之水，以商九州之高，以治九藪，民乃知城郭門閭室屋之築，而天下化之。殷人之王，立皁牢，服牛馬，以為民利，而天下化之。周人之王，循六[山念]，合陰陽，而天下化之。公曰：然則當世之王者何行而可？管子對曰：並用而毋俱盡也。公曰：何謂？管子對曰：帝王之道備矣，不可加也，公其行義而已矣。公曰：其行義奈何？管子對曰：天子幼弱，諸侯亢強，聘享不上。公其弱強繼絕，率諸侯以起周室之祀。公曰：善。」

顯然這裏講到了很重要的一條人文原則——加法原則。人文中水利、農事、日用等各方面的進展，文中都交代得十分清楚。雖然對上古的史事，在各種具體說法上還存有參差。比如這裏說黃帝作鑽燧生火，教民熟食，而其他說法則謂燧人氏鑽木取火而民得火食，但是這些歧出並不妨礙義理。根據常識，人類掌握用火是很荒古的事，大概不會晚到黃帝之時，只是各個地域之間，情況會有差別：比如有的民人已經火食，而其他更原始落後的地方可能還沒有等等。但這也只是一種先後的可能。《管子》的意思當然不在於人文史，他是要說明：框架性的人文總則在前代基本上已大備了，後王只需要根據自己所處的時世進行折衷、現成的取用就可以了。輕重之義便體現在這取用裏面，所謂行義，也就是行其宜。桓公身為諸侯，所以對他的定位也只能是以「勤王事」一件為歸，這是與前代天子不同的地方。從這一節所論的輕重觀察，其所述不是經濟輕重，而是人文政教輕重。因此，輕重篇所講的內容是廣義的，不僅限於經濟輕重，還包括政治輕重等其他方面。但是這裏最重要的一條還是人文加法原則，也就是現成的制度。孟子說「萬物皆備於我」，荀子說「君子善假於物」，管子云「道備不可加」，「遵前」之義都是可以貫通的。

我們在《管子》書中還能看到許多與別家學說思想相通的地方，這說明《管子》一書是很雜的，但這並不妨礙我們對《管子》很多重要思想的接受。《牧民》曰：「順民之經，在明鬼神」，「不明鬼神，則陋民不悟」。從這裏我們大概可以看出，鬼神是用來對待下愚之人的，所以輕重篇中講五厲之祭就絕不是無緣無故的東西。這裏與墨家明鬼之說很相似，大概墨家講明鬼，與「驅眾」的思維有關，這可以從墨辯中「不若驅眾」一條印證。因為陋民是只可使由之的，「不悟」就是難知。《論語》中說：「民可使由之，不可使知之。」儒、墨、法各家的論述，我們只要做一些參觀比照，就可以發現很多東西。所以治術與學理本身，兩者之間會有一定的距離。像《管子》論四維，也是說得挺好。《牧民》曰：「何謂四維？一曰禮，二曰義，三曰廉，四曰恥。」禮義廉恥，也是儒家喜歡講的。關於四維的作用和效果，《牧民》說得非常清楚。「四維張，則君令行。」「四維不張，國乃滅亡。」「國有四維，一維絕則傾，二維絕則危，三維絕則覆，四維絕則滅。」顯然還是政教利害的思路，但是比明鬼神要雅正多了。應該說，明鬼神只是順著民意、民心，因為普通人確是自己要信這些的。對此，政教只能涵容。

《管子》的成書年代是學人一直關注的問題，我們在《管子》書中能夠發現一些風格上極類似於現代的文字，這是很有趣的。比如《弟子職》曰：

先生施教　弟子是則　溫恭自虛　所受是極
見善從之　聞義則服　溫柔孝悌　毋驕恃力
赤毋虛邪　行必正直　游居有常　必就有德
顏色整齊　中心必式　夙興夜寐　衣帶必飾
朝益暮習　小心翼翼　一此不解　是謂學則

少者之事　夜寐蚤作　既拚盥漱　執事有恪
攝衣共盥　先生乃作　沃盥徹盥　泛拚正席
先生乃坐　出入恭敬　如見賓客　危坐鄉師
顏色毋怍　受業之紀　必由長始　一周則然
其餘則否　始誦必作　其次則已

凡言與行　思中以為紀　古之將興者　必由此始
後至就席　狹坐則起　若有賓客　弟子駿作
對客無讓　應且遂行　趨進受命　所求雖不在
必以命反　反坐複業　若有所疑　奉手問之
師出皆起　至於食時　先生將食　弟子饌饋
攝衽盥漱　跪坐而饋　置醬錯食　陳膳毋悖
凡置彼食　鳥獸魚鱉　必先菜羹　羹胾中別
胾在醬前　其設要方　飯是為卒　左酒右醬
告具而退　奉手而立　三飯二鬥　左執虛豆
右執挾匕　周還而貳　唯嗛之視　同嗛以齒
周則有始　柄尺不跪　是謂貳紀　先生已食
弟子乃徹　趨走進漱　拚前斂祭　先生有命
弟子乃食　以齒相要　坐必盡席　飯必奉攬

羹不以手　亦有據膝　毋有隱肘　既食乃飽
循咡覆手　振衽掃席　已食者作　摳衣而降
旋而鄉席　各徹其饋　如於賓客　既徹並器
乃還而立　凡拚之道　實水於盤　攘臂袂及肘
堂上則播灑　室中握手　執箕膺揲　厥中有帚
入戶而立　其儀不忒　執帚下箕　倚於戶側
凡拚之紀　必由奧始　俯仰磬折　拚毋有徹
拚前而退　聚於戶內　坐板排之　以葉適己
實帚於箕　先生若作　乃興而辭　坐執而立
遂出棄之　既拚反立　是協是稽　暮食復禮
昏將舉火　執燭隅坐　錯總之法　橫於坐所
櫛之遠近　乃承厥火　居句如矩　蒸閒容蒸
然者處下　奉椀以為緒　右手執燭　左手正櫛
有墮代燭　交坐毋倍尊者　乃取厥櫛
遂出是去　先生將息　弟子皆起　敬奉枕席
問所何趾　俶衽則請　有常有否　先生既息
各就其友　相切相磋　各長其儀　周則復始
是謂弟子之紀

顯然，這些很像後世的蒙學讀物。真正上古的東西，有時候反而會很平白，事情往往如此。《管子》一書內容相當雜，我們很難根據某一部分的情況，就對全書做出怎樣的論斷。因此，這裏只是要提供一點直感的認識。在先秦法家諸子中，韓非的思想算是最不被人理解的了。實際上，韓非的思想有道家的底子。不瞭解這一層，對《韓非子》一書便不能有確當的論衡。案《解老》云：「德者內也，得者外也。上德不德，言其神不淫於外也。神不淫於外則身全。身全之謂得，得者得身也。凡德者，以無為集，以無欲成，以不思安，以不用固。為之欲之，則德無捨。德無捨則不全。用之思之，則不固。不固則無功，無功則生有德。德則無德，不德則有德。故曰：上德不德，是以有德。」

這是解說《老子》三十八章「上德」一義的，其文曰：「上德不德，是以有德。下德不失德，是以無德。上德無為而無以為，下德為之而有以為。」那麼，這裏應該做何理解呢？《禮記正義》云：「案譙周《古史考》云：有聖人以火德王，造作鑽燧出火，教民熟食，人民大悅，號曰遂人。」「《世紀》又云：神農始教天下種谷，故人號曰神農。」又《大禹謨》曰：「禹曰：於，帝念哉。德惟善政，政在養民。水、火、金、木、土、谷惟修。正德、利用、厚生，惟和。」疏曰：「言所謂德者惟是善於政也。政之所為在於養民，養民者使水、火、金、木、土、穀此六事惟當修治之。」《周易・繫辭》云：「古者包犧氏之王天下也，仰則觀象於天，俯則觀法於地。觀鳥獸之文，與地之宜。近取諸身，遠取諸物。於是始作八卦，以通神明之德，以類萬物之情。作結繩而為罔罟，以佃以漁，蓋取諸離；包犧氏沒，神農氏作，斲木為耜，揉木為耒，耒耨之利，以教天下，蓋取諸益；日中為市，致天下之民，聚天下之貨，交易而退，各得其所，蓋取諸噬嗑；神農氏沒，黃帝堯舜氏作，通其變，使民不倦，神而化之，使民宜之。易窮則變，變則通，通則久，是以自天祐之，吉無不利。黃帝、堯、舜垂衣裳而天下治，蓋取諸乾坤；刳木為舟，剡木為楫，舟楫之利，以濟不通，致遠以利天下，蓋取諸渙；服牛乘馬，引重致遠，以利天下，蓋取諸隨；重門擊柝，以待暴客，蓋取諸豫；斷木為杵，掘地為臼，臼杵之利，萬民以濟，蓋取諸小過；弦木為弧，剡木為矢，弧矢之利，以威天下，蓋取諸睽；上古穴居而野處，後世聖人易之以宮室，上棟下宇，以待風雨，蓋取諸大壯；古之葬者，厚衣之以薪，葬之中野，不封不樹，喪期無數。後世聖人易之以棺槨，蓋取諸大過；上古結繩而治，後世聖人易之以書契，百官以治，萬民以察，蓋取諸夬。」

這裏說的，就是「德」的人文史。十分清楚，燧人以火德王天下；神農教民種植，以土德王天下；大禹平治洪水，以水德王天下；金、木、水、火、土，各有所利，各有所德（金德、木德、水德、火德、土德）。而「五行」首先是一個人文之名，這一點《洪範》說得很清楚。這些都是「德天下」的典範例子，都是所謂「有德」。但它們是不是至德呢？根據老子的習慣說法：「至……不……」；所謂太極無極，自然「上德」也就是「不德」了。這就是說，「一德於」天下就已經很好了，但「上德」是「不止於一」的，上德是無不……。所以老子的意思還是回到「無為日損」的思路上來了，即：為天下做什麼，還不如不著意地為天下去做什麼。著意為之，反而是亂了天下。所以「大德」是在「剝」的基礎上打磨出來的。凡經不起剝的，最終都不是真正的德。還不要說什麼「上德」、「至德」了。《大學》也說：「大學之道，在明明德。」這個「明德」，與上德就很可以比較。韓非子解老，意思與老子差不多，這正說明其學說是以老子之學為根基、為基礎支撐的。這大概能說明道、法同源的輕重關係。

後代的思想必然依附前代，這是中國歷史學術的性格特點。韓非子的《解老》是先秦時代後人解說前代思想的範例。而且這種說解是「運用型」的，還不是注疏之類單純文本的學術解詮。《解老》云：「義者，君臣上下之事，父子貴賤之差也。知交朋友之接也，親疏內外之分也。臣事君宜，下懷上宜，子事父宜，賤敬貴宜。知交友朋之相助也宜，親者內而疏者外宜。義者謂其宜也。宜而為之，故曰：上義為之而有以為也。」「所謂直者，義必公正，心不偏黨也。」

所謂「義」者，就是該怎樣就怎樣。也就是得宜、恰當、適宜。義是「公正」，是「直」。孔子說「以直報怨」，正是義的精神。老子之學，固然是以無為為最高。但是退而居其次，所謂「上義」者，那就是該怎樣就怎樣了。雖然此義卑之無甚高論，但是要做到卻很難。「義」與「理」總是關聯在一起的，所謂「理義」也者，正說明了二者的固定關係。《解老》曰：「道者，萬物之所然也，萬理之所稽也。理者成物之文也，道者萬物之所以成也。故曰：道，理之者也。物有理不可以相薄。物有理不可以相薄，故理之為物、之制萬物各異理。萬物各異理而道盡。稽萬物之理，故不得不化。不得不化，故無常操。無常操，是以死生氣稟焉，萬智斟酌焉，萬事廢興焉。」

這裏很明顯是以「道理」為萬物的所以然，也就是「故」。所謂「考稽萬理」，韓非子在這裏所講說的可以與名理合觀。而道理一義，遂成為中夏學說思想的主導。一切都要歸之於道理。而萬物是「惟異」的，這一點也是在「理」上為根據。也就是說，物類的不同，其所以然是在「理」上，而不是別的什麼。古代有些學者認為物類的差異是在於「氣」，顯然是不對的。所謂「故」，所得而後成也，道理就是萬物之故。考稽這些理、道就是「盡」，因為每一個理都是不一樣的。正因為沒有兩個完全一樣的道理，所以「和」、「齊」的思想就是必然的了。所以每一個物都是單獨的，因為每一個理都是單個的。因此只有「分」才不至於亂、才不會亂。「禮」主「分」正在於此。

《解老》云：「人希見生象也，而得死象之骨，案其圖以想其生也。故諸人之所以意想者，皆謂之象也。今道雖不可得聞見，聖人執其見功以處見其形。故曰：無狀之狀，無物之象。」我們看韓非子的學說，常常有很深透的思考，這與荀子之教可能大有關係。因為荀子是很重學理的人，他批評孟子之學思理為短，就是最好的說明。韓非子在這裏所說的，是指「因著」、「就著」可見的而去知道那不可見的，把它顯現出來。「形見」與「有無」是兩回事，常人往往因為「形見」而臆斷有無。可見的是形而下的，不可見是形而上的。道是形而上的，所以不容易聞見。因此只能就著、因著道的形而下效果這一可見性來向世人說明道，使人知道形而上不是虛無縹緲的。按照圖紙去意想，畢竟只是一種想像，弄不好是有可能導致「助長」的。理也是一樣，絕不能助長之。其實後來朱子講的「理在」在韓非這裏已經很明白了。圖紙所載就是「文理」，而這「文理」後面的理（所以然）是顯然的。也就是說，圖紙就是指向那一形而上的。

理（禮）主分，同異主「別」，都是一回事。分到無可分，就是「惟異」，也就是單個的「一」。一尺之捶，日取其半，萬世不竭，說的就是可分的無限性，即「捶分」。《解老》云：「凡理者，方、圓、短、長、麤、靡、堅、脆之分也。故理定而後物可得道也。故定理有存亡、有死生、有盛衰。夫物之一存一亡、乍死乍生，初盛而後衰者，不可謂常。唯夫與天地之剖判也俱生，至天地之消散也不死不衰者謂常。而常者無攸易，無定理。無定理非在於常，是以不可道也。聖人觀其玄虛，用其周行，強字之曰道，然而可論。故曰：道之可道，非常道也。」

這是說凡事都有定理，所以無常道。墨辯中「已，成、亡」一條正可以與此相對照。從韓非子的論述來看，理都是要「剖判」到極致的，亦即：理是捶分的。所以像方、圓、生、死等等，都有其「分理」，這也就是通常所謂的「文理」、「條理」，是絲毫不亂的。從這些論述我們可以看到先秦思想的簡單與明晰，這是一種透徹性。《解老》又云：「是以聖人愛精神而貴處靜，此甚大於兕虎之害。夫兕虎有域，動靜有時。避其域，省其時，則免其兕虎之害矣。民獨知兕虎之有爪角也，而莫知萬物之盡有爪角也，不免於萬物之害。」物莫不有害，所以「主法」的思想之產生乃是極自然的。前面講了「理」、「道」，這裏接以「法」、「害」，於是在學說上形成了一個完整的配合。動物都有一定的出沒時間和區域，避開這些區域和時間，就等於不相邂逅，自然也不會有傷害和危險了。所以老子說「無死地」，道理上一點不稀奇，都是一個「主分」的思路。

《解老》曰：「凡物之有形者，易裁也，易割也。何以論之？有形則有短長，有短長則有小大，有小大則有方圓，有方圓則有堅脆，有堅脆則有輕重，有輕重則有白黑。短、長、大、小、方、圓、堅、脆、輕、重、白、黑之謂理，理定而物易割也。」又說：「故欲成方圓而隨其規矩，則萬事之功形矣，而萬物莫不有規矩。議言之士計會規矩也，聖人盡隨於萬物之規矩。故曰：不敢為天下先。不敢為天下先，則事無不事，功無不功，而議必蓋世。」顯然，這裏是談「分理」的問題，為的是「理定」。雖然韓非子只舉出了幾對，但是舉反推之，像大小、白黑這樣的組對卻是可以無限列舉的，本來是無限多的。韓非子所說的規矩就是絕對標準，萬物都要向它看齊，萬事都要向它對齊。什麼是理？這裏講得很清楚，理不拘於一端，但凡方、圓、輕、重等等都屬於理。它們當中有的是形，有的是長度，有的是重量。但是方圓等等統一都屬於物的性素，都命定於理。更準確些說，這裏的理是指「條理」、「文理」之理。所以理的分別是很細的。

韓非子論法、術的思想，我們可以從《定法》中窺見。曰：「問者曰：徒術而無法，徒法而無術，其不可何哉？對曰：申不害，韓昭侯之佐也。韓者，晉之別國也。晉之故法未息，而韓之新法又生。先君之令未收，而後君之令又下。申不害不擅其法，不一其憲令，則奸多。故利在故法前令，則道之。利在新法後令，則道之。利在故、新相反，前後相悖，則申不害雖十使昭侯用術，而奸臣猶有所譎其辭矣。故託萬乘之勁韓，七十年而不至於霸王者，雖用術於上，法不勤飾於官之患也。」

值得注意的是，韓非在這裏講到「別國」一義。三家分晉，韓居其一。韓非的意思是說，法、術缺一不可，而術只是標，法才是本。僅僅依靠術，最終是難以運轉的。從這裏我們可以看出，治國以「憲令」為大。憲令不一，新法、舊法並存，官吏便利用其中的參差空隙最大限度的謀取私利。所以韓非的思想不是憑空造出來的，而是總結前代和當代的事實情況得出的。這屬於考史的工作，是必要的環節。可以說，中國古代的學說思想從來就不是書面化的。韓非對商鞅之法的批評，他對「非類」的指責，便能說明其對時代諸情況的把握和瞭解。「商君之法曰：斬一首者爵一級，欲為官者為五十石之官。斬二首者爵二級，欲為官者為百石之官。官爵之遷與斬首之功相稱也。今有法曰：斬首者令為醫匠，則屋不成而病不已。夫匠者，手巧也。而醫者，齊藥也。而以斬首之功為之，則不當其能。今治官者，智能也。今斬首者，勇力之所加也。以勇力之所加，而治智能之官，是以斬首之功為醫匠也。故曰：二子之於法、術皆未盡善也。」(《定法》)

這裏有一個問題：秦統一六國以前與統一以後，情況與措施肯定是不一樣的。統一以前，為了謀求統一，肯定施政上要以刺激軍功為主，比如說全面軍事化辦法、耕戰政策等等。當然顧不了太多的細節，除了軍事。但是統一以後，卻要以治理為主，這時候才可能消消停停地講「齊類」。所以韓非子所論，也有一個分別的情況包含在其中。當然這是就秦國而言。商君之法，實際上是將法與軍功、軍事化「等一」起來了。這就是兵家化的法，而不是儒家化的法，為的是刺激軍事統一，所以其他的都顧不上了。從這裏我們可以看到兵家在先秦時代的優先地位，同時也就能夠知道儒家在先秦時代「後置」的原由。商君之法顯然是一律化了，但是謀求統一的秦國要的就是這種約化。所以秦雖然可以急功統一六國，但是去真正的治理還有相當遠的路要走。韓非批評申不害、商鞅之法不完備，可見韓非之法是在前人的基礎上改進而來的。用打仗的人去幹需要專門技能訓練才能勝任的工作，這顯然是不符合社會分類的。所以韓非在這裏講的一條重要原則就是：「類」與「能」要相應稱才行。

申不害的問題在於新法、舊法沒有統一，而且「術」的比例重於「法」。商鞅則是沒有能夠兼顧到「類」，所以「二子」都「未備」。但是說實話，要達到韓非所講的要求，也不是那麼容易的（因為綜合情勢的牽扯）。「公孫鞅之治秦也，設告相坐而責其實，連什伍而同其罪，賞厚而信，刑重而必。是以其民用力勞而不休，逐敵危而不卻，故其國富而兵強。然而無術以知奸，則以其富強也資人臣而已矣。及孝公、商君死，惠王即位，秦法未敗也，而張儀以秦殉韓、魏。惠王死，武王即位，甘茂以秦殉周。武王死，昭襄王即位，穰侯越韓、魏而東攻齊，五年而秦不益一尺之地，乃成其陶邑之封。應侯攻韓八年，成其汝南之封。自是以來，諸用秦者皆應、穰之類也。故戰勝則大臣尊，益地則私封立，主無術以知奸也。商君雖十飾其法，人臣反用其資。故乘強秦之資，數十年而不至於帝王者，法不勤飾於官，主無術於上之患也。」(《定法》)

從這裏論商鞅、申不害等「諸用秦者」，我們就可以知道韓非為什麼一定要強調法、術。歷史中的事情絕不像我們想當然的那樣，中古以後的那種君臣倫理，先秦時代根本就還沒有（尤其是秦國）。所以上古時代人們拿出來的辦法和方案，根本就不可以用後來的標準去衡量。而只能夠說，後來的標準本身就是前代歷史的結果。畢竟任何一個時代的人都不愚，他們只能針對當代設計方案，而不可能「預支」只有到了後世才進展出來的辦法。韓非的思想，正有一種「歷史玄鈕」的地位。「時雨降集，曠野閒靜。」這是《韓非子》一書的點睛之筆，「透現」出先秦思想的沉鬱大氣。

韓非的思想，以老子的學說為底襯。而老子所表述的思想，很難從非常專門的角度去理會，因為其中的內容實在只是一些最常規的經驗總則。老子說：「吾言甚易知，甚易行，天下莫能知，莫能行。」(七十章)這才是老子學說的真正難處，是真正的難點所在。因為橫貫於老子五千言中的思想，如果觀察不錯的話，其核心是高明一義。正因為是高明，所以反而呈現為簡易，不容易把捉和瞭解了。我們只能說，這本身合符「至……不……」的格式。老子說：「弱之勝強，柔之勝剛，天下莫不知，莫能行。」（七十八章）可見老子宣講的並不是多麼專門的學說思想，在當時也只是一般的常識罷了。這一性質是符合老子「貴易簡而天下不易之至道」的意思的。就五千言的內容和文面來看，處處都表達出時世的危迫感，並沒有在修辭上進行過多麼精良的處理，重複的地方很多。但也因為自然一瀉而出，沒有滯礙，所以能夠成為文章典範。儘管《老子》之書內容上如盤中珠子雜陳，但其核心卻非常一貫、統一。老子說：「人之迷，其日固久。」（五十八章）由此可知，老子對人文中的各種定式所造成的迷失與迷惑是看得很清楚的。尤其他知道：對各種定式「迷囿」絕不可能倚用強矯的辦法來奏效，因此才造成一種高明的曲順學說。另外還有一層，就是即便用強矯的辦法奏效了，其後果及效果也不會好，而這是老子最關心和看重的。思維定式，當然是諸多「迷」當中的一種。就好像上下樓梯很多年，但是如果不經提醒，仍不能確知有幾級一樣。老子的學說，基本上是關於治道的，其中的輕重性顯而易見。他說：「民不畏死，奈何以死懼之？」（七十四章）「民之輕死，以其求生之厚，是以輕死。」（七十五章）生與死本身就遵循著輕重法則，治者利用民人對死生的態度來平衡治理。但條件是：維持民人對生的興趣要高於對死的。否則，如果活著比選擇死更痛苦，那麼任何威懾都將隨之崩潰瓦解。因此，生與死之間總有一個輕重比，這是不言自明的。讓生總是輕於死——生的痛苦程度總不如死那樣嚴重，這是理治能夠進行、得以維繫的基本條件。所以老子的學說講死生，著重的是政教上的關係（與政治的關係）。老子的學說，不是漂亮的學說。「信言不美，美言不信。」（八十一章）說得很清楚。又說「美言可以市」，漂亮的學說可以出賣，具有極強的蠱惑性。老子最後說這些話，旨在表明自己的意見是真實的。雖然裏面會有許多不能取悅於人的內容，比如「吾得執而殺之」之類。但老子的學說是信實的，因為現實的情況很難逸出他所講的範圍。

從《老子》一書的內容來看，老子的學說明顯是天子制時代的思維理路。「小國寡民，使有什伯，人之器而不用。使民重死，而不遠徙。雖有舟輿，無所乘之；雖有甲兵，無所陳之，使民復結繩而用之。甘其食，美其服，安其居，樂其俗。鄰國相望，雞犬之聲相聞，民至老死，不相往來。」（八十章）即使有交通的便利也置而不用，這樣主張消極的絕隔安居，當然不是統一帝國下的事實。因為在統一國家內，商貿的發達與流通是沒有必要人為地「絕棄」的。而在群邦共生的環境中，不同邦國間民人的交互流徙則有可能帶來連鎖的問題。所以對老子的意見不能太過拘泥、不能看死。尤其是「雖有甲兵、無所陳之」一條，顯然只有在諸國林立的情況下才如此。統一帝國內軍備統制，固然不存在「有甲兵而無所用」的問題。所以「鄰國相望」只是群邦共主的理想情景。

《老子》曰：「故從事於道者，道者同於道，德者同於德，失者同於失。同於道者，道亦樂得之；同於德者，德亦樂得之；同於失者，失亦樂得之。」（二十三章）很明顯，這裏包含的一個基本的思維就是：道本身、德本身和失本身。人與道、德、失本身相「同於」，是什麼稟性和性質，就是什麼運命。這裏是一個思維的格式，我們可以將體例方面的東西先提煉出來，這樣，以後的工作會越來越方便。人與什麼樣的「本身」相一，是由人自己決定的。或者按照古代的一種觀點，「同於」什麼本來就是取決於人的本性和稟性的。像「君子喻於義、小人喻於利」一義，也和我們這裏所說的思維義理格式相關。參照《老子》王弼注，除了用「同體」一詞來表達、說解該義，沒有更好的、更現成的方案。道本身當然不可能在軌道之外。古人的這一思維習慣，在歷代思想學說中會隨處碰到，比如理學中的「與理同體」也是屬於同一類的格式。擴大了說，「同體」乃是人文思維的一個通性。

老子對「道」的敘述，用了很多況謂形容。從這些況謂、形容我們就不難理解：為什麼老子要說「道可道、非常道」，因為老子言「道」，是要落實到經術政教之道上的。只是老子的理論言說中的「道」包攬自然物事在內，又不僅僅是政教一端了。有一點必須明確的，就是對老子的「道」，我們只能取這樣的態度和辦法去對待，即：只能說老子講的「道」包含什麼意思，而不能說這「道」就只是什麼。雖然大體上老子講的肯定要從「政教之道」去把握。給「道」一個不易的定說當然方便，但是這裏面還包括「用」上的不定問題。固定定說的意圖，從名理上來講，與老子的本意可能正好相反。老子說：「吾不知其名，字之曰道。強為之名曰大。」（二十五章）言說本身既然都是強為之的，那麼今人無論取何種代行處置的「說解辦法」，便都是違反自然原則的。對歷史中的學說，在不應該有為的時候我們就應該無為。「道」在老子是一個統體，很難分切。但這並不等於說「道」將成為模糊的義項，相反地，「斷有」的辦法會使之更加具體、細節化，因為老子所講論的內容，都可以用非常落實的人文史中的內容與之相對接，對應上去，比如說老子之學與易的義理聯繫。老子為周王室史官，其學當然首先是以王者之事為對象的。易之本旨，原在於預斷吉凶，故《易》為憂患之書。但是道家學說（像老子之學）卻對絕棄憂患有著優先的論說。關於這一層，只要通觀道家的論著就很清楚。顯然，清虛無為與從事占卜兩者之間，在人文態度上便有著鮮明的對比性。易學認為：「握易者無有師保、如臨父母。」這是對《易》的依託和信賴。而老子之學則強調神明，極高明以觀事。所謂「以其無死地，故聖人終無難也」。這其間的統一（或者會通）是無庸贅言的。所以，老子所言之「道」，首先以「高明進而神明」為義。在「道」的高明之義裏面，其所專主者便不是「成就萬物之所以然」這一項了，而是有多項意思。各個義項之間的彼此關係及輕重位置一定要與不同的場合、不同的情況相貼合。不誇張地說，關於「道」的義理，顯然已形成一個義項集合。在人文史中，這種義項集合是非常之多的，它需要我們仔細對待。

通常都以老、莊、易為三玄，其實只有易、老二玄可以稱得上玄，《莊子》之書是非常蕪雜的。案《老子》、《莊子》之間還有《列子》一書，很多人以為非先秦典籍，但是朱熹認為《列子》是先秦舊籍（見《朱子語類》），在《莊子》之前。我們說《列子》之書，其思想明顯是先秦時代的特點，後世沒有必要再製造這種思想。《列子》一書雖然多寓言，但卻記錄了很多重要思想。《楊朱》篇曰：「楊朱曰：伯成子高不以一毫利物，舍國而隱耕。大禹不以一身自利，一體偏枯。古之人，損一毫利天下，不與也。悉天下奉一身，不取也。人人不損一毫，人人不利天下，天下治矣。」

「損一毫而利天下，不為也。」這是非常獨到的人文見解，這一見識不僅入木三分，而且比較各家思想來說，也是最深刻的。以為我而天下治，這一點人們還沒有看到。「損一毫利天下」與「悉天下奉一身」，這兩者是同出而異名的關係。可見這裏宣揚的還是一種治道，是一種義觀。「為天下」與「不利天下」只是辦法上的兩端，叩其兩端，「兼愛」與「為我」便得解了。但無論正反，一切本來都是為了政教人文，這一點認同和關心卻是沒什麼兩樣的。這些屬於最通常的道理，無須贅言。就好像不教之教，只是希望人們把它理解為更高明的教，而不是真的當成不教，或者反教育。先秦思想一旦把握了其基本格式和體例，便毫無玄機，剩下的只是運用而已。孔子說：「唯狂狷可以作聖。」自信要為天下的是狂，不為天下的是狷。所以楊朱、墨翟是一種對比，都是有非常之處的。孟子以禽獸說楊朱、墨翟，顯然是一種攻擊。楊朱論君臣政教之道的思想，我們可以從這一段看出來。「楊朱曰：豐屋美服，厚味姣色，有此四者，何求於外？有此而求外者，無厭之性。無厭之性，陰陽之蠹也。忠不足以安君，適足以危身。義不足以利物，適足以害生。安上不由於忠，而忠名滅焉。利物不由於義，而義名絕焉。君臣皆安，物我兼利，古之道也。」(《列子・楊朱》)

很明顯地，這裏講了厭足安生的思想，即物我兼相利。住好穿好、食色滿足，人的基本要求也就飽和了。周邊的東西，便沒有必要再去追逐。逐物是因為無厭之性，無厭之性是陰陽之蠹。話說到這裏也就到頭了。可以說，先秦各家思想的不同，並不是認同的不同，而是辦法的不同。這也就是所謂道術分裂的問題，各家各派之間本來不會反對政教平治天下。我們可以引一段著名的例子——大道多歧亡羊來說明。「楊子之鄰人亡羊，既率其黨，又請楊子之豎追之。楊子曰：嘻！亡一羊，何追者之眾？鄰人曰：多歧路。既反，問獲羊乎？曰：亡之矣。曰：奚亡之？曰：歧路之中又有歧焉，吾不知所之，所以反也。楊子戚然變容，不言者移時，不笑者竟日。門人怪之，請曰：羊賤畜，又非夫子之有，而損言笑者何哉？楊子不答，門人不獲所命。弟子孟孫陽出，以告心都子。心都子他日與孟孫陽偕入而問曰：昔有昆弟三人，游齊魯之間，同師而學，進仁義之道而歸。其父曰：仁義之道若何？伯曰：仁義使我愛身而後名。仲曰：仁義使我殺身以成名。叔曰：仁義使我身名並全。彼三術相反，而同出於儒，孰是孰非邪？楊子曰：人有濱河而居者，習於水，勇於泅。操舟鬻渡，利供百口。裹糧就學者成徒，而溺死者幾半。本學泅不學溺，而利害如此。若以為孰是孰非？心都子嘿然而出。孟孫陽讓之曰：何吾子問之迂，夫子答之僻，吾惑愈甚！心都子曰：大道以多歧亡羊，學者以多方喪生。學非本不同，非本不一，而末異若是！唯歸同反一，為亡得喪。子長先生之門，習先生之道，而不達先生之況也。哀哉！」（《列子・說符》）

意願、想法與結果之間永遠是歧出的。仁義之道在先秦時代是最普通的名目，但仁義之道首先是辦法，所謂「術」也者，從來不是懸空而立的。「多歧亡羊」這個例子相當典範，其中疊合了很多層意思，而且所關甚大，包括對「儒」的意見。「多歧亡羊」與「道術分裂」是同義的，前者只不過是形象的說法和表達。儒以仁義相標榜，但在「身」與「名」二事上卻歧出層層。由此亦可知，像春秋之學那樣所關巨大的系統，根本就不可能統一。學泅牟利，溺死幾半，可見古人講的一陰一陽之謂道，凡事都是有陰陽面的，故所得的效果也是陰陽歧出的。利害關係，就是一種陰陽關係。比如說泅與溺，兩者就是陰陽的關係。正因為陰陽的緣故，所以人類才不會「所求」與「所得」如一。這樣，在考慮自家思想學說、提供方案辦法時，也就不能有「必然一致」的武斷和肯定、不可以有必致的自信了。因為一切都是「多方」的。多歧、多方是名理的基礎，不考慮多方這一基本事實情況的，便構不成名理。所以這裏總的辦法就是「歸同反一」。因為天下之學，非本不同、非本不一。所以這裏的意思就是——本同末異。本末同異之辯，本一末歧之說，一目了然。所以楊朱之論，包括先秦各家學說，說到底都是共認一個反本歸一。

《莊子》一書，雖然和《老子》一樣被當作玄言看待，但是二者確有很多的不同（性質上）。《老子》所講說的，更直接的還是一種實學。而《莊子》之書卻更多了玄學的成分和文學的色彩，雖然也與政教相關，但不再像《老子》那樣質素（至少外形上）。很多都是一般化的智慧，通過寓言表達出來。這些智慧能夠反映上古人文的普通性格——在政教人文下的另一邊。只是對這些智的趣味的投注與對玄學進境的追求，在以後的各個人文時代中，或者經歷了種種變形，或者不斷弱化，再也不復呈現出先秦時代那樣的活力了。先秦時代與秦漢以後人文性格的不同，「群邦共存」與「統一帝國」是不能忽略的因素。治體對人文的性質與「形狀」有著首先的影響。天子制一旦不存在，很多思維也就隨之不再有了，這是歷史性格的生滅、缺失。儘管文獻的空殼會繼續存活，但是它會導向別種紛繁的理解和詮說。《莊子》一書尤其如此。也許我們可以用「大知」二字來總結《逍遙遊》，但這只是一種方便的輔助手段，是一個「提領」的辦法。《逍遙遊》在文意生長開去以後，其實是很難說盡的。這樣也就造成了一個處理的辦法，就是：對《莊子》這樣藝文性強的思想表述，我們只能說到一定的地段和程度，其「餘義」則只能任其自然地導引出、流瀉出。因此對《莊子》的說解，有時候反而是容易的。因為它的內容蔓延幅度大，瀰漫很廣，任何細部的發明都容易包括（也就是命中）在其中。《逍遙遊》說「至人無己」、「神人無功」、「聖人無名」，這些當然都是因為「大知」，否則不能達於此。從各種內容所宣講的意思來看，都是在傳達一些個人性極強的意識，這有別於站在治者的地段上發言的學說。比如說：「且舉世而譽之，而不加勸；舉世而非之，而不加沮。定乎內外之分，辯乎榮辱之境，斯已矣。」按照常人的性格，假令全世界都表彰、推重他，或者向他示好，那麼這個人一定會感動，要努力表現得更好一些，反之則會氣沮、自失。外界對個體的這種作用就是「勸」。《逍遙遊》的意思顯然與世俗相反，對通常的反應並不以為然。但這種不以為然又不是做作的，它與對事理的透徹瞭解（或者也可以說諳於世情）有關。因為世間對個人來說雖然是必要的，但也是周邊的。因此，外在世界一旦滿足了個人的基本所需，它的地位和作用也就停了——止步於此。所以外間不應該更多地作用、影響於人。我們可以很清楚地知道，《逍遙遊》所表達的意思，無疑是主張把外界的影響和對外界的依賴壓至最低。比如說：「夫列子御風而行，泠然善也。旬有五日而後反，彼於致福者，未數數然也。此雖免乎行，猶有所待者也。若夫乘天地之正，而御六氣之辯，以遊無窮者，彼且惡乎待哉？」御風而行雖然逍遙，但條件是必得有風，就像風箏，如果沒有風便不容易放起來一樣。所以這種逍遙還是有限制的。《逍遙遊》在這裏所要言說的，當然不是比御風而行更高明的技術，而是某種認識的獲得。比如說悟到人與萬物玄同，便是一種認識的獲得。我們要考慮的是：為什麼在中國上古人文中會有這麼普遍的「認識高明化」的傾向呢？借助陰陽升降之理，我們就可以知道：環境的變動與人心的變動就像分餅一樣，如果環境的變動（或者改變）難度高，人心的變動、協調就容易繁複。如果環境易於改變（改進、改良），人心便不易於玄學化。這種升降來回是顯而易見的。無論天子制時代還是統一帝國時代，在王制、帝制存活的時期，政治的根本改變是十分困難的。所以人心把變化放到認識上去，也就十分自然了。尤其戰國時代，在動亂成為常態的時候，與和平的境況相比，人心的痛苦程度就更要劇烈一些，因此對認識的倚賴程度也會更高。這樣看來，認識其實是一種藥劑，尤其是認識的玄化，更表示了這一層。當然《莊子》書中講的許多內容很有道理。

案《莊子》書中講「物各有極」，其中的意思首先應該理解為事物本身的限度。彼此相異的事物，其限度是不相同的。我們可以看這一段：「小知不及大知，小年不及大年。奚以知其然也？朝菌不知晦朔，惠蛄不知春秋，此小年也；楚之南有冥靈者，以五百歲為春，五百歲為秋。上古有大椿者，以八千歲為春，八千歲為秋。而彭祖乃今以久特聞，眾人匹之，不亦悲乎？」其實這裏說的，不外乎大陰陽與小陰陽、大十二律呂與小十二律呂等等。大的單位（刻度）與小的單位（刻度）本來是參差相對的，「不能知道自己限度以外的」與「可以推知自己限度以外的」這兩層意思並列著。《逍遙遊》中所講的事情，我們在自然中經常可以見到，比如有生長一萬年以上的大樹，雖然十分稀有，還有幾百歲的雌雄龜等等。龜的生命週期雖較一般動物長，但結構上卻是大同小異的。這裏講「大年」、「小年」等義，雖然像是單位上的比較（大的單位與小的單位），但是其真實的命義卻放在「性分」上。從這裏來觀察，《逍遙遊》與《齊物論》在學說旨趣上還是統一貫通的。因為此處「齊性分」的意思非常明白。「齊物」當然是要「齊」萬物之「性分」。任何「物」，它的「性分」都有一個限度。在這個限度以內，是無所謂逾越的。所以，與其說不同的物之間具體的「性」不同，不如說是「性」的限度不同。

《逍遙遊》似乎很紛繁地講說了宇宙自然的各種奇幻事象，但這些只是純粹的外觀而已。因為只要握住了《逍遙遊》的基本意旨，就可以明白各種說辭其實都是統一體例下的安排、分派罷了。這種情況在其他篇章中也一樣，就像三十輻共一轂。只要我們抓住了輻射的中心，一切便都將簡化，並且也可以看到，《莊子》一書各篇所述，大旨上還是統一的。《逍遙遊》一篇所論，很明顯有「複說」的現象，比如：「北冥有魚，其名為鯤。鯤之大，不知其幾千里也。化而為鳥，其名為鵬。鵬之背，不知其幾千里也。怒而飛，其翼若垂天之雲。是鳥也，海運則將徙於南冥。南冥者，天池也。齊諧者，志怪者也。諧之言曰：鵬之徙於南冥也，水擊三千里，摶扶搖而上者九萬里，去以六月息者也……」後面又說：「窮發之北有冥海者，天池也。有魚焉，其廣數千里，未有知其脩者，其名為鯤。有鳥焉，其名為鵬，背若泰山，翼若垂天之云，摶扶搖羊角而上者九萬里。絕雲氣，負青天，然後圖南，且適南冥也。斥鴳笑之曰：彼且奚適也？我騰躍而上，不過數仞，而下翱翔蓬蒿之間，此亦飛之至也。而彼且奚適也？此小大之辯也……」

極大化與極小化是人文最原始、最原生的特徵。墨辯中說，大圓之圓與小圓之圓同，方至尺不至也。無論多麼大的圓與無論多麼小的圓相比較對照，都只有尺寸上的不同（不同大小的圓的物體有各種性質的不同，比如重量的不同，這裏是單純化處理）。但「純圓」總是一樣的，不考慮實際大小等形而下的量。幾百尺大小的鯉魚或麻雀，固然會令官感十分刺激，但是在學理上卻並沒有更為神奇。長短、久暫，當然也是歸入大小思維之內的具體專案。只是我們要思考的是：《逍遙遊》講這些有什麼用？從文面來看，所有譬喻似乎都不曾脫出「小難知大」的意思，無非是要說，逍遙是一種大智慧，不是庸淺所能體認的。這個意思，我們可以從這樣的語句窺見——「故夫知效一官，行比一鄉，德合一君而征一國者，其自視也亦若此矣。而宋榮子猶然笑之……」可見很多自以為能夠治理天下的，其見識水平充其量也只是某種「小知」罷了。所以莊子之學容易把「知」高玄化。雖然是這麼分析，但《莊子》一書中的很多地方，意思如果細摳起來，又很難機械地一律化。比如在說到水積不厚，負大舟無力；風積不厚，負大翼無力時，似乎是要表達和強調必須「厚積」的意思。但是，當講到列子「御風而行，尤有所待於物，去無待」的進境還差一等時，兩邊對照，待厚積之水、風到底應該怎樣理會呢？顯然，這裏面便包含有許多商量。好在其義理邊界我們是確定的，那就是：逍遙於「齊名實」、「性分」。

這樣，如果我們再進推一層：小蟲飛翔於草叢間，對小蟲的生命來說，這就足夠了。也許翺翔數萬里反而會使它早死，傷了物之性。這就是說，按照齊物原則，小蟲也不需要去知道鵬鳥是怎麼一回事。這種理解，也許比「燕雀不知鴻鵠」似的理解更深透，也更合乎玄義的要求。物性只要它本身是完足的，並且始終能精緻地保有這種完足，就十分理想了，也足夠了。上面所說的這些，雖然反映了理解中的兩可情況，但卻是不得不然的。因為玄學有一個基本的性格，就是它的翻轉性。所以對玄學的讀解辦法，不是機械確定，而是「範圍」之，也就是圍住。即以文面論之，無的思維就是一個十分明顯的外象。比如說無待、無累、無己、無功、無名之類。在《老子》中，無的思維也是相當普遍的，隨處可見。諸如無為、無事、無欲、無敗、無執、無失、無死地、無常心、無味等等。事實是，「無」已然成為統領學說的真正的「一」。所以前人在經典解釋中直接認定「無」而用以之詮，看來是對的。我們對無作具體的「羅舉」是多餘的。老子說「無有入無間，吾是以知無為之有益」，這種思考方式就是「即事觀象而知理」的方式，與易是一樣的，只不過沒有形成卦而已。關於「間」，墨辯中有確定的說法。這裏「無間」一說應該是指向具體的有質物，比如至堅之金石，是實心的。

但是「無有」能夠在金石裏面，這就是陰性至柔的效用。古人講「無」，並不是要求「得」真正的「純無」，而是以「無」為法，目的還是在「至有」。而且「無」是一個完全形而下的東西，古人講「無」，其真實立義還是在「虛」，所以「無」這個字眼容易引起誤會。通過「無為」與「無不為」這一組對，我們就可以確定「無有」是指向「無不有」的。正像前面提到的，老莊之學其實有很大差異。這裏所說的，無非是要借思維上的通性來求得對莊學盡可能準確的理會，因為《莊子》一書比《老子》更不容易確定。

《逍遙遊》所包含的義理是很廣泛的，所以它借助很多寓言來說之。寓言實際上就是事例說理法，就像輻與轂的關係。事體實例能夠像圍棋落子一樣將理攝住。根據人文史的經驗，只有在義理高度有機化時，才會出現這種情形（思想表述的寓言化）。《逍遙遊》所能說明的當然不止限於玄學，像堯讓天下於許由的故事就表明，玄學可能只是政教實學的一個外形。堯對許由說：「夫子立而天下治，而我猶尸之，吾自視缺然，請致天下。」禪讓在上古大概不算是一個特別的、有什麼了不起的想法，在常人的知識中可能相當普通，所以才會有這樣看似輕易的寓言。堯的意思，看來還是本以德的思維，但許由便不這樣。他說：「天下既已治也，而我猶代子，吾將為名乎……」從意義上說，治天下對許由是多餘的。所以這裏要表說的就是：相互無意義（天下已治與許由無所用天下為）。可以看到，「性分」與「齊物」，兩者之間實際上就是鴻溝的關係。許由與天下的關係，也是鴻溝。同異關係也是鴻溝，人文是配合完足的。「齊物」與「性分」的原始是禮，這是從學說思維上說的。禮的重要，我們可以從這一例子中窺得——「庖人雖不治庖，尸祝不越樽俎而代之矣。」禮不僭事，因為分職不同，所以絕不逾越之。

華文化的忌諱是非常多而繁細的。屍祝是要主敬的，所以絕對不能「與」庖廚之事，這其中的道理很分明。由此推之，「齊物」也是不越物之「性分」的，思維「套樣」上正與禮之分相當。那麼，我們可以從這裏獲得什麼呢？政教化為玄學（不管是不是形式的表現），而「不僭越」昇華為逍遙。學說的形態同異之間，是否也只是一個陰陽輕重而已呢？不能不承認：雖然對於莊學，我們可以說它是獨立的玄學，但同時莊學與禮學等教道之間，卻是同一個連綿的關係。

寓言中有一些風俗文化的材料，應該是真實的。比如《逍遙遊》提到一種不龜手的藥，說：「宋人有善為不龜手之藥者，世世以洴澼絖為事。」後來有人把這種藥的秘方買去，遊說吳王與越人打仗，結果裂地而封。當時的縱橫之士都相當精明。先秦時代工藝的發達看來是很普遍的，可以推知，當時各種藥劑的使用之廣泛，絕不僅僅限於讓手不裂口的藥。現代考古發現的一些楚地墓葬（如湖南湖北等地所發現的），就多有讓屍體保存完好的藥液。比如長沙馬王堆出土的女屍辛追，以及荊州附近出土的男屍，肌肉皮膚相當新鮮，器官保護完好，齒髮俱存。辛追的浸屍液中即含汞。上面提到的兩屍入葬時間都當漢初，可見絕非偶然。先秦時代，煉汞已相當發達，秦始皇時候的情況就是最好的說明。可見浸泡屍體的藥劑的「治法規格」也一定是從上代延傳下來的，絕不始於西漢。從這裏我們可以看到中國工藝的一個方面，以及思想史與文化史的關係。

還有幾則寓言，也可以輔助說一說。肩吾對連叔說，接輿講話大而無當、不近人情。連叔說：「然瞽者無以與乎文章之觀，聾者無以與乎鐘鼓之聲，豈唯形骸有聾盲哉？夫知亦有之！」「之人也，之德也，將旁礴萬物，以為一世蘄乎亂，孰弊弊焉以天下為事？之人也，物莫之傷……孰肯以物為事？」這裏的意思很明白：「知盲」當然不能理解逍遙的高明。對某些個體來說，萬物、天下只是一堆贅物。這種個人在歷史中也不算少，這只是一種情況。寓言中所以要著力地講說「無意義」，如「宋人資章甫，而適諸越。越人斷發文身，無所用之」等等，可能還是有某種意結。畢竟華文化是習氣很重的文化。像大瓠、大樹一類的寓言所表現的，逍遙似乎只是對「觀」的一種取法，而「取」總是人心的。這些可以讓我們想到墨辯講「取予」的必然。

儒

儒家的基本思想是禮。《經上》曰：「禮，敬也。」墨辯給出的對禮的定說，實際上關係到上古人文的整個基礎。我們可以援引一些經典（包括注疏解釋）中的論述進行補充，以做參合考辨。《禮記正義》云：「夫禮者，經天地，理人倫。本其所起，在天地未分之前，已有禮也。禮者，理也。其用以治，則與天地俱興。故昭二十六年《左傳》稱：晏子云，禮之可以為國也久矣，與天地並。但於時質略，物生則自然而有尊卑。若羊羔跪乳，鴻雁飛有行列，豈由教之者哉？是三才既判，尊卑自然而有。但天地初分之後，即應有君臣治國，但年代緜遠，無文以言。案易緯通卦驗云：天皇之先，與乾曜合元。君有五期，輔有三名。注云：君之用事五行，王亦有五期。輔有三名，公、卿、大夫也。又云：遂皇始出握機矩。注云：遂皇謂遂人，在伏犧前始王天下也。矩，法也。言遂皇持鬥機運轉之法，指天以施政教。既云始王天下，是尊卑之禮起於遂皇也。持鬥星以施政教者，即禮緯鬥威儀云：宮主君、商主臣、角主父、徵主子、羽主夫、少宮主婦、少商主政，是法北斗而為七政。七政之立，是禮跡所興也。」

「鄭康成六藝論云：易者陰陽之象，天地之所變化，政教之所生。自人皇初起，人皇即遂皇也。既政教所生，初起於遂皇，則七政是也。六藝論又云：遂皇之後，歷六紀九十一代，至伏犧始作十二言之教。然則伏犧之時，易道既彰，則禮事彌著。案譙周古史考云：有聖人以火德王，造作鑽燧出火，教民熟食，人民大悅，號曰遂人。次有三姓，乃至伏犧制嫁娶，以儷皮為禮，作琴瑟以為樂。又帝王世紀云：燧人氏沒，包犧氏代之。以此言之，則嫁娶嘉禮始於伏犧也。但古史考燧皇至於伏犧唯經三姓，六藝論云：歷六紀九十一代，其文不同，未知孰是。或於三姓而為九十一代也。案廣雅云：一紀二十七萬六千年。方叔機注六藝論云：六紀者：九頭紀、五龍紀、攝提紀、合洛紀、連通紀、序命紀，凡六紀也。九十一代者：九頭一，五龍五，攝提七十二，合洛三，連通六，序命四，凡九十一代也。但伏犧之前及伏犧之後，年代參差，所說不一。緯候紛紜，各相乖背。且複煩而無用，今並略之。唯據六藝論之文及帝王世紀以為說也。案易繫辭云：包犧氏沒，神農氏作。案帝王世紀云：伏犧之後，女媧氏亦風姓也。女媧氏沒，次有大庭氏、柏皇氏、中央氏、栗陸氏、驪連氏、赫胥氏、尊盧氏、渾沌氏，有吳英氏、巢氏、朱襄氏、葛天氏、陰康氏、無懷氏，凡十五代，皆襲伏犧之號。然鄭玄以『大庭氏』是神農之別號。案封禪云：無懷氏在伏犧之前，今在伏犧之後，則世紀之文未可信用。世紀又云：神農始教天下種谷，故人號曰神農。案《禮運》云：夫禮之初，始諸飲食，燔黍捭豚，蕢桴而土鼓。又《明堂位》云：土鼓葦籥，伊耆氏之樂。又《郊特牲》云：伊耆氏始為蠟，蠟即田祭，與種穀相協。土鼓葦籥，又與蕢桴土鼓相當。故熊氏云：伊耆氏即神農也。既云始諸飲食，致敬鬼神，則祭祀吉禮，起於神農也。又《史記》云：黃帝與蚩尤戰於涿鹿，則有軍禮也。易繫辭黃帝九事章云：古者葬諸中野，則有凶禮也。又論語撰考云：軒知地利，九牧倡教。既有九州之牧，當有朝聘，是賓禮也。若然，自伏犧以後至黃帝，吉、凶、賓、軍、嘉五禮始具。皇氏云：禮有三起——禮理起於太一，禮事起於遂皇，禮名起於黃帝。其禮理起於太一，其義通也。其禮事起於遂皇，禮名起於黃帝，其義乖也。且遂皇在伏犧之前，禮運燔黍捭豚在伏犧之後。何得以祭祀在遂皇之時？其唐堯則《舜典》云修五禮，鄭康成以為公、侯、伯、子、男之禮。又云：命伯夷典朕三禮、五禮，其文亦見經也。案《舜典》云：類於上帝，則吉禮也。百姓如喪考妣，則凶禮也。群後四朝，則賓禮也。舜征有苗，則軍禮也。嬪於虞，則嘉禮也。是舜時五禮具備。直云典朕三禮者，據事天地與人為三禮。其實事天地唯吉禮也，其餘四禮並人事兼之也。案《論語》云：殷因於夏禮，周因於殷禮。則《禮記》總陳虞、夏、商、周，則是虞、夏、商、周各有當代之禮，則夏、商亦有五禮。鄭康成注大宗伯，唯云唐虞有三禮，至周分為五禮。不言夏商者，但書篇散亡，夏商之禮絕滅，無文以言，故據周禮有文者而言耳。武王沒後，成王幼弱，周公代之攝政，六年致太平，述文武之德而制禮也。故《洛誥》云：考朕昭子刑，乃單文祖德。又《禮記・明堂位》云：周公攝政六年，制禮作樂，頒度量於天下。但所制之禮，則周官、儀禮也。鄭作序云：禮者，體也，履也。統之於心曰體，踐而行之曰履。鄭知然者，《禮器》云：禮者，體也。《祭義》云：禮者，履此者也。《禮記》既有此釋，故鄭依而用之。禮雖合訓體、履，則周官為體，儀禮為履。故鄭序又云：然則三百、三千雖混同為禮，至於並立俱陳，則曰此經禮也，此曲禮也。或云此經文也，此威儀也。是周禮、儀禮有體、履之別也。所以《周禮》為體者，《周禮》是立治之本，統之心體，以齊正於物，故為體。賀瑒云：其體有二：一是物體，言萬物貴賤、高下、小大、文質各有其體；二曰禮體，言聖人制法體此萬物，使高下、貴賤各得其宜也。其《儀禮》但明體之所行踐履之事，物雖萬體，皆同一履，履無兩義也。於周之禮，其文大備，故《論語》云：周監於二代，郁郁乎文，故吾從周也。然周既禮道大用，何以老子云：失道而後德、失德而後仁、失仁而後義、失義而後禮。禮者忠信之薄，道德之華，爭愚之始？故先師准緯候之文，以為：三皇行道，五帝行德，三王行仁，五霸行義。若失義而後禮，豈周之成康在五霸之後？所以不同者，老子盛言道德質素之事，無為靜默之教，故云此也。禮為浮薄而施，所以抑浮薄，故云忠信之薄。且聖人之王天下，道德、仁義及禮並蘊於心，但量時設教，道德仁義及禮，須用則行，豈可三皇五帝之時全無仁、義、禮也？殷周之時全無道、德也？老子意有所主，不可據之以難經也。既周禮為體，其周禮見於經籍，其名異者見有七處。案孝經說云：經禮三百，一也。《禮器》云：經禮三百，二也。《中庸》云：禮儀三百，三也。春秋說云：禮經三百，四也。禮說云：有正經三百，五也。周官外題謂為周禮，六也。《漢書・藝文志》云：周官經六篇，七也。七者皆云三百，故知俱是周官。周官三百六十，舉其大數而云三百也。其儀禮之別亦有七處，而有五名：一則孝經說、春秋及《中庸》並云威儀三千，二則《禮器》云曲禮三千，三則禮說云動儀三千，四則謂為儀禮，五則《漢書・藝文志》謂《儀禮》為古禮經。凡此七處、五名，稱謂並承三百之下，故知即《儀禮》也。所以三千者，其履行周官五禮之別，其事委曲，條數繁廣，故有三千也。非謂篇有三千，但事之殊別有三千條耳。或一篇一卷則有數條之事，今行於世者，唯十七篇而已。故《漢書・藝文志》云：漢初高堂生傳禮十七篇是也。至武帝時，河間獻王得古禮五十六篇，獻王獻之。又六藝論云：後得孔子壁中古文禮凡五十六篇，其十七篇與高堂生所傳同，而字多異。其十七篇外，則逸禮是也。《周禮》為本，則聖人體之。《儀禮》為末，賢人履之。故鄭序云：體之謂聖，履之為賢是也。既《周禮》為本，則重者在前。故宗伯序五禮，以吉禮為上。《儀禮》為末，故輕者在前。故《儀禮》先冠、昏後喪、祭。故鄭序云：二者或施而上，或循而下。其周禮，六藝論云：周官壁中所得六篇。《漢書》說河間獻王開獻書之路，得周官有五篇，失其冬官一篇，乃購千金不得，取《考工記》以補其闕。《漢書》云得五篇，六藝論云得其六篇，其文不同，未知孰是。其《禮記》之作，出自孔氏。但正禮殘缺，無復能明。故范武子不識殽烝趙鞅及魯君謂儀為禮。至孔子沒後，七十二之徒共撰所聞，以為此記。或錄舊禮之義，或錄變禮所由，或兼記體、履，或雜序得失，故編而錄之，以為記也。《中庸》是子思伋所作，《緇衣》公孫尼子所撰。鄭康成云：《月令》呂不韋所修。盧植云：《王制》謂漢文時博士所錄。其餘眾篇皆如此例，但未能盡知所記之人也。其《周禮》、《儀禮》，是《禮記》之書，自漢以後各有傳授。鄭君六藝論云：案《漢書‧藝文志儒林傳》云：傳禮者十三家，唯高堂生及五傳弟子戴德、戴聖名在也。又案《儒林傳》云：漢興，高堂生傳禮十七篇，而魯徐生善為容。孝文時，徐生以容為禮官大夫，瑕上蕭奮，以禮至淮陽太守。孟卿東海人，事蕭奮，以授戴德、戴聖。六藝論云：五傳弟子者，熊氏云，則：高堂生、蕭奮、孟卿、後倉及戴德、戴聖，為五也。此所傳皆《儀禮》也。六藝論云：今禮行於世者，戴德、戴聖之學也。又云：戴德傳記八十五篇，則《大戴禮》是也。戴聖傳禮四十九篇，則此《禮記》是也。《儒林傳》云：大戴授琅邪徐氏，小戴授梁人橋仁字季卿，楊榮字子孫。仁為大鴻臚，家世傳業。其《周官》者，始皇深惡之。至孝武帝時，始開獻書之路。既出於山岩屋壁，複入秘府，五家之儒，莫得見焉。至孝成時，通人劉歆校理秘書，始得列序，著於錄略，為眾儒排棄，歆獨識之，知是周公致太平之道。河南緱氏杜子春，永平時初能通其讀，鄭眾、賈逵往授業焉。其後馬融、鄭玄之等，各有傳授，不復繁言也。」

這一段通論非常重要，其中的基本意見，就是認為禮是先天本有的，而且舉列了自然事物來做說明，所以禮本身與禮的典章、制度、文獻是有區分的。在言說上，「什麼是禮」與「禮是什麼」也有所分別。比如說「禮者理也」、「禮、敬」也等等，乃是說禮就是什麼。像羊羔跪乳、鴻雁飛有行列等等，則是說什麼是禮。羊羔跪乳、鴻雁行飛就是尊卑之禮。但是，在這兩層基本的分別清楚以後，我們又會碰到更進一層的同異問題，那就是：是什麼與什麼是，顯然是異於「在於什麼與什麼在於」的。「就是什麼」與「就在於什麼」，「同什麼就是」與「什麼就在於」，雖然在日用語中至為簡單，但是在學術中卻很關鍵，兩者是不能混淆的。比如上面說的「禮、敬也」一義，到底是說禮就是敬呢，還是說禮在於敬呢？這個恐怕還須具體討論。而這樣一個認為：「夫禮者，經天地、理人倫，本其所起」，在天地未分之前，它是屬於哪一邊的？是屬於「是什麼」一邊呢？還是屬於「在於什麼」一邊呢？這一立論的意思當然十分明白，就是說禮是先天本有的，是經理天地人倫的。如果仔細考慮，就會發現其中又多出了一種可能情況，即：這是在「說」禮。「說」在墨辯中有著關鍵地位，說什麼與「是什麼」、與「在於什麼」又不同了（包括什麼說在內）。我們只要稍微熟悉典籍，就會發現這些「分別問題」是隨在皆有的，很難忽略過去。像我們說：「駒，小馬也」，這是很清楚的——就是解釋說：駒就是小馬。我們不會理解為：駒就在於小馬。但是「禮，理也」；「禮，敬也」，我們的理會卻可能有著兩歧。說禮就是理，與禮就是敬，這跟說禮在於理、禮在於敬，兩者之間，生出了一些討論的餘地。我們很難在這裏給以一定的說法，只能先存放開的態度。至於我們說：「駒」這一個名是否是「說」小馬的呢？這就牽涉到《指物論》的問題。畢竟駒還是單純的名指，而經天地、理人倫，天地未分之前已有禮，這卻是具體的義理內容了。這些都須討論。

從經典的解釋也能看到：禮仍然是有自然與人文兩個層面的。比如天地之分，這本身即是屬於禮的，因為禮的基本意思就在於分。天地未分，則無所謂天尊地卑。天地一分，即有所謂天尊地卑了。天地尊卑是所有尊卑的第一重，起著「依據」的作用。順下來，所謂君臣諸義，都說明「禮者理也」就是政教的「正名」，即禮之可以為國。值得注意的是，禮與天象的關係非常明顯。這裏說到了北斗七星與政教（七政）的直接關聯，顯然這根源於象數上的配合。但凡熟悉「易」的人對此都不會費解，「易」說白了就是上代人文的思維體例。七政與北斗相合應，七為數，政為象，星為象。數是一，像是殊，非常整齊。在《周禮》中專門講過數的配合，像五聲、七音即是其中的兩項。聲和音是不同的，都與數相配。故聲與音都是象，七音與七政相應對，禮和樂的對稱關係極為整齊。這樣，天文、禮樂、政倫等等人文區域就都統一在整齊的象數體例上了。我們會越來越多地得到說明：中夏人文就是體例（思維的）人文。這種人文，毫無疑問具有一種簡單性。正是這種易簡性，使它有著非常牢固的綿延特質，很不容易散架，已經結成了一塊板。在以上的通說、解釋中，有一些別名值得我們留意，即：禮跡、禮事、禮理、禮體、禮名、禮道等等。但是孔穎達的注疏並不是單純從義理來討論這些項目的，而是從典章文獻入手，將義理的說論含在其中。因此，儒學的家法路數，傳統上有著濃厚的實證人文之學的特性。對於這些，我們必須、也只能夠視其為幹部。義理與典章的相互參比考核，不僅合於學與思的相對應的要求，而且也說明了名學的「實驗」性，即名理需要實在的驗證。

注疏中關於禮跡的考論，年代過於荒古，今人當然難以接受，前人對此也只能取保留的態度。但是這裏面所說講的意思卻是很要緊的。即以六紀而論，一紀二十七萬六千年，則六紀有一百六十五萬六千年。這樣荒遠的年代，即使用現代的考古手段也不能解釋，但是在典章文獻中卻仍然給以質實的討論。可見經學的思維路數是很特別的，它註定了人文的性質。在注疏解釋中，孔穎達援引了老子的學說來討論禮的史跡，這也是值得留意的。但是老子言禮乃是從義理上論之，與制度歷史的角度顯然不同，二者並不相悖。從禮事的史跡討論來看（比如五行與五期一項），自然與人事人文這兩面是集合於禮上的。案金、木、水、火、土五行，雖然文中只提到了燧人氏教民鑽火熟食、以火德王一事，然依此類推，我們完全可以知道：五行絕不僅僅是宇宙自然萬物之元質，絕不限於此。更主要的，五行乃是屬於人文之事的。這一層當無多大問題，因為易學講得非常明白：聖人教民制器，諸事全都是法自然之象而為之。比如製作金屬器物、製作陶器，那麼金、土兩項就有了。而挖木為舟、以佃以漁等事，水一項也就有了。更不用說水利方面，還有後來的大禹平治洪水等等。另外，神農教民農事，也應該屬於木、土的方面。諸如此類，不一而述。所以五行主要是關乎華夏人文古時之日用生活，說明遠古日用生活之開展領域，我們的理解似宜准此為框架，這樣於理較為切近。但是，各個人文生活的領域之進展、齊備應該有先後順序，依此先後之序做大的分期劃割，應該不困難，也不費解。比如說，以火德王、以水德王等等，這一類的事蹟便都印證了上古人文質素、怎樣循序展開的史實。所以禮事、禮跡所言說的也就是人文史。像祭祀之禮的事蹟，便與上古農事相關。雖然注疏中認為古人對禮事、禮名等義的解釋不對，但這與是否承認禮事、禮名本身顯然是兩回事，因此並不妨礙我們的思考。對古代人文中的任何內容，人事方面的理解總須先於「物」方面的理解，五行一例就是很好的說明。實際上，考古已然發現了極原始民用火的痕跡，年代上且以萬年為單位紀。因此，對古人極大的年數的說法也不能做簡單的看待。中土的史事多半是從比結繩更遠古的時代傳下來的，代代相因，這是它的稟性。至於後代的敘說，雖然有可能參差錯亂了、弄亂了，但這與全無其事畢竟性質不同，對此我們必須有充分的估量。

說到這裏，綜合上面所論，實際上留下了一個問題，就是：從禮事一端來看，後世之人文完全承自上代，從神農、黃帝之禮而至於虞、夏、商、周之禮，綿延不絕，未嘗絕斷。單就這一連續性而論，從原始初民的生活開始，遞進至晚近之世，世代雖易，但中夏人文自身所生成之系統未易，只是經歷了不斷變形而已。那麼，如果說中國歷史社會係屬「土著社會」，是否恰當呢？關於這一層，乃是從類型定性上考慮。就像馬車無論多麼改進，總是馬車，並且到一定地段就會趨於飽和，而永遠恆定下來。但是這一假令並沒有完，我們知道，陶器與瓷器都是用專門的土燒製而成的，由陶器到瓷器經歷了一個連續、完整的演進過程，即由粗糙不斷地引向精緻，達到相當細化的水平。但是，陶器與瓷器，在類性上永遠屬於土器，而不是像玻璃器皿那樣屬於另一類，雖然瓷器的發明較玻璃器難得多，而且也精美、高檔得多。我們說，中國的歷史社會，是獨一無二的單類。由於這個緣故，我們只能借用現成的詞，稱其為「瓷器社會」，誠如只有中國發明了瓷器那樣。而土著社會這個名稱，對校之下並不那麼切用和明晰。因為所有的社會類型，都無一例外地是由原始土著社會發育而來的，只是它們並不一定都保持自身連續性（原始性）罷了。其政治社會可能是外力成就的、嫁接而成的。正如所有民族、國家或群落都發明了陶器，或者煉出了玻璃，但卻沒有進而發明出瓷器一樣。因此，不是每一個歷史社會與歷史國家都經歷了不斷的自身精緻化而類性卻保持不變的過程的。嚴格來說，上面所講的情況並不止限於先秦時代及其思想，它更是先秦遺留給我們的結果。這裏做了一些推論，討論（或者說述論）、結論（通論）和推論，構成歷史人文「檢視」的有機統體。這三個有機構件，只有討論和通論對應於人文歷史部分，至於推論則是在通論和討論之上導引、衍生出來的。這屬於常規的情況，我們在以後還會就各種問題詳細論說。只是有必要重複一點：問題出於自然，不是帶著問題檢索人文遺留，而是接觸了過去的事物以後自然生發問題。這一順序本身就是法則，不同的順序產生的效果和結果是絕然不同的。思想七分毒，故每一個歷史學說的使用都須萬分當心，否則便產生負效用。

關於禮，《禮記》中有很多材料可以參考。《曲禮》云：「禮從宜，使從俗。夫禮者，所以定親疏，決嫌疑，別同異，明是非也。禮不妄說人，不辭費。禮不踰節，不侵侮，不好狎，脩身踐言，謂之善行。行脩言道，禮之質也。禮聞取於人，不聞取人。禮聞來學，不聞往教。道德仁義，非禮不成。教訓正俗，非禮不備。分爭辨訟，非禮不決。君臣、上下、父子、兄弟，非禮不定。宦學事師，非禮不親。班朝治軍，涖官行法，非禮威嚴不行。禱祠祭祀，供給鬼神，非禮不誠不莊。是以君子恭敬撙節，退讓以明禮。鸚鵡能言，不離飛鳥。猩猩能言，不離禽獸。今人而無禮，雖能言，不亦禽獸之心乎！夫唯禽獸無禮，故父子聚麀。是故聖人作，為禮以教人。使人以有禮，知自別於禽獸。太上貴德，其次務施報。禮尚往來，往而不來，非禮也。來而不往，亦非禮也。人有禮則安，無禮則危。故曰：禮者不可不學也。夫禮者，自卑而尊人。雖負販者，必有尊也，而況富貴乎？富貴而知好禮，則不驕不淫。貧賤而知好禮，則志不懾。」

很明白，這就是一切唯禮的思想。詩云：「人而無禮，胡不遄死！斯言也，禮與死也！」無論軍政、刑法、倫教等等，無不繫之於禮。再貧賤的人，一旦有禮，也會顯得尊貴，人不敢冒犯之。而且人一旦有了禮，也就不會存在自卑、懦怯等問題。我們可以看到，這裏所論，與墨辯思想有一致處：所謂禮者，「決嫌疑」、「別同異」、「明是非也」。《小取》也說：「夫辯者，將以明是非、審治亂、明同異、察名理、處利害、決嫌疑焉。」兩相比照，禮與辯的關係不言自明。所謂辯，最終也是要辯一個禮。所謂名理，最終也是要落實一個禮。有禮方成教，無禮不成教。雖然禮的精神和道理是一貫的，永遠不變，但是禮俗卻要隨世轉移。因為聖人制禮，必須順乎人情，這就是禮從宜的原則。可以說，禮就是直接為政教負責的——使下面蒙化，這就是道教。儒家認為：禮是人有別於動物的依據，也是人文的底線。所以有禮則安，無禮則危。

儒家學說以禮為根基，是完全人文的。在儒家思想中，晏子的思想相對較為原樸，因為晏子完全是一位實行家。尤其是他的一些治術上的經驗，可以作為後人最基本的參考。《晏子春秋》云：「晏子飲景公酒，令器必新。家老曰：財不足，請斂於氓。晏子曰：止。夫樂者上下同之，故天子與天下，諸侯與境內。大夫以下，各與其僚，無有獨樂。今上樂其樂，下傷其費，是獨樂者也。不可。」(《晏子春秋》卷五第十四）可見樂者也是一種治術、辦法。對於「同樂」，我們也可以作為一種均平思想去把握，也就是「與民同意」的一種思維。晏子曰：「吾聞之：量功而不量力則民盡，藏餘不分則民盜。」（《晏子春秋》卷五第二十二）由此可見，晏子的基本態度就是反對竭盡民財。財不足則斂，必然會下傷其費，下傷其費則壞治。這裏「天下」與「境內」二者須留心。所謂內者，就是不能逾「分」。關於樂的思想，孟子也有「獨樂樂」、「不如與民樂」之一義，正可與此參看、聯觀。

說到飲酒之禮節，《晏子春秋》中亦有細緻的敘說。「晏子飲景公酒。日暮，公呼具火，晏子辭曰：詩云，側弁之俄，言失德也。屢舞傞傞，言失容也。既醉而出，並受其福，賓主之禮也。醉而不出，是謂伐德，賓主之罪也。嬰已蔔其日，未卜其夜。公曰：善。舉酒祭之，再拜而出。曰：豈過我哉！吾託國於晏子也。以其家貧善寡人，不欲其淫侈也。而況與寡人謀國乎。」（《晏子春秋》卷五第十五）這裏卜日未卜夜只是客氣的說法，意思是勸景公離開。因為上古的禮制，國君到臣子家裏宴飲，本來就有相狎之嫌，尤其是入夜不歸，更不合於禮。所以晏子諫之。由此亦可見：晏子飲景公酒多半是景公的意思，晏子推脫不掉，只能應付齊君，但是又不能夠違禮，所以只好用各種各樣的說辭和辦法曲諫。從這些事蹟我們都可以直感地看到晏子為臣的技巧。

《晏子春秋》曰：「景公遊於紀，得金壺。發而視之，中有丹書，曰：無食反魚，勿乘駑馬。公曰：善哉！如若言。食魚無反，則惡其鱢也。勿乘駑馬，惡其不遠取道也。晏子對曰：不然。食魚無反，毋盡民力乎！勿乘駑馬，則無置不肖於側乎！公曰：紀有書，何以亡也？晏子對曰：有以亡也。嬰聞之：君子有道懸之閭。紀有此言注之壺，不亡何待乎！」（《晏子春秋》卷五第十九）紀可能是被襄公滅掉的那一個國，見《公羊傳》莊四年。「反魚」不是指不新鮮的臭魚，而是要人凡事留有餘地，不要窮竭民力而後快。孔子說：「君子勿友不如己者」，就是勿乘駑馬的意思。《太平御覽》作「無致不肖」，就是說不要招來小人的意思。因為用不像樣的人，會給人以「下行」的暗示。紀有政箴，但是卻封存在金壺當中，等於沒有。這說明道理不遠人，而人自遠道理。道與理就在人的身邊，供人使用和運用，絕不是束之高閣、供奉起來給人膜拜的。這裏也涉及到了名理，所謂「有以亡也」，就是說紀之亡有它滅亡的「故」。而晏子的解釋、說辭就是「求其故」。這個「故」就是：為政之道在於昭明天下，而不是封存起來。所謂有道懸之閭（閭里、閭巷），而紀言注之壺。到這裏，我們也就能夠明白為什麼《大學》首先要講明明德了，為政總不能建立在別人都不知道的基礎上。

我們在晏子的思想中，當然也能很明白地看到尊周的內容。《晏子春秋》曰：「景公新成柏寢之室，使師開鼓琴。師開左撫宮，右彈商，曰：室夕。公曰：何以知之？師開對曰：東方之聲薄，西方之聲揚。公召大匠，曰：立室何為夕？大匠曰：立室以宮矩為之。於是召司空，曰：立宮何為夕？司空曰：立宮以城矩為之。明日，晏子朝。公曰：先君太公以營丘之封立城，曷為夕？晏子對曰：古之立國者，南望南斗，北戴樞星，彼安有朝夕哉？然而以今之夕者，周之建國，國之西方，以尊周也。公蹵然曰：古之臣乎！」（《晏子春秋》卷六第五）案「夕」就是西的意思。師開根據聲音知道柏寢之室西高於東，因為周在西邊，所以是尊周的意思。從這裏我們也可以知道，晏子的時代，王制已衰，所以景公才會有古之臣乎之歎。而尊周之禮，是先秦時代的大問題。

晏子與孔子曾經有過會晤，作為齊、魯的重臣，他們談到過禮的問題。《晏子春秋》曰：「晏子使魯，仲尼命門弟子往觀。子貢反，報曰：孰謂晏子習於禮乎？夫禮曰登階不歷，堂上不趨，授玉不跪，今晏子皆反此。孰謂晏子習於禮者？晏子既已有事於魯君，退見仲尼。仲尼曰：夫禮登階不歷，堂上不趨，授玉不跪，夫子反此，禮乎？晏子曰：嬰聞兩楹之間，君臣有位焉。君行其一，臣行其二。君之來速，是以登階歷、堂上趨，以及位也。君授玉卑，故跪以下之。且吾聞之：大者不踰閑，小者出入可也。晏子出，仲尼送之以賓客之禮。反，命門弟子曰：不法之禮，『維』晏子為能行之。」（《晏子春秋》卷五第二十一）

魯君之禮過卑，故晏子不能不有所調整。從這裏來說，違禮也是魯君在先。由此亦可以看到，禮制是有一個輕重升降的，只是這個禮的輕重升降以絕不至於壞了禮制為限度。晏子與孔子的會晤，是歷史中兩個大人物的相會。關於禮的對話，晏子認為禮從宜。《晏子春秋》是以晏子為主的，所以文本方面不會像《論語》那樣以孔子為主。從這裏我們就可以知道，歷史中的思想是有一個「地位從主人」的情況的。孔子是春秋末極重要的人物，《史記・孔子世家》云：「孔子生魯昌平鄉陬邑。其先宋人也，曰孔防叔。防叔生伯夏，伯夏生叔梁紇。紇與顏氏女野合而生孔子，禱於尼丘得孔子，魯襄公二十二年而孔子生。生而首上圩頂，故因名曰丘云，字仲尼，姓孔氏。」從《史記》的記述來看，孔子的出生是很苦的，後來他一生的事業，也都是在艱苦中度過的。《史記》中的記錄應該是可靠的，司馬遷有著史官基本的信實態度。孔子列世家，本身就能夠說明司馬遷尊孔之意。他對孟子也很尊重。歷史中基本的說法，當然是以《史記》為準。孔子的名字，是根據他出生時的頭形來取的，大概是頭頂中間低凹。但這是孔子兒時的頭形，成年以後可能有些變化。案叔梁紇生孟皮，孟皮病足。孔子的字與行序有關係，另外說禱於尼丘山而得孔子，所以字仲尼。司馬遷記魯襄公二十二年孔子生，但《公羊傳》的說法是魯襄公二十一年十有一月庚子孔子生，有確切日期。到底哪一個說法為準，不能確知。《史記》索隱說：「今以為二十二年，蓋以周正十一月屬明年，故誤也。」查歷史紀年表，魯襄公二十一年（己酉）孔子生，其時是在冬季。關於孔子父母野合而生孔子一事，應該是合乎事實真實的。後人對此一節有委曲的解釋，因為孔子被尊為聖，所以有些說法世人想翻轉。但是那樣做既有悖於事實，而且亦無必要。因為人之貴賤，取決於他後天的努力，而非出身。孔子的事蹟，《禮記》中有一些記錄。《檀弓》曰：「孔子少孤，不知其墓，殯於五父之衢。人之見之者，皆以為葬也。其慎也，蓋殯也。問於郰曼父之母，然後得合葬於防。」孔穎達注疏說：「按《史記・孔子世家》云：叔梁紇與顏氏女野合而生孔子。鄭用《世家》之文，故注言野合，不備於禮也。若《論語》云：先進於禮樂，野人也，及野哉由也，非謂草野而合也。但徵在恥其與夫不備禮為妻，見孔子知禮，故不告。言不知其墓者，謂不委曲適知柩之所在，不是全不知墓之去處。其或出辭入告，揔望本處而拜。今將欲合葬，須正知處所，故云不知其墓。今古不知墓處，於事大有。而講者諠諠，競為異說，恐非經紀之旨。案《家語》云：叔梁紇年餘七十，無妻，顏父有三女。顏父謂其三女曰：鄒大夫身長七尺，武力絕倫，年餘七十，誰能與之為妻？二女莫對，徵在進曰：從父所制，將何問焉！父曰：即爾能矣。遂以妻之，為妻而生孔子，三歲而叔梁紇卒。王肅據《家語》之文，以為《禮記》之妄。又《論語緯撰考》云：叔梁紇與徵在禱尼丘山，感黑龍之精，以生仲尼。

今鄭云叔梁紇與顏氏之女徵在野合，於《家語》文義亦無殊。何者？七十之男始取徵在，灼然不能備禮，亦名野合。又徵在幼少之女，而嫁七十之夫，是以羞慚不能告子。又叔梁紇生子三歲而後卒，是孔子少孤。又與《撰考》之文禱尼丘山而生孔子，於野合之說亦義理無妨。鄭與《家語》、《史記》並悉符同，王肅妄生疑難，於義非也。」

可以說，前人的說解越轉越不圓，而且沒有意義，很多地方都是矛盾不通的。對此，後人已無必要過多地糾纏。《周易》大過卦九二爻說：「枯楊生稊，老夫得其女妻，無不利。象曰：老夫女妻，過以相與也。」這一條正可以對照叔梁紇、徵在之事。孔子後來的成長，當然與他兒時的生活經歷相關連。《史記》中說：「孔子為兒嬉戲，常陳俎豆，設禮容。」孔子幼時好禮，與父親早死有關係，因此性格早熟，並不顯得奇怪，也不是什麼神異，儘管他很聰明。《史記》說：「孔子長九尺有六寸，人皆謂之長人，而異之。」據出土戰國銅尺推算，孔子身高約合現在兩米二三左右，這顯然是叔梁紇的遺傳。叔梁紇為當時著名武士，身材高大（所謂身長七尺之說其實不確）。案《黃帝內經素問》之《上古天真論》云：「帝曰：人年老而無子者，材力盡邪？將天數然也？歧伯曰：女子七歲腎氣盛，齒更髮長。二七而天癸至，任脈通，太沖脈盛，月事以時下，故有子。三七腎氣平均，故真牙生，而長極。四七筋骨堅，髮長極，身體盛壯。五七陽明脈衰，面始焦，髮始墮。六七三陽脈衰於上，面皆焦，髮始白。七七任脈虛，太沖脈衰少，天癸竭，地道不通，故形壞而無子也。丈夫八歲腎氣實，髮長齒更。二八腎氣盛，天癸至，精氣溢寫，陰陽和，故能有子。三八腎氣平均，筋骨勁強，故真牙生，而長極。四八筋骨隆盛，肌肉滿壯。五八腎氣衰，髮墮齒槁。六八陽氣衰竭於上，面焦，髮鬢斑白。七八肝氣衰，筋不能動，天癸竭，精少腎藏衰，形體皆極。八八則齒髮去。腎者主水，受五藏六府之精而藏之，故五藏盛乃能寫。今五藏皆衰，筋骨解墮，天癸盡矣。故髮鬢白，身體重，行步不正，而無子耳。帝曰：有其年已老而有子者何也？歧伯曰：此其天壽過度，氣脈常通，而腎氣有餘也。此雖有子男，不過盡八八，女不過盡七七，而天地之精氣皆竭矣。帝曰：夫道者年皆百數，能有子乎？歧伯曰：夫道者能卻老而全形，身年雖壽，能生子也。」

叔梁紇七十而得孔子，足見其精強。孔子稟叔梁紇的遺傳，武藝也很好。從生理上來說，大齡生產的子女，往往有智力極高的。這是因為父母年紀既長以後，身心、閱歷的堆積及增長發育，都非年輕時可比，很多資訊會直接遺傳給子女。關於孔子的情況，歷史中的記錄算是比較詳盡的，有很多感性的內容。《史記》的記述，與《禮記》是一致的。《孔子世家》云：「丘生而叔梁紇死，葬於防山。防山在魯東，由是孔子疑其父墓處，母諱之也。」「孔子母死，乃殯五父之衢，蓋其慎也。郰人曼父之母誨孔子父墓，然後往合葬於防焉。」徵在很早就死了，足見生活狀況很不好。孔子自小沒有父親，寡母撫孤，多有至孝之士。後來孔子講「父父」、「子子」，強調孝道，無疑是早年生活經歷所致。生活決定一切，自古都是一理。所以我們在理解歷史中的學說時，有必要注意「實事還原法」。也是從「實事還原法」這一公則來說，人文中沒有任何思想學說是可以完全認同和接受的——同異性要求「保守」相當的餘地。孔子是聰明人，他通過禮制上的一些靈活舉動，引得郰曼父之母來問緣由，於是知道了父墓的確切位置，叔梁紇與徵在始得合葬。《禮記・檀弓》說：「孔子既得合葬於防，曰：吾聞之，古也墓而不墳。今丘也，東西南北之人也，不可以弗識也。於是封之，崇四尺。孔子先反，門人後，雨甚至，孔子問焉，曰：爾來何遲也？曰：防墓崩。孔子不應，三，孔子泫然流涕曰：吾聞之，古不脩墓。」

這並不是故事，而是真實的。因為這裏面有幾層意思：孔子從小不知道父墓所在，這在他心裏是一個隱曲。所以叔梁紇與徵在的合葬墓孔子要封墳塋，高四尺，這樣便於作為以後的標識。此於禮顯然是從大夫之制。但是「防墓」很快遇雨而崩壞了，這件事容易在孔子的心理上產生不好的聯繫。因為叔梁紇與徵在野合，死後雖得合葬，但墓崩壞，所謂禎祥妖孽、餘慶餘殃者，古人本來是很講究這些的——對此十分敏感。因此孔子泫然流涕，還是很不幸的。他說不脩墓，正能反映其所哀者，這些都是顯而易見的。《檀弓》另記一事說：「孔子曰：衛人之祔也離之，魯人之祔也合之，善夫！」這裏說的「祔」就是合葬的意思。所謂離之，就是說以一物隔二棺之間（於槨中）。其中所包含的意思是：男女有別、須隔居處。這是衛國的禮俗。魯國的禮俗，中間是不隔東西的。由此可以知道：孔子既然認同魯國的禮俗，那麼叔梁紇與徵在合葬，中間也是不隔東西的。正因為叔梁紇與徵在野合，所以孔子希望兩人充分相合，這是一種心理填補。我們在經典中看到，孔子對「禮」與「野」那樣敏感，顯然都是由個人經歷造成的。經歷造成性格，所以孔子惡野哭者等等，就是最直接的反映。在治家方面，我們也總能看見孔子嚴守禮制的事蹟。比如《檀弓》中記錄的一則說：「伯魚之母死，期而猶哭。夫子聞之，曰：誰與哭者？門人曰：鯉也。夫子曰：嘻，其甚也！伯魚聞之，遂除之。」這是孔子以為伯魚過分，因為伯魚過哀，過了禮制所規定的範圍還哭，所以引起孔子的反感。「嘻」

是悲恨之聲，從這些事情我們便能夠充分看到孔子在禮制上的敏感與嚴格要求，這和他自小的生活是一致的。

孔子的思想，直接記錄在《論語》中。案《鄉黨》云：「鄉人飲酒，杖者出，斯出矣。鄉人儺，朝服而立於阼階。」此兩事俱言孔子禮敬之義，所謂遵禮之事，在《論語》中是不鮮見的。可以說，禮主敬，「禮敬」是孔子思想的基礎，離開了「禮敬」便很難想像。雖然是鄉人儺，但孔子仍然朝服立於東階，其時的對待與對待古禮並沒有兩樣。這並不是著意地為之，因為儺本來屬天子之禮（見《周禮》），孔子只是通過這些舉動「一貫」他的主張與認同罷了。從這段記錄我們已經可以直感地看到當時禮流入民間的具體情況，當然從古禮的發生來說，禮原初是否來自民間，或者一直存在於民間、未嘗斷絕，這也是必須同步考論的問題。但是依理推之，《論語》既然著意地述說這件事，其立義肯定還是在於：禮自上而下流入於野，故孔子才會像對待王事一樣去對待它。這裏面的條理、層次本來是很清晰的。現在民間的儺戲仍然有延續，儺在民間的情況，看來孔子的時代已經是那樣了。從經驗上觀察，孔子的基本態度和行事，其實始終不離「遵前」之義，這可以作為一個核心去把握。

我們可以注意這一段：「顏淵問仁，子曰：克己復禮為仁。一日克己復禮，天下歸仁焉。為仁由己，而由人乎哉！顏淵曰：請問其目。子曰：非禮勿視，非禮勿聽，非禮勿言，非禮勿動。顏淵曰：回雖不敏，請事斯語矣。」（《顏淵》）一切都是唯禮，仁就是從禮上來定的。離開了禮，談不到仁。由此可見，孔子講仁的本意，還是從禮上去把握的。禮是一切的基礎，包括仁在內，人而無禮，那他就是一個「負人」。顏淵是孔子最得意的學生，而且以篤行見稱。因此孔子對顏回講說的道理應該最接近於真實和根本。所以，當顏回進一層問到實做的具體條目時，孔子告以「非禮勿視聽言動」，讓他去實行。儘管孔子因材施教、因人而答（包括仁的問題），但他對顏淵所講的話是最直截的，絕不致於讓我們耗費多餘的周折，這一點是可以肯定的。比如說：「子曰：回也非助我者也，於吾言無所不說。」（《先進》）這說明顏淵與孔子之間有一種默契，有一種清楚的對應性，此為其他弟子所不及。所以孔子每次告訴顏淵的，不會有太多的餘意、潛臺詞，這可以幫助我們達到某種確定性。又如：「子曰：吾與回言終日，不違如愚。退而省其私，亦足以發，回也不愚。」（《為政》）這說明顏回對孔子所說的話無所不好，又能夠準確領會、把握和實在的篤行。所以孔子告以顏氏的，意思最近真。至於對其他弟子所講的則更多靈活性與具體的指對。我們對孔子的「巧」的一面不能不有充分估計。案《史記弟子傳》云：「顏回者，魯人也，字子淵，少孔子三十歲。年二十九，髮盡白，蚤死。」由此可知，顏淵平日用心思慮過度、過深，所以早夭。孔子講仁，既然不脫出禮這一根本，可見仁在政治上有兩點是可以被我們確認的，即：政教統緒的維固與導向開明的功用。仁通常更多地被解釋為「對下」，其實仁必然的要充分考慮到「對上」。直接地說，就是有「不忍於」統緒者。由此，我們完全可以說：在孔子的義理統體中，仁不可能得到過濫的理解和解釋。所以，我們不能忘了其中同時所包含的「義」的精神。

禮、仁是政教的基礎，在這一基礎上，孔子的思想無論怎樣展開都是統一、一貫的。《顏淵》曰：「子貢問政。子曰：足食足兵，民信之矣。子貢曰：必不得已而去於斯三者，何先？曰：去兵。子貢曰：必不得已而去於斯二者，何先？曰：去食。自古皆有死，民無信不立。」這裏是孔子對為政的根本態度。仁、義、禮、知、信，信為根本。沒有信，一切都不成立。所謂足食足兵，這是治國的兩大端。食、貨二者，食是必要的供給。所謂民生以食為天，而經濟生活主要在貨。國家信用是主導一切的，沒有信用，兵與食都談不到了。所以這裏的問話是突出三者的先決重要性，並沒有特別的懸念。關於兵事，孔子的態度很明確。《子路》云：「子曰：善人教民七年，亦可以即戎矣。」「子曰：以不教民戰，是謂棄之。」這就很清楚，兵備的必要，在孔子是十分明確的。這裏是從效果上去說的，一個稍微治理像樣達七年的國家，都可以應對戰爭。因為治理良好，國人就會得到某種訓練。而用未經過訓練的人去打仗，等於糟蹋生命。民皆有死，死本身是不足畏的，關鍵要看它的意義。這裏要強調的意思就是——世上有比生死更要緊的事情。

「子張問崇德辨惑。子曰：主忠信，徙義，崇德也。愛之欲其生，惡之欲其死，既欲其生，又欲其死，是惑也。誠不以富，亦祇以異。」（《顏淵》）信義即是崇德。人都是情緒化的，好起來希望別人生，惡起來希望他人死。所以說這些都是心惑，是靠不住的。所以《子路》中有一段話說：「子貢問曰：鄉人皆好之，何如？子曰：未可也。鄉人皆惡之，何如？子曰：未可也。不如鄉人之善者好之，其不善者惡之。」這就是唯君子能「好惡」人的道理，最重要的是這裏把好惡與善惡整齊劃一了。實際上，這就是說：在乎別人的看法，不如在乎道理本身。所以常人情緒化而非出於道理的好惡，終歸是不必考慮的，儒者唯一須用心的是「是否善」。「非禮勿視聽言動」，說的就是這個意思。所以舉世好之而不加勸，舉世惡之而不加沮，這就是所謂「中行」了。「子曰：不得中行而與之，必也狂狷乎！狂者進取，狷者有所不為也。」（《子路》）中行與中庸是相通的。當然這是退而求其次的說法。

為什麼要講崇德呢？《顏淵》曰：「樊遲從遊於舞雩之下，曰：敢問崇德、脩慝、辨惑。子曰：善哉問！先事後得，非崇德與！攻其惡，無攻人之惡，非脩慝與！一朝之忿，忘其身以及其親，非惑與！」人之二大，在忿與欲。攻其惡與攻人之惡，前者完全是脩身的，而後者卻往往是人身攻擊，是人事的，沒有學問知識價值。這說明儒學（包括《春秋》之義）在於內省道理，是以理立基，而不在於「人」。這一層對比，實際上關係到儒學以後的核心，即理學。所謂理學，就是義理的禮學，是禮學的道理部分。所以禮學大於等於理學，而理學小於等於禮學。但這裏所要說的還是著力於教化，因一時之忿而忘身之與親，最妨礙孝悌之治道。所謂犯上作亂者，乃大亂之由也。所以孔子時時處處都是反對「險」的精神的，他著重的是講信修睦一路。孔子對善於發問顯然抱嘉許的態度，對善於發問者，孔子從來是獎掖的。無論國君還是門人弟子，孔子都希望他們能問。因為是否能問，表明了體道的程度。可是對不高明的問，孔子就沒那麼客氣了。「樊遲請學稼，子曰：吾不如老農。請學為圃，曰：吾不如老圃。樊遲出，子曰：小人哉，樊須也！上好禮，則民莫敢不敬。上好義，則民莫敢不服。上好信，則民莫敢不用情。夫如是，則四方之民，繈負其子而至矣，焉用稼！」（《子路》）其實樊遲的態度還是可取的，因為這裏面蘊涵著園藝社會的思路。注曰：「何用學稼以教民乎？」如果說上古「稼」還比較容易、不用學，那麼後來的農就必須「學稼」了。同時我們還可以看到，所謂小人不一定是道德上的，局量小也可以是小人。這裏樊遲被指為小人，顯然就不是道德上有問題。他問孔子稼、圃之事，也能說明孔子多能鄙事。但孔子自己顯然還是調子挺高的。

我們說，孔子的思想，他對政治的理解，純粹是自上而下的一套思維，只不過孔子的思想是開明的思想罷了。《顏淵》曰：「季康子問政於孔子曰：如殺無道，以就有道，何如？孔子對曰：子為政，焉用殺？子欲善，而民善矣。君子之德風，小人之德草，草上之風必偃。」季康子的思維反映了一般人的定式思維，似乎政治都是要動殺戮的，都是必然免不了殺伐的，其實這是一種根本性的蒙蔽。政治必然是要付出代價的思維其實是無能的表現，因為思路打不開，所以只能動用「殺」等等手段，其實這只是說明了無能與可憐。所以，壞都是因為無能，無能才壞，這是必然的。有能者，不竭如江河，有的是治術辦法，這一點我們從管子就看得很清楚。所以無能者都不自信，也就不信人，內心恐懼悽惶，其實是「心窮」的表現。心窮而為政者，人類之災。季康子之問顯然是有意圖目的的，是意圖目的話語，還停留在簡單的殺伐思維，這當然是孔子最反對的。簡言之，王道不能建立在殺戮之上，政教不能是嗜殺的，為政者尤其如此。可以注意：這裏明確以風、草之象說民與君的關係，正可以用易卦來解釋，比如巽卦、觀卦等等。可見孔子理解的社會，整個就是一個「風草」社會，正如《周易》卦象所顯示和昭示的那樣。孔子說：「民可使由之，不可使知之」，都是這一思維的表現。孔子關於「政」與「為」的思想，就在這些地方體現出來。這也說明：中國的政教政治自來就是從上到下的，是單向的、單層的。怎樣建立有效的相互約制，始終是歷史中的棘手問題。孔子對此也有很多考慮，比如《孝經》中所反映的。

其實孔子對季氏的看法，可以從這一段中反映出來。《季氏》曰：「季氏將伐顓臾，冉有、季路見於孔子曰：季氏將有事於顓臾。孔子曰：求，無乃爾是過與！夫顓臾，昔者先王以為東蒙主，且在邦域之中矣，是社稷之臣也，何以伐為？」案注疏所說：「顓臾伏羲之後，風姓之國，本魯之附庸，當時臣屬魯。季氏貪其土地，欲滅而取之。魯七百里之封，顓臾為附庸，在其域中，先王使主祭蒙山。顓臾已屬魯，為社稷之臣，何用滅之為？」所以，季氏將伐顓臾，正說明魯臣季氏專恣。天下無道，政在大夫，故孔子陳其正道，揚其衰失。《季氏》云：「孔子曰：天下有道，則禮樂征伐自天子出。天下無道，則禮樂征伐自諸侯出。自諸侯出，蓋十世希不失矣。自大夫出，五世希不失矣。陪臣執國命，三世希不失矣。天下有道，則政不在大夫。天下有道，則庶人不議。」可見禮樂政教，應該是出於天子，下面不得僭奪。但凡人民運動搞得熱鬧的，都是天下無道的表現。《子張》曰：「子貢曰：君子之過也，如日月之食焉。過也人皆見之，更也人皆仰之。」這裏明白指出：君子的重心不在「無過」，而在「改之」。就像日食、月食，人都看得見，明白昭然。人不可能天生不犯錯，人類史本來就是一個學而習之的過程。犯錯是人類的本分，不犯錯是人類的情分。所以關鍵是在改，而不是無。當然故意犯的錯除外。因此，對於過，用不著有不安諱飾的心理，這樣反而害事。這就是儒家的改進思想，凡事都經不起改進。所以對過失是根本不用多考慮、多糾纏的，「不過」才奇怪了。過失是人的本分，所以對「過」本能地感到緊張是不對的，也沒有必要。與改過相配合的是「君子不二過」之論。知過不改為過。治理得好的政治，百姓沒話可說。因為政治上了軌道，人們就不關心它了，而只專注於日用生活，所以國人不非譭謗議。這是孔子不越政教名分的直接表達。所謂人平不語、水平不流者，說的也是這個意思。

季康子問孔子的，當然不止一處。《顏淵》曰：「季康子問政於孔子，孔子對曰：政者正也。子帥以正，孰敢不正？」「季康子患盜，問於孔子，孔子對曰：苟子之不欲，雖賞之不竊。」這充分說明了中國古代社會的「上下根性」，上面做好了，即使懸賞要下面壞也不可能。「子曰：其身正，不令而行。其身不正，雖令不從。」（《子路》）所以政教就是身教，學問思辨都要落實、歸宿於行。因此，中夏人文說到底就是「行性」的人文。不明瞭這一層，就不能說知道人文的類性。中國古代的政治歷來都是身教型的政治，而不是言教型的政治，這就是政教政治。政教突出一個教字，教與學相對，所以學與仕相聯，處處都是貫通的。所以華文化的成功與否是要看它的「行度」，即做的程度如何。做得好，雖陋必成，反之不成。這就是說：中國人文的成敗，不可能、實際上也不許有其他的原因歸結或推諉。所以單純的政令、詔令是不管用的。《子路》又說：「子曰：苟正其身矣，於從政乎何有？不能正其身，如正人何？」顯然，孔子對「問政」的回答是有方向性的。在回答國君或執政者的提問時，就是取從上而下的順序和方向，比如說為政以寬、行仁政等等。而回答學生的提問時，就是取從下而上的順序和方向，講究「下對上」應該怎樣。比如說：「子張問政，子曰：居之無倦，行之以忠。」（《顏淵》）就是很好的例子。從這些地方我們也可以看到孔子一貫的特點。問政如此，問仁亦然。這說明仁與政是天生掛在一起的，即所謂仁政。所以仁也不是單純從日常生活去講，仁天生就是一個政治之名。案孔子對仁的解釋與回答，是依據提問者各人不同的情況而作出的。比如：

> 顏淵問仁。子曰：克己復禮為仁。一日克己復禮，天下歸仁焉。為仁由己，而由人乎哉？顏淵曰：請問其目？子曰：非禮勿視，非禮勿聽，非禮勿言，非禮勿動。顏淵曰：回雖不

> 敏，請事斯語矣。
>
> 仲弓問仁。子曰：出門如見大賓，使民如承大祭。己所不欲，勿施於人。在邦無怨，在家無怨。仲弓曰：雍雖不敏，請事斯語矣。
>
> 司馬牛問仁。子曰：仁者，其言也訒。曰：其言也訒，斯謂之仁已乎？子曰：為之難，言之得無訒乎？（《顏淵》）
>
> 樊遲問仁。子曰：愛人。問知。子曰：知人。樊遲未達。子曰：舉直錯諸枉，能使枉者直。樊遲退，見子夏曰：鄉也吾見於夫子而問知，子曰：舉直錯諸枉，能使枉者直。何謂也？子夏曰：富哉，言乎！舜有天下，選於眾，舉皐陶，不仁者遠矣。湯有天下，選於眾，舉伊尹，不仁者遠矣。
>
> 樊遲問仁。子曰：居處恭，執事敬，與人忠。雖之夷狄，不可棄也。（《子路》）

這些就是所謂因人而教之，其落實處不在學問思辨，而在篤行。孔子的意思很明白：用不著著意地廢除什麼，只要興辦好的，不善自然遠離。做到了這一點，就可以達成、實現不流血的政治。所以子夏感歎「富哉」、「大哉」！這就是以仁主知、以知輔仁。所以我們說仁是辦法、是方法，不是道德。一切都在知中，所以《大學》以知為本，這就是儒家的「知本」精神。所謂「學而時習之」，行是儒家為學的根本。也就是「主敬」的意思。大概顏淵、樊遲、子夏幾個是能夠實做的學生，所以孔子對他們言仁，都直接落實到行。可見仁的正名還是在行。這些都說明，無論知還是言等等，凡是與行相對的東西，都有一個小於等於行的問題，即：知、言等等必須在行的限度下、必須在「行限」以下。所謂舉賢則小人自遠，君子、仁人、賢者就是直，小人、不肖等等就是枉，是與聖賢相對待的。這是儒家的基本對比思維。知是以「知人」為重心，不是知物。因為人最複雜，而物最簡單。《論語》結尾云：「孔子曰：不知命，無以為君子也。不知禮，無以立也。不知言，無以知人也。」可見知的多面性，這裏就包含命、禮、人三者，都不是容易把握的。所以儒者所言之知，不是一端的，而是包括性命、天道等等在內。《大學》講知，正應該從這裏去理會。也就是說，知的內容、對象很廣。弟子問仁而兼及知，說明了仁與知的陰陽性關係。仁與義與知必然在一起。但是，孔子自己卻常常做不到知人。比如他對宰我等人的誤察，他講「信其行」與「觀其行」等等。可見知人之難、知之難。所以孔子不輕言知，道理也就在這裏。

其實孔子的基本治理思想非常簡單、直截。「子適衛，冉有僕。子曰：庶矣哉！冉有曰：既庶矣，又何加焉？曰：富之。曰：既富矣，又何加焉？曰：教之。」（《子路》）這就是為政的步驟：民生既足，便可以升進而入政教。實際上也就兩步：富之、教之。所以治國是最簡單的，最終歸落於教化。這是中國的人文思想傳統，因此必然會以講信修睦一路為歸宿。「子曰：聽訟，吾猶人也。必也使無訟乎！」（《顏淵》）天下達到了無訟的程度，就是理想的治理狀態。很多事情每個人做都一樣，顯不出什麼差別來，但是那關鍵的一點卻不是每個人都可以做的。孔子也就是「自表」他的使命在於成就王道政治，而不是重複人人都可以做的事情。在很多事情上，孔子也不可能做出特別離奇的效果來。好比種地，一般人去做就可以了，孔子肯定是不願意幹的。老子說：「聖人持左契」，這也是講要達到無爭訟的治理，即天下須講信修睦。所以《禮運》中說：「大道之行也，天下為公。選賢與能，講信脩睦。故人不獨親其親，不獨子其子。使老有所終，壯有所用，幼有所長，矜寡孤獨廢疾者，皆有所養。男有分，女有歸。貨惡其棄於地也，不必藏於己。力惡其不出於身也，不必為己。是故謀閉而不興，盜竊亂賊而不作，故外戶而不閉，是謂大同。」又說：「今大道既隱，天下為家。各親其親，各子其子。貨力為己，大人世及以為禮，城郭溝池以為固，禮義以為紀，以正君臣，以篤父子，以睦兄弟，以和夫婦，以設制度，以立田裏，以賢勇知。以功為己，故謀用是作，而兵由此起。禹、湯、文、武、成王、周公由此其選也。此六君子者，未有不謹於禮者也。以著其義，以考其信。著有過，刑仁講讓，示民有常。如有不由此者，在執者去，眾以為殃，是謂小康。」

孔子講的大同、小康實際上還是德教之名。自己的東西丟失了，但是想到天下會有人得到它，繼續使用，自己也就不覺得有什麼遺憾。把這一點意思擴而充之，就能大同、就能小康。民可使由之，「由」的思想就是強調要照著做。這裏論小康的一節說話，已經大有老子「失什麼而後禮義」的味道了。從孔子的述說來看，大同、小康都是很平實的標準，絕不是什麼高玄的幻想，而是可以當下落實、兌現的。這就是實學性，是中國學術思想的性質與性格。像孔子說「必也無訟乎」，對照大同、小康之論來看，孔子平時所做的一切，可以說點點滴滴都是大同、小康的工作。大同、小康都是可以當下兌現的東西。如果說大同、小康是孔子為治的理想，那麼技術上孔子第一要強調的環節就是正名。「子路曰：衛君待子而為政，子將奚先？子曰：必也正名乎！子路曰：有是哉？子之迂也！奚其正？子曰：野哉由也！君子於其所不知，蓋闕如也。名不正，則言不順。言不順，則事不成。事不成，則禮樂不興。禮樂不興，

則刑罰不中。刑罰不中，則民無所錯手足。故君子名之必可言也，言之必可行也。君子於其言，無所苟而已矣。」（《子路》）

正名是一切的「始點」和歸宿，是一切的依歸。這裏明白給出一條標準：名、言、行三者必須對應一致。如果名、言、行不能同時一致、不能對應，那麼名、言、行就不成立。比如說不能行的言不成立，不能言的名不成立等等。不能言說的名當然不成立，雖然言說有長有短。這說明「可行」是一切的歸宿，不苟言也是為了這個。由此推進一層，詩、禮之教就是必須的。孔子以詩、禮教子弟，在《論語》中隨處可見。《季氏》曰：「陳亢問於伯魚曰：子亦有異聞乎？對曰：未也。嘗獨立，鯉趨而過庭，曰：學詩乎？對曰：未也。不學詩，無以言。鯉退而學詩。他日又獨立，鯉趨而過庭，曰：學禮乎？對曰：未也。不學禮，無以立。鯉退而學禮。聞斯二者，陳亢退而喜曰：問一得三：聞詩、聞禮，又聞君子之遠其子也。」這說明詩、禮是儒者朝會的必備件，不能不學。所以儒學的重心就在「學」上，否則沒有入手可行處。不學詩、禮，上不了臺面。要說話，張不開嘴。舉手投足，手腳沒處擺。所以禮儀尤其要學而習之。「子曰：吾嘗終日不食，終夜不寢，以思，無益，不如學也。」（《衛靈公》）這裏學、思關係講得非常透徹，沒有任何餘地。學就是學禮。孔子對自己的子女並沒有特殊的對待，但是應該教到的一定到位。所謂「天道無親，常與善人」，正可以參看。陳亢聞一知三，也可以算是有心人舉一反三了。子路是一個比較淺的人，他不深，表面化，這是他的缺點。但是子路能幹、講信用，這又是他的優點。「子曰：片言可以折獄者，其由也與！子路無宿諾。」（《顏淵》）老子說：「輕諾必寡信」，正可以與此對照。子路不豫諾，正因為他有信用。子路偏聽一言就可以斷獄，這說明至誠之道可以前知的道理，與子路能幹順達的個人稟賦也有關係。老子講誠善，儒家講誠信，兩者正可以比較。我們須注意一點，《子路》云：「子曰：魯、衛之政，兄弟也。」孔子為什麼說「魯、衛之政兄弟也」，子路就衛政向孔子發問，最後又死於衛，這裏面纏繞的關係我們須連起來思考。大概衛國的倫教是不好的，加上兄弟之政的緣故，所以孔子先要以正名束之，這也是最嚴重的一種對待。為什麼孔子的政治活動總是與衛國掛在一起？種種歷史人文的消息都等待我們去索解。

雖然孔子是以詩禮、信睦、忠恕之道為教，但是他特別注意點到為止。《顏淵》曰：「子貢問友，子曰：忠告而善道之，不可則止，毋自辱焉。」這就是孔子對朋友之道的態度和原則。所謂交友之道，貴以君子。朋友數則辱，當然不能強為。所謂忠，僅僅在於說出來的，一定要如實。話可以不說，但只要說，就一定要如實。有很多話是否當講，必須看情況，不是所有的話都能說的。因為中國的人文生活首先是一個利害型的生活，所以其道德底線不在於要求必說，而在於可以沉默，但是只要說則必真。這就是邦無道，其默足以容，邦有道，其言足以興的道理。《子路》云：「子曰：君子和而不同，小人同而不和。」這就是孔子的原則：可以相異，但必須相容。先秦時代的齊物思想就是主和的。孔子的立身處世態度，實際上有名學同異之辨的依據。

孔子的時代，已經有很多人在非議、否定孔子了。這毫不奇怪，任何人在當代都會受到非議。《子張》曰：「叔孫武叔語大夫於朝曰：子貢賢於仲尼。子服景伯以告子貢。子貢曰：譬之宮牆，賜之牆也及肩，窺見室家之好。夫子之牆數仞，不得其門而入，不見宗廟之美，百官之富。得其門者或寡矣。夫子之云，不亦宜乎！」「叔孫武叔毀仲尼。子貢曰：無以為也！仲尼不可毀也。他人之賢者，丘陵也，猶可踰也。仲尼，日月也，無得而踰焉。人雖欲自絕，其何傷於日月乎？多見其不知量也。」「陳子禽謂子貢曰：子為恭也，仲尼豈賢於子乎？子貢曰：君子一言以為知，一言以為不知，言不可不慎也。夫子之不可及也，猶天之不可階而升也。夫子之得邦家者，所謂立之斯立，道之斯行，綏之斯來，動之斯和。其生也榮，其死也哀，如之何其可及也？」

叔孫武叔這樣的人，大概是素來反對孔子的，意見總是不和，所以背後的「情節」也多，其說辭絕不是無緣無故的。至於後來的人，沒有直接與孔子接觸過，當然就更感受不到孔子的優點了。儘管孔子的學生維護他，但總是有人不大相信，而這也很自然。見慣了普通人的，通常是不太容易相信超絕，更何況還有人事、情緒上的因素呢？同樣的道理，過慣了下層生活，人會缺乏想像力，學問、道藝方面的情況也大致相類。實際上，真正能夠代表、說明孔子的，沒有一個學生。孔子只是單獨的一個人，後人要知道孔子，也只能利用一些有限的書面材料。孔子的學生，每個人其實只能傳達孔子的某一個面，而且孔門也是意見歧出、彼此之間並不和諧的。我們可以看下面幾段記錄，《子張》云：「子游曰：吾友張也，為難能也，然而未仁。」「曾子曰：堂堂乎張也，難與並為仁矣。」「子游曰：子夏之門人小子，當灑掃應對進退，則可矣，抑末也，本之則無如之何。子夏聞之曰：噫，言游過矣！君子之道，孰先傳焉？孰後倦焉？譬諸草木，區以別矣。君子之道，焉可誣也。有始有卒者，其唯聖人乎！」可見，孔門最大的問題，也是後來儒門最直接的問題，就是習氣化。一旦沾染了習氣，便會不斷地助長，而很難真正深造於學問、道義之域。這就是為什麼儒學首先還是要面臨「治氣」的工作。因此，儒學反而不能像其他各門學問一樣平實有效地進展，原因也在此。簡言之，這裏面始終有一個「趨鶩高玄」的癥結。這種病症從子貢大談「日、月」就開始了。孔子談日、月是說君子，子貢講日、月是「追捧」老師。可見，孔子希望世人高抬他也是事實，本來不必隱晦的。只是孔子自己有時候不好說而已。

孔子作為儒家的關鍵人物、集大成者，已勿庸贅言。正因為此，我們說「儒」在孔子以前很古就已經爛熟了，便不是無稽之談。孔子對儒的變革，考證細述起來很費工夫，所以這裏只能先就某些點滴略做說明，這是明智的。《儒行》曰：「魯哀公問於孔子曰：夫子之服，其儒服與？孔子對曰：丘少居魯，衣逢掖之衣。長居宋，冠章甫之冠。丘聞之也，君子之學也博，其服也鄉，丘不知儒服。」案鄭氏注云：「哀公館孔子，見其服與士大夫異，又與庶人不同，疑為儒服而問之。」「逢猶大也，大掖之衣，大袂襌衣也，此君子有道藝者所衣也。孔子生魯，長而之宋，而冠焉。宋其祖所出也，衣少所居之服，冠長所居之冠，是之謂鄉。言不知儒服，非哀公意不在於儒，乃今問其服。庶人襌衣，袂二尺二寸，袪尺二寸。」哀公輕儒，欲以儒為戲，所以孔子有對。孔子又說：「今眾人之命儒也妄常，以儒相詬病。」這說明在孔子的時代，儒已經不受重視，經常不被世俗尊重。所以孔子對儒有一番重新的收拾、振作，在《儒行》中我們可以清楚地看到相關內容。注中說：「儒行之作，蓋孔子自衛初反魯之時也。」從這裏可以知道，《儒行》文本的形成，距離現在已有兩千幾百年的歷史了，所以《儒行》很能夠說明當時的情況。案《儒行》疏曰：「此於別錄屬通論。案下文云儒有過失，可微辨而不可面數。摶猛引重，不程勇力，此皆剛猛得為儒者。但儒行不同，或以遜讓為儒，或以剛猛為儒，其與人交接，常能優柔，故以儒表名。」這裏的解釋顯然溫和化了，實際上，孔子答哀公問時是有所指對的。孔子還是希望魯哀公重視儒者，至少須保持應有的尊重。以孔門來說，子路應該是剛猛之儒，而顏回則是遜讓之儒。

《儒行》中說：「孔子至舍，哀公館之，聞此言也，言加信，行加義，終沒吾世，不敢以儒為戲。」由此可見當時的情形，上自國君，下至庶人，對儒的態度普遍都是很輕慢、很不尊重的。只能說，通過孔子的一番話，魯哀公後來有所收斂了，不再以儒為戲（實際上是不再對孔子有什麼不小心仔細的態度）。但是魯哀公最終不用孔子，說明魯國國君不可能對儒有什麼倚重的態度。《禮記正義》曰：「以哀公終竟不能用孔子，故孔子卒，哀公誄之。傳云：生不能用，死而誄之，非禮也。是終竟輕儒。此云不敢以儒為戲，是當時蹔服，非久也。」說的正是這個意思。

那麼，儒的基本義又是怎樣的呢？《禮記正義》曰：「儒之言優也，和也。言能安人、能服人也。」「儒之言優也，柔也。能安人、能服人。又儒者濡也，以先王之道能濡其身。」案《說文解字》云：「儒，柔也。術士之稱。從人，需聲。」可見「儒」本來是從陰柔一面去定說的。桂馥《說文解字義證》曰：「柔也者，《廣雅》同。儒，柔，聲相近。本書，媆，弱也。懦，駑弱也。《一切經音義》，二十四說文，儒，柔也，謂柔㥇也。《方言》：儒輸，愚也。注云：儒輸猶懦撰也。盧君文弨曰：案《漢書》西南夷傳作選耎，《後漢書》西羌傳作選懦，音義並與懦撰相近。《禮記・儒行》鄭目錄云：名曰儒行者，以其記有道德者所行也。儒之言優也，柔也。王粲儒吏論，竹帛之儒，豈生而迂緩也？起於講堂之上，游於鄉校之中，無嚴猛斷割以自裁，雖欲不迂緩，弗能得矣。先王見其如此，是以吏服訓雅，儒通文法，故能寬猛相濟，剛柔自克也。《北史》

王憲傳，王嶷性儒緩不斷。劉芳傳，為政儒緩，不能禁止奸盜。《唐書》鄭畋傳，賊內輕畋儒柔。案需、柔以聲相通。《考工記》鮑人，欲其柔滑而腥脂之，則需。注云，故書需作割㮝。鄭司農云，割讀為柔需之需。詩時邁，懷柔百神，釋文，柔本亦作濡。《宋書》樂志，昭事先聖，懷濡上靈。《莊子》以濡弱謙下為表。方言，蘇之小者謂之薰葇，即本草之香薷。《通鑒》注，魏呼柔然為蠕蠕，南人語轉為芮芮。鄭注《周禮》大祝云，擩讀為虞芮之芮。」

「術士之稱者，所謂儒術也。《晏子春秋》，言有文章，術有條理。《禮・儒行》，營道同術。《周禮》太宰，以九兩系邦國之民，四曰儒，以道得民。注云：儒，諸侯保氏有六藝以教民者。《孟子》，逃墨必歸於楊，逃楊必歸於儒。《法言》君子篇，通天地人曰儒。《漢書》司馬相如傳，列仙之儒。顏注：儒，柔也，術士之稱也。凡有道術皆為儒。《風俗通》，儒者區也，言其區別古今，居則玩聖哲之詞，動則行典籍之道，稽先王之制，立當時之事，此通儒也。若能納而不能出，能言而不能行，講誦而已，無能往來，此俗儒也。《晉書》範宣傳，庾爰之問宣曰：君博學通綜，何以太儒？宣曰：漢興，貴經術，至於石渠之論，實以儒為獘。正始以來，世尚老莊，逮晉之初，競以裸裎為高。僕誠太儒，然立不與易。《群輔錄》八儒云：夫子沒後，散於天下，設於中國，成百氏之源，為綱紀之儒。居環堵之室，蓽門圭竇，甕牖繩樞，併日而食，以道自居者，有道之儒。子思氏之所行也。衣冠中，動作順，大讓如慢，小讓如偽者，子張氏之所行也。顏氏傳詩為道，為諷諫之儒。孟氏傳書為道，為疏通致遠之儒。漆雕氏傳禮為道，為恭儉莊敬之儒。仲梁氏傳樂為道，以和陰陽，為移風易俗之儒。樂正氏傳春秋為道，為屬辭比事之儒。公孫氏傳易為道，為潔淨精微之儒。」

關於儒的原始義的解釋，前人已經做得非常詳細，這裏不用多贅言了。清末大學者沈曾植《海日樓札叢・柔道》一節也說：「柔道陰行。柔道，儒道也。周家尊儒，蓋文王以儒道取天下。」可見「儒」主陰柔，已經成為學人的共識。但是在《儒行》中我們卻可以清楚的看到一些剛健的東西。案《儒行》曰：

> 儒有席上之珍以待聘，夙夜強學以待問，懷忠信以待舉，力行以待取，其自立有如此者。
>
> 儒有衣冠中，動作慎，其大讓如慢，小讓如偽，大則如威，小則如愧，其難進而易退也，粥粥若無能也，其容貌有如此者。
>
> 儒有居處齊難，其坐起恭敬，言必先信，行必中正，道塗不爭險易之利，冬夏不爭陰陽之和，愛其死以有待也，養其身以有為也，其備豫有如此者。
>
> 儒有不寶金玉，而忠信以為寶，不祈土地，立義以為土地，不祈多積，多文以為富，難得而易祿也，易祿而難畜也。非時不見，不亦難得乎！非義不合，不亦難畜乎！先勞而後祿，不亦易祿乎！其近人有如此者。
>
> 儒有委之以貨財，淹之以樂好，見利不虧其義，劫之以眾，沮之以兵，見死不更其守，鷙蟲攫搏，不程勇者，引重鼎，不程其力，往者不悔，來者不豫，過言不再，流言不極，不斷其威，不習其謀，其特立有如此者。
>
> 儒有可親而不可劫也，可近而不可迫也，可殺而不可辱也，其居處不淫，其飲食不溽，其過失可微辨，而不可面數也，其剛毅有如此者。

儒有忠信以為甲冑，禮義以為干櫓，戴仁而行，抱義而處，雖有暴政，不更其所，其自立有如此者。

儒有一畝之宮，環堵之室，篳門圭窬，蓬戶甕牖，易衣而出，並日而食，上答之，不敢以疑，上不答，不敢以諂，其仕有如此者。

儒有今人與居，古人與稽，今世行之，後世以為楷，適弗逢世，上弗援，下弗推，讒諂之民，有比黨而危之者，身可危也，而志不可奪也，雖危，起居竟信其志，猶將不忘百姓之病也，其憂思有如此者。

儒有博學而不窮，篤行而不倦，幽居而不淫，上通而不困，禮之以和為貴，忠信之美，優遊之法，舉賢而容眾，毀方而瓦合，其寬裕有如此者。

儒有內稱不避親，外舉不辟怨，程功積事，推賢而進達之，不望其極，君得其志，苟利國家，不求富貴，其舉賢援能有如此者。

儒有聞善以相告也，見善以相示也，爵位相先也，患難相死也，久相待也，遠相致也，其任舉有如此者。

儒有澡身而浴德，陳言而伏，靜而正之，上弗知也，麤而翹之，又不急為也，不臨深而為高，不加少而為多，世治不輕，世亂不沮，同弗與，異弗非也，其特立獨行有如此者。

儒有上不臣天子，下不事諸侯，慎靜而尚寬，強毅以與人，博學以知服，近文章，砥厲廉隅，雖分國，如錙銖，不臣不仕，其規為有如此者。

> 儒有合志同方，營道同術，並立則樂，相下不厭，久不相見，聞流言不信，其行本方立義，同而進，不同而退，其交友有如此者。
>
> 溫良者，仁之本也。敬慎者，仁之地也。寬裕者，仁之作也。孫接者，仁之能也。禮節者，仁之貌也。言談者，仁之文也。歌樂者，仁之和也。分散者，仁之施也。儒皆兼此而有之，猶且不敢言仁也。其尊讓有如此者。
>
> 儒有不隕獲於貧賤，不充詘於富貴，不慁君王，不累長上，不閔有司，故曰儒。今眾人之命儒也妄，常以儒相詬病。

孔子從自立、容貌、備豫、近人、特立、剛毅、仕、憂思、寬裕、舉賢援能、任舉、特立獨行、規為、交友、尊讓各個方面說儒，《儒行》的這些規則，雖然後來的名儒不斷有人制立「行範」，但是都不能超過。按照孔子的說法，儒應該是一種「兼有者」。而仁則是統領一切的主腦，我們清楚的看到：仁有著種種的枝節、條目。很顯然，在孔子的時代，儒已經不行了，所以孔子作為歷史上出來振作儒道的一個人，其「承啟性」應該是沒有問題的。老子說：「死而不亡者壽」，這句話很能說明儒在歷史中的處境。我們看經典中的講說，好像就在眼前一樣。案「儒有上不臣天子，下不事諸侯，慎靜而尚寬，強毅以與人，博學以知服，近文章，砥厲廉隅，雖分國，如錙銖，不臣不仕，其規為有如此者。」「儒有澡身而浴德，陳言而伏，靜而正之，上弗知也，麤而翹之，又不急為也，不臨深而為高，不加少而為多，世治不輕，世亂不沮，同弗與，異弗非也，其特立獨行有如此者。」這是《儒行》中兩則很有代表性的話，完全不似儒者平時優柔的態度。孔穎達疏曰：「上不臣天子，伯夷叔齊是也。下不事諸侯，長沮桀溺是也。」陳澔在注《禮記》時，對此一節迴避、繞開了，沒有觸及。可見歷代學人對《儒行》中此類剛健的思想是十分敏感的。由這些節目來看，顯然孔子強調了儒者應有的弘大剛毅的一面。這些是針對魯哀公等世俗態度「輕儒」而發的。但是，對「上不臣天子，下不事諸侯」之特立獨行，我們只能視之為孔子的個人願望性的東西。因為一般的儒基本上很少如孔子所說的那樣。由此，我們說孔子對儒道注入了自己新的解釋、附加了很多內涵，即一些振作性的內容，就是完全可以成立的。在孔子的時代，儒也需要應時而變，更不要說後來談儒的問題了。

《衛靈公》曰：「子曰：志士仁人，無求生以害仁，有殺身以成仁。」這是孔子思想中強毅的一面。「子曰：君子矜而不爭，群而不黨。」這是孔子思想中獨立的一面。「子曰：民之於仁也，甚於水火。水火吾見蹈而死者矣，未見蹈仁而死者也。」水、火是人們日常生活所離不開的元件，而仁對於人的生活又比水、火更急切。可見仁是一個底線要求，而不是什麼高玄之論。這就是孔子思想中「君子上達」的原則，也是仁的思想的基本定位。從這裏我們可以透徹的知道：為什麼孔子首先要講仁。

對歷史中一些激烈的思想，我們多少應予關注，不論這些思想是出於什麼緣故和初衷。這一點，以前注意得不夠。不僅僅是《儒行》中說「儒有上不臣天子，下不事諸侯」，「其特立獨行有如此者」。《周易》蠱卦上九爻也說：「不事王侯，高尚其事。象曰：不事王侯，志可則也。」大過卦象辭又說：「澤滅木，大過。君子以獨立不懼，遁世無悶。」經典中的學說，與時代政治總是有直接的連結。《大戴禮記・禮察》云：「我以為秦王之欲尊宗廟而安子孫，與湯武同。然則如湯武能廣大其德，久長其後，行五百歲而不失，秦王亦欲至是而不能。持天下十餘年，即大敗之。此無佗故也，湯武之定取捨審，而秦王之定取捨不審也。易曰：君子慎始，差若毫釐，繆之千里，取捨之謂也。然則為人主師傅者，不可不日夜明此。」又說：「秦王置天下於法令刑罰，德澤無一有，而怨毒盈世。民憎惡如仇讎，禍幾及身。子孫誅絕，此天下之所共見也。夫用仁義禮樂為天下者，行五六百歲猶存。用法令為天下者，十餘年即亡，是非明斆大驗乎！人言曰：聽言之道，必以其事觀之，則言者莫妄言。今子或言禮義之不如法令，教化之不如刑罰，人主胡不承殷、周、秦事以觀之乎？」這就是孔子「聽言觀行」思想的引申，成為歷史中「稽史觀事」的思維傳統。所以中夏人文是「明驗」（明斆大驗）的人文。

但是，儒在歷史中必然是不見用的。《衛靈公》曰：「衛靈公問陳於孔子，孔子對曰：俎豆之事，則嘗聞之矣。軍旅之事，未之學也。明日遂行。在陳絕糧，從者病，莫能興。子路慍見曰：君子亦有窮乎？子曰：君子固窮，小人窮斯濫矣！」孔子顯然不是不懂軍事，否則不會跟子路引起師生間的口角。在孔子的弟子中，子路是最有軍政才能的，子路本人對軍政的認同感也最強。從這裏我們可以清楚的看到，在春秋末，孔子要維護的政教名分是越來越沒有時代的安頓了。諸侯、國君首要關注的乃是兵事，所以春秋、戰國時代最容易見用於當代的是兵家和法家，而不是儒家。關於這一點，無論是孔子一生的經歷，還是後來孟子的經歷，都是充分有力的說明。而另一方面也表明，到了以後統一帝國建立，儒家就不可能不登上首席。兵家與法家必然退後，無論名義上還是實質上，這是由儒家的「料理」性能決定的。因此，我們可以看到一點，即：任何一種歷史思想，都有與之相對應的「時代板塊」在等候著。在此「時代板塊」下不可能有市場的，在彼時代板塊下就不可能沒有市場。這就是歷史的「勢」，一切都是由直接的需要決定的。

孔子與他的弟子都是要為政的，這一點無須贅言。《子張》云：「子夏曰：仕而優則學，學而優則仕。」這是關於中國傳統士人的最好說明。所謂學、仕關係，其實就是德、位關係，學、政傳統自在其中矣。理論上是這樣，孟子當然也不例外。《史記・孟子荀卿列傳》曰：「孟軻，騶人也。受業子思之門人。道既通，游事齊宣王，宣王不能用。適梁，梁惠王不果所言，則見以為迂遠而闊於事情。當是之時，秦用商君，富國強兵；楚、魏用吳起，戰勝弱敵；齊威王、宣王用孫子、田忌之徒，而諸侯東面朝齊。天下方務於合從連衡，以攻伐為賢，而孟軻乃述唐、虞、三代之德，是以所如者不合。退而與萬章之徒序詩書，述仲尼之意，作《孟子》七篇。其後有騶子之屬。」「太史公曰：余讀孟子書，至梁惠王問何以利吾國，未嘗不廢書而歎也。曰：嗟乎！利誠亂之始也！夫子罕言利者，常防其原也。故曰：放於利而行，多怨。自天子至於庶人，好利之獘何以異哉！」這一段充分說明了兵家之用、而儒家不用的歷史道理。其實孟子在歷史中的影響、感動作用很早就發出來了，我們只須看一看司馬遷講的就能夠清楚。司馬遷這段話可能包含有許多層次，但儒學在上古對史學、對史觀的影響作用卻是不能否認的事實。史遷對漢武帝的意見是很大的，武帝統治五十多年，治理嚴苛。所以，士人對行仁政在感情上會很自然的靠近，時政的痕跡在這裏表露得相當明顯。我們所要關注的，是要隨時估量儒學影響在歷史學術與正史中的滲入程度，這種測量是十分要緊的，是一個必要的尺規。但是早期的史書，史家的評語還相當質素、簡單，這與上古歷史在發育上還較為單一（相對於後代歷史而言）可能有關係。比如，上古市民社會的發育與中古以後的時代相比，就明顯有繁簡之分別。史遷對歷史沒有做繁細的義理分析，有時候是就事而論之，這些特點也須注意，畢竟《史記》是史書。就通常情況而言，歷史道德與歷史制度兩者之間的關係，正如分餅相似：歷史制度的分配比重小，歷史道德的比重肯定大，比如這裏司馬遷對「利」的批評。實際上，對於「好利」，是只能用制度來約制而不能依賴道德克己的。史家尚且只能以德言，可見制度的歷史發育乃是最困難的事情，這一點應該沒有疑義。司馬遷的態度和觀點，其格局還是保持在義利、治亂等一組名、義上。這種配套組合適合於大陸帝國的情況，是有著切實效用的。從中我們也可以窺見正史、政教、道德三者的關係。史遷謂「利誠亂之原」，這實際上是將「史」看作為治之事。歷史本身是一個大的利害，晚近的人文史尤其是靠大利驅動的。因此，這裏面其實還有一個利的輕重與類型的問題，比如說公利的制度和程式制定等等。

孟子對出仕是極有熱情的，而他關於出仕的原則和態度又很有代表性。實際上，孟子言出仕之道還是直接從心理上說的，因此效果非常直感。仕與名節是掛在一起的，我們來看這一段話：「丈夫生而願為之有室，女子生而願為之有家。父母之心，人皆有之。不待父母之命、媒妁之言，鑽穴隙相窺，踰牆相從，則父母國人皆賤之。古之人未嘗不欲仕也，又惡不由其道。不由其道而往者，與鑽穴隙之類也」。（《滕文公》下）用兩性之事來作比方，再形象不過了。士人生而願為之仕，又恥於不由其道。從孟子的思維我們都不難理解，為什麼有那麼多人以女子嫁人來看待中國傳統士人，儒家尤其是一副陰柔派的形象。孟子的述說表明：心理上的因素無疑是最首要的原因。我們在考察歷史學說時，一定要分辨清楚「心理」

與「學理」兩者，因為並不是所有的時候，學說理論都是高度思考、直接體現思想的。比如在這裏，此一節材料便既可以做思想史的審視，同時也可以（或者更適宜於）做文化史的審視，亦即：對傳統士人的政治心態（從政心理）如何考辨、如何給以定位？很多時候，文化與思想的問題扭結在一起。因此，在兩可之際就更需要我們交代清楚自己的主題。可以說，從孟子的這一段話中，我們得到確定落實的，無疑是關係到許多人文層面的一個樞紐性的消息。它絕不僅僅是一次簡單的論理，我們以後還會經常引用到，因為它很有說明作用。歷史中士人出仕的心態基本上還是有一個統一底襯的。另外需要說明的是，人事上的交接，天然的容易滑向心理性，並且發生心理上的敏感串想，這是人事人文所避免不了的。所以，很多時候思想史中的內容未必都是思想的，也不是認識抑或知識與思考的，而是心理的或者雜入了心理因素的。對此我們必須有充分的留意，知識、思想、認識、心理，所有這些並存於人文史中。對它們的情況我們能辨別到什麼程度，將直接影響、作用於我們的智識水平，並且經驗會證明，史學的素質將是思考最終不能脫離的支點，因為它不是書面化的。當然這裏所說的史學有別於那種單純的材料學。

其實孟子學說的核心，可以從他說的一句話來統括。「權然後知輕重，度然後知長短。物皆然，心為甚。王請度之。」(《梁惠王》上）簡言之，輕重性是先秦各家思想學說最「普通」的精神內核。這裏已經明言人心是最「賦有」輕重性的，所謂「義」的實質，也就是人心的一種權度。因此，「求義」的精神，其本來的素質就是「求宜」，很少有例外。在孟子留下的大量言說中，我們很容易就可以找到這方面的輔證說明。比如《公孫丑》中有一段對比批評伯夷與柳下惠的論說，文曰：「孟子曰：伯夷，非其君不事，非其友不友。不立於惡人之朝，不與惡人言。立於惡人之朝，與惡人言，如以朝衣朝冠坐於塗炭。推惡惡之心，思與鄉人立，其冠不正，望望然去之，若將浼焉。是故諸侯雖有善其辭命而至者，不受也。不受也者，是亦不屑就已；柳下惠，不羞污君，不卑小官。進不隱賢，必以其道。遺佚而不怨，阨窮而不憫。故曰：爾為爾，我為我。雖袒裼裸裎於我側，爾焉能浼我哉？故由由然與之偕而不自失焉，援而止之而止。援而止之而止者，是亦不屑去已。孟子曰：伯夷隘，柳下惠不恭。隘與不恭，君子不由也。」（《公孫丑》上）

顯然，伯夷與柳下惠代表著兩端對比，此類對比在楊朱、墨翟也是一樣。先秦時代就是一個處處充斥著兩端對比的時代。伯夷至清，柳下惠至圓。所謂你是你、我是我，外間之世不能浼我半分，關鍵是看我自己怎樣，所以伯夷、柳下惠都是很自我的人。孟子對伯夷與柳下惠當然是同持否定的態度。但就事體本身來觀察，這裏面卻包含著輕重性，即：去、就應在權度的把握下，遵循求宜的原則，這樣就可以被說成「義」了。所以簡單一味的去、就，當然要受到批評。儒者最重視事體的實效，從這裏也可以很集中的表現出來。「不浼於世」的主旨，表達在行為上，就是伯夷與柳下惠正好「相反對」，就像荷花生長在泥污中，但是仍然很潔淨，並不受泥的染污。個人所處的這個世界，這個環境、場所，就像污泥一樣，是否被浼污完全取決於自己。所以柳下惠的態度更自然隨順（或者說更玩世不恭）一些，而伯夷則屬於直接的「狷介」類型，其持守是最普通而常規的，雖然做起來很難。孟子所指說的偏猛，與其視作德行上的缺陷，不如看作輕重上的權度、不相侔合，這樣似乎更為合適。因為孟子遊說諸侯，他對出仕是很有熱忱的。即使孔子也明說：我不是匏瓜，焉能掛起來不食？孟子自己講過一段話，可以幫助我們瞭解他的抱負。他說：「五百年必有王者興，其間必有名世者。由周而來，七百有餘歲矣。以其數則過矣，以其時考之則可矣。夫天，未欲平治天下也。如欲平治天下，當今之世，捨我其誰也？」（《公孫丑》下）

這是孟子性格中狂的一面，自信、驕傲，但不得意。應該說，孟子的這種精神是很可貴的，這就是儒家在修齊治平上的當仁不讓。試想：如果每個人一個個的都那麼謙虛，勇於退而不勇於進，還怎麼參贊宇宙天地之化育呢？所以說謙虛煞害事，當仁不讓才是儒家的真精神，孟子就很典型。毋庸贅言，在儒者的精神中，始終包藏著想做政治導師與政治領袖的意結，於是理論上便自命為道的承載者。這種心理，一直延傳到現代。正是因為孟子未得志於天下，所以才說「天未欲平治天下」，否則便不這樣講了。這是我們對前人的學說需要活看的地方。以伯夷、柳下惠為例，在《孟子》一書中，孟子的議論就有前後不一致的情況。「孟子曰：聖人，百世之師也，伯夷、柳下惠是也。故聞伯夷之風者，頑夫廉，懦夫有立志。聞柳下惠之風者，薄夫敦，鄙夫寬。奮乎百世之上，百世之下，聞者莫不興起也。非聖人而能若是乎？而況於親炙之者乎？」（《盡心》下）參看上文所引述的，這裏的對比確實是太鮮明了。伯夷、柳下惠又成了聖人百世之師。從這些跡象來看，古人的品評議論本來就是有隨時升降的情況的。因此，人事的價值（在人文歷史中）總不及學理恆久，這是可以肯定的。另外，這裏還暴露了兩個問題，即：孟子所宣講的，還是上古人文中一些做人、立身處世方面的內容，屬於風俗敦化方面的事情，而所謂百世之師者，其實是不容易達成的。正如文中所言「親炙」一義，個體與個體之間的感應作用，是無法傳遞給後代的，至少是相當困難的。因為缺少感性的基礎，很多東西從而顯得抽象，這些都是實在的問題。所以百世師法其實很難成立，因為它對個體的要求太高，所以可推行程度極低。由此，對於前人學說中保留的一些知人論事的內容，我們就只能用一種鬆動的態度去對待和把握，而很難做緊固切實的爭辯。除非史料確鑿無疑。

從孟子與其他各家學者相接觸的事蹟中，我們能夠看到一些當時各派學說交接的情況。比如墨者夷之想去見孟子，孟子說：「吾聞夷子墨者。墨之治喪也，以薄為其道也。夷子思以易天下，豈以為非是而不貴也。然而夷子葬其親厚，則是以所賤事親也。」（《滕文公》上）夷子大概不是一個很堅定的墨者，因為他還是厚葬其親了。而墨者主張節葬，是比較刻苦的。這當然是對比墨子及其弟子來說的。從夷子的信條與其行為不相一致來看，可能到了晚近孟子的時代，墨道也走向衰退了。夷子多半是一個不甚堅定的墨者，大概他對墨家的學說本來就存有疑慮，所以在聽了孟子的論說以後，才會「憮然為間曰：命之矣」。當然這裏面有過一番對答（通過徐辟這個中間人）。夷子說：「儒者之道，古之人若保赤子，此言何謂也？之則以為愛無差等，施由親始。」於是孟子回答說：「夫夷子，信以為人之親其兄之子，為若親其鄰之赤子乎？彼有取爾也。赤子匍匐將入井，非赤子之罪也。且天之生物也，使之一本。而夷子二本故也。」（《滕文公》上）古人若保赤子一義，見於《周書・康誥》。是說不要濫用刑殺，要懂得愛惜、養護民人，是以教化為事的意思。如果更具體一些說，此義實際上還包含著周初安撫殷民的背景。夷子援引此義詰問孟子，但是並沒有交代他厚葬其親的理由，而且單純從道理上來看，夷子本身也是不通的。他說愛無差等，要從雙親做起，這是否也要求像厚葬其親一樣厚葬天下人呢？這樣一來，與節葬的宗旨就相悖了（像薄葬天下人一樣薄葬其親當然也不是）。所以這裏有不嚴密的地方，道理上無法疏通。至於孟子的回答，如果拉出來看，對照他在其他場合講的道理，顯然也是不統一的。在這裏，因為要駁斥夷子的問難，所以孟子講到世人愛有親疏、差等的事實。這是現實情況，永遠如此。但是如果細考其義，孟子講這些只是為了要尊親、要一本。說白了，這些都是為了要「立統序」的意思。而孟子在鼓吹擴充四端、講「老吾老以及人之老」的時候，卻又要求從偏狹的現實等差中拉出來。顯然，這中間便形成了兩種對比、反差鮮明的態度。所以我們說，儒者的學說理論，本身有著濃重的輕重性。尊親是「統緒」要求的規則，所以必須有等差。而仁術撫民也是統緒的要求，即王道政教，因此必須擴充、推及，於是又要講、要強調無差等。在政教統緒這一「紐」上，兩種反差對比實際上其本質又十分一致、不矛盾了。因此，在這裏便涉及到對待、考察歷史學說的一種法則，即：在義理上無法疏導通順時，我們只要指向思想學說的意圖本質，那麼一切就會明朗、開朗。這就是說，意圖是宗，而義理只是它的枝節和末稍。義理是意圖的形式。這一點，孟子的學說很明顯。

當然孟子的論說並沒有到此完結，他還講了很重要的一層意思，我們抄錄在這裏。「蓋上世嘗有不葬其親者。其親死，則舉而委之於壑。他日過之，狐狸食之，蠅蚋姑嘬之。其顙有泚，睨而不視。夫泚也，非為人泚，中心達於面目，蓋歸反虆梩而掩之。掩之誠是也，則孝子仁人之掩其親，亦必有道矣。」（《滕文公》上）這實際上是對厚葬其親之禮的歷史形成的解釋，是「援史以詮禮」，是很重要而必須關注的儒學理路。從中十分集中的折射出：儒家學者本「實證以詮理」的思維性格。儒學從來就不是玄學性的，而是人文典章性質的，所以儒學不適合用玄辯的態度和方式去對待、處置。因為在知識類型上，儒學是實學性的。而史學對比於玄學，毫無疑問，前者對後者有一個解消的作用。關於這一層，我們必須充分估計到。人群在初始階段，生活簡陋，所以人文有一個發育過程。孟子在這裏的言說有一些可討論的地方，他所講的實際上是葬與不葬的問題，這與厚葬還是薄葬是兩個話題。葬與不葬，厚葬、薄葬，二者之間並沒有必然的名理關聯。葬親墨家並不反對，但是否葬親就一定是厚葬其親呢？顯然孟子沒有搞清楚「是」與「然」的關係。我們在讀孟子書的時候，經常能夠感覺到他在名理上的混淆、不精，看來這與個人的訓練有關，絕不是偶然的。像荀子對名理就很精通，與孟子正好形成鮮明對比。

孟子有一段與農家者流的接觸，裏面包含著很多重要消息，頗值得注意。「有為神農之言者許行，自楚之滕，踵門而告文公曰：遠方之人，聞君行仁政，願受一廛而為氓。文公與之處。其徒數十人，皆衣褐，捆屨織席以為食。」(《滕文公》上）許行之徒都是生活極簡苦的。尚儉的並不止限於墨家，大概先秦時代比較重力行和實行的學派多少都有一些簡約的特點。老子說「是以聖人被褐懷玉」，講的也是外在簡陋而內藏錦秀的意思。這是道家內守的宗旨，所以外示清淡。與墨家、農家重實際的「從儉」有所不同（雖然表現出來的外象或有相通處），道家遵守的是無為一路。許行之徒數十人，看來是一個小團體，因為共同的信條而集結在一起。他們到滕文公跟前說，只要很小的一塊地方安頓就行。所謂聞君行仁政者，大概滕文公接納了一些孟子的意見，其舉措各地有所風聞，也未可知。如果是這樣，也算是產生了一些效果，但在當代畢竟是很微弱的。這些當然還不是最要緊的，關鍵是許行在滕國安置以後，他的學說主張在當地發生了影響，這樣便導致了孟子的論辯與交戰。因為先秦各家學說很是活躍，許行等人自然也不是很單純的、簡單的來歸化。他們大約也在物色、尋找能夠發揮、踐行自己主張的場所，當時的滕國正好給他們推行自我主張留出了一個空間。由此來看，行仁政而天下來歸的意願無異於是一種幻想了。因為與其說孟子的時代，天下之民若上古之樸厚，倒不如說天下之學各懷其私，似更恰切些。這種時代綜合情勢的變遷，在孟子的時代已相當明顯。而孟子言必稱三代的理論卻不予以充分的考慮、衡估，結果給自己造成老是要辯答的境地。可見孟子的學說與思慮還是有大而化之、疏可走馬的一面，弄不好便為其他學說做嫁衣，比如這一件事：「陳良之徒陳相，與其弟辛，負耒耜而自宋之滕。曰：聞君行聖人之政，是亦聖人也，願為聖人氓。陳相見許行而大悅，盡棄其學而學焉。」(《滕文公》上)

陳相原來的師承，大約還是儒家學說一路。關於他的老師陳良，孟子曾經談到過，是在與陳相的對答中。孟子說：「陳良，楚產也，悅周公、仲尼之道，北學於中國。北方之學者，未能或之先也。彼所謂豪傑之士也。」(《滕文公》上）陳良是楚之儒者，北方遊學於中國，大概是認同周公、孔子之道，北方的學者還不及他，可見學得很出眾。外來的學者超過本地的，這種情況經常會有。孟子對陳相等人頗多指責，他說：「子之兄弟，事之數十年，師死而遂倍之。」「子倍子之師而學之，亦異於曾子矣。」(《滕文公》上）倍，為二也。這是徹底的別同異，就是說一旦倍之，就成了完全的兩個，絕不再同了。所以名學在思想上的界隔是極森嚴的，不允許絲毫的相互雜入，一定要是純種。所謂「二無一」，既然為二了，就絕不再「相有」。陳相弟兄師事陳良多年，而並不堅定，可見這裏面有很多問題。各人都有自己的想法，認同本來是很難的。陳相與許行一見即合，師陳良多年而仍有未契，足見「學」不在於久暫，而在於「類從」，有時候是當下就發生的事情。因為個人的想法往往是一開始就確定、成形了的。陳相見孟子，道許行之言曰：「滕君，則誠賢君也。雖然，未聞道也。賢者與民並耕而食，饔飧而治。今也滕有倉廩府庫，則是厲民而以自養也。惡得賢？」這些話是許行講的，陳相只是轉述他的意思罷了。這種說話，與渾人無異。由此亦可見，許行也不是一個很單純的角色，他當著滕文公面講的與背後所說的明顯不同，其本意原來大概還是在於利用。陳相本是跟隨性很強的人，所以他與孟子的答辯主要還是表現許行之學與孟子之學之間的較量。從對答的內容來看，當時還是比較緊張的。如果先放下義理方面不論，實際上孟子與許行在學說上的接觸包含了一些不止限於先秦時代的問題，即：高層的思想學說與底層的思想學說，兩者之間如何抉擇協調？簡言之，這裏面也牽涉到治亂等因素。因為在治世，如果高層思想還易於維繫的話，那麼在亂世，底層思想便極易發揮煽動作用了。許行要滕君與民並耕，從人類心理來說，人性天然的都有一種求平的欲望。但是平有兩義：一是平均，一是平等，兩者之間並沒有嚴格的界限，所以常常混雜到一起。但是平均的要求在歷史中更多地表露出來，這是因為它粗率、簡單。許行主張國君應與國民一樣耕而後食，看上去是一種要求平等的東西，但落實下來還是平均更多。關於平均與平等，我們以後還會專門討論。這裏首先要說明的是：底層思想具有直接的誘惑力（對一般人）。這是因為底層思想往往是高調的，陳相就是最好的例子。先秦時代各家各派的思想學說，比較而言，還是高層的思想居主導地位，也就是站在治者的角度而發。但是底層思想也有很健旺的生長，從來不曾斷絕。而且託上代以為言，更有理所當然的效用。在國人生計維艱的時世，本著下層社會為立點的學說很容易造成一些波動，這是不言自明的。孟子雖然可以在說理上求通，但現實卻是另一回事，未必可以隨意左右。因為社會下層理論本不需要很多艱澀的學理，它只需要切中「民欲」即有效果。因此，歷史人文從來都是有反覆的。已經走到高處的，很多時候會讓位給程度低下的。這方面的消息就集中在孟子與農家者流的交接中，直截地暴露出來。「變」與「變於」本來是不一定的。以後的各個歷史時代中，下層思想對社會全體所起的影響、蠱惑作用就是最好的說明，我們會逐一述及。只是在上古孟子的時代，由於市民社會還未得到充分的生長，所以透露出來的還只是一些原樸的資訊，但形態上是大同小異的。易言之，後世對人文發生普遍作用的社會思想，更容易由下層思想造成，或者也可以由帶有同情色彩的高層思想來促進。許行的學說不能說不具有「轉化」的胚胎，尤其是如果著意加以利用的話，這一層必須留意，亦即：對上代思想學說，我們要重視其中的各種因數。

從經濟上說，許行之徒的交易方式看來也是相當原樸的，就是直接的以物易物。「孟子曰：許子必種粟而後食乎？曰：然。許子必織布而後衣乎？曰：否。許子衣褐。許子冠乎？曰：冠。曰：奚冠？曰：冠素。曰：自織之與？曰：否。以粟易之。曰：許子奚為不自織？曰：害於耕。曰：許子以釜甑爨，以鐵耕乎？曰：然。自為之與？曰：否。以粟易之。」(《滕文公》上）從這一段答問我們可以知道：許行等人除了自耕以外，其他生活方面是依賴交易而非自給自足的。這說明百工的分工乃是人文之自然，任何人都不能免的。因為一個人只能夠做有限的事，而不可能兼及太多。將分工與「不平」混淆，當然是非常糾纏、蠻不講理的。孟子這樣發問，很明顯是以「為君」、「為政」為一種分工，這對於人類群體來說是必不可少的工作。所以，治理天下就不能兼顧到耕。由此可見，孟子勞心、勞力之辯當然也不是憑空得出的，多半是從實際論辯中來的。耕作所用的器具（耒耜）有鐵製的。耒、耜作為一般農具長期普遍使用，從上代到孟子之世，始終保持這個傳統。耒、耜在工藝上可能會有所改進，比如有些部位由木製改為鐵製等等。其實古代的農具應該是木、鐵雜用的，總體上已趨於飽和。比如楚地出土的一些戰國至兩漢的斧子，只在斧端用一點鐵，其餘全係木製，非常經濟，而且比現在的斧子長、大，造型及力學效果上都更優出。古時的人力農具，現在也一樣可用於耕作、以從農事。所以用械器校論古史的方法未必可靠。上古的冶鐵量有限，故器物用鐵力求經濟。孟子又說：「以粟易械器者，不為厲陶冶。陶冶亦以其械器易粟者，豈為厲農夫哉？且許子何不為陶冶，舍皆取諸其宮中而用之？何為紛紛然與百工交易？何許子之不憚煩？曰：百工之事，固不可耕且為也。」（《滕文公》上）實際上，這裏只是抓住了一個最簡單的道理，即：任何一個人，只能做有限的事，而不可能做所有的事。許行因為只顧提出願望與要求，所以「常理」在其主題面前便成了次要的。道理只是作為意見的工具，像孟子這樣尊王道的人，當然不能容許禮法以外的事情。所以許、孟之爭還是高層與下層之爭。這種高層與下層之爭，後來終於彙為滾滾洪流，成為歷史中主要的緊張。只是很多事情很久以後才發生罷了。

孟子的主題表達得很直截，他說：「有大人之事，有小人之事。且一人之身，而百工之所為備，如必自為而後用之，是率天下而路也。故曰：或勞心，或勞力。勞心者治人，勞力者治於人。治於人者食人，治人者食於人。天下之通義也。」(《滕文公》上）這段議論可參照孟子講的其他許多道理並觀。就形式上說，孟子喜歡大小之分，比如大人小人、大體小體之類等等，而萬物皆備於我一義，應該也是從「君子用物」這一層意思上去立說的。此與一人之身而備百工意思大致相當。孟子的學說是標準的治者之辭，內容非常簡單。所謂大人之事者，指「憂天下」而言。「夫以百畝之不易為己憂者，農夫也」(《滕文公》上)，說的就是小人之事。對照觀察，非常確定。這種認同在士人中很有影響。關於孟子以夏變夷與以夷變夏的議論，也應該從歷史預示的角度去對照理解。因為在具體事件以外，孟子的話還含有一般性。孟子曰：「吾聞用夏變夷者，未聞變於夷者也。」「今也南蠻鴃舌之人，非先王之道」「吾聞出於幽谷，遷於喬木者。未聞下喬木而入於幽谷者。魯頌曰：戎狄是膺，荊舒是懲。周公方且膺之，子是之學，亦為不善變矣。」(《滕文公》上）這些言辭都是在攻訐許行等人，包括人身攻擊，比如說楚地方言醜怪等等。但是孟子並沒有說錯。此處最重要的意思是說：人文程度高的，被人文程度低的給惡化了，人文的程度反而降低、蒙受損害（高起點的，不能被低起點的同化)。由此，人文就不總是在進展中，很多時候要倒退很遠。實際上，自晉以後，隨著中國北部胡化而發生的一連串歷史現實，印證了孟子早先的說法。關於這一層，也是思想史與文化史述論的重頭內容。

其實孟子的「農」的思想，可以從他對井田之事的議論中窺見。孟子有過比較詳細的講述，這可以幫助我們贏得更多的直感的認識。孟子說：「子之君將行仁政，選擇而使子，子必勉之！夫仁政，必自經界始。經界不正，井地不鈞，穀祿不平，是故暴君污吏必慢其經界。經界既正，分田制祿，可坐而定也。夫滕，壤地褊小，將為君子焉，將為野人焉？無君子，莫治野人。無野人，莫養君子。請野九一而助，國中什一使自賦。卿以下必有圭田，圭田五十畝，餘夫二十五畝。死徙無出鄉，鄉田同井，出入相友，守望相助，疾病相扶持，則百姓親睦。方里而井，井九百畝，其中為公田。八家皆私百畝，同養公田。公事畢，然後敢治私事，所以別野人也。此其大略也。若夫潤澤之，則在君與子矣。」（《滕文公》上）顯然，孟子的思路還是井田制的。鄉里形成一種互助，而公私的平衡完全從怎樣「分」上來安頓。可以說，孟子的這一構想已經把治術全部打在了一起。

孟子的「勝利」並不限於反對了「墨者夷之」等人，還有「導滕世子於禮」一事也是。滕定公薨，滕世子謂然友曰：「昔者孟子嘗與我言於宋，於心終不忘。今也不幸至於大故，吾欲使子問於孟子，然後行事。」（《滕文公》上）從這件事來看，滕世子對孟子是很尊重的。當初滕世子之楚過宋見孟子時，孟子給他講了很多大道理。回來時復見孟子也是一樣。大概當時諸侯禮制已壞，所以滕世子問孟子關於喪禮的事情，便有著特別的意義。所以孟子說：「不亦善乎！親喪固所自盡也。曾子曰：生事之以禮，死葬之以禮，祭之以禮，可謂孝矣。諸侯之禮，吾未之學也。雖然，吾嘗聞之矣：三年之喪，齊疏之服，飦粥之食，自天子達於庶人，三代共之。」（《滕文公》上）在這裏，孟子所講的道理並不是最主要的、最值得留意的，比較要緊的是這裏面透露出的一些問題和消息。就像孟子自己說的：「諸侯之禮，吾未之學也。」這是否可以看作某種自謙呢？事情似乎沒有那麼單純。因為上古禮儀制度有繁瑣的一面，簡言之，就是技術性、操作性很強，必須專門學習訓練，不是憑空就可以掌握並運用自如的。孟子所能告訴滕世子的，除了一些書面的道理，好像沒有什麼可以實做的東西。這與孔子相對照可是很有不同，因為孔子對典章儀制是能夠實實在在言述的，這就是儒學的技術、工藝性。如果是這樣，那麼到了孟子，實際上已經是很簡陋的儒者了。孟子與孔子的差距從這裏也能夠看得很清楚。歷史人文常有退化的過程，此本屬常情，但是孟子的知識準備，本身已不足以成就更高的事業了。並且從孟子（幼時）的生活經歷來看，他也不是一個高層的儒者。儘管孟子是一個很狂的人，但是在孟子身上，仍然帶有市井生活的氣息。我們在考查古代儒學的理論時，絕不能忽略它自身濃厚的技術內容，因為實學畢竟是儒學的基石。

孟子的意見果然遭到了反對：「然友反命，定為三年之喪。父兄百官皆不欲，曰：吾宗國魯先君莫之行，吾先君亦莫之行也。至於子之身而反之，不可。且志曰：喪祭從先祖。曰：吾有所受之也。」（《滕文公》上）可見三年之喪已經很久沒有履行了。表面看來，百官以為習慣應從先人，但這裏面是否包含著其他的意思，不能斷定。就滕世子自己所說的話來看，完全可以印證當時諸侯中禮制教育的缺乏。世子對然友說：「吾他日未嘗學問，好馳馬試劍。今也父兄百官不我足也，恐其不能盡於大事。子為我問孟子。」（《滕文公》上）諸侯子弟好驅馳遊樂，大概不算是鮮見的現象，喜好擊劍也是一時的風氣，尤其擊劍是少年人的嗜好。而學問之事，首先當然應該包括學禮在內。對照推之，孟子（既然他從艱苦的底層生活中成長起來）對諸侯、天子之儀制少知也是很自然的（完全有此可能）。所以孟子始終只能抽象地說理，並無多少具體的技術細節。孟子曰：「然，不可以他求者也。孔子曰：君薨，聽於冢宰。歠粥，面深墨，即位而哭。百官有司，莫敢不哀。先之也。上有好者，下必有甚焉者矣。君子之德，風也。小人之德，草也。草尚之風必偃。是在世子。」(《滕文公》上）又是風、草之譬。這名義上是說一切由世子決定，實際上，就從可行度上來說，孟子的意見根本是很成問題的。關於風、草之譬，我們已不陌生，它是說上與下的關係的。孟子的想法，還是希望上面力行，以影響下面。但是綜觀戰國的情勢，孟子的一套主張實在是很軟的。

百官不同意滕世子行三年之喪這樣的大禮，可能也是有所顧慮，恐怕滕世子不能有始有終，未足憑信，因為世子確實未能很好的學問於禮。以前孟子對滕世子所宣講的，總不離性善堯舜之說，所以世子行喪禮，也是作為性善的一個成功事例來評定的。並且，這裏還突出、加重了人心之「同然」的感應作用。世子曰：「然，是誠在我。」「五月居廬，未有命戒。百官族人可，謂曰知。及至葬，四方來觀之。顏色之戚，哭泣之哀，吊者大悅。」(《滕文公》上）四方觀禮而人心悅服，一切還是按照孟子的意見去實行了。雖然經歷過幾個來回反覆，而且也說到效果怎樣好，但是，這樣的大禮畢竟在魯國也已不行，而魯國原來在禮制方面還是保存得比較好的。因而，滕世子的踐禮，其效用也就到此而止了。至於像周之代殷而天下平這樣的大功，當初可能還是由群邦的利害保證促成的，本不會取決於輔助性的禮教的感召。那麼，這裏就涉及到一個問題，即：前人將事功附加以道德的名義和解釋、追加道德的理由，於是，單純的事功利害轉而成了「德」的成功，這是否會對後世產生一個牽引作用呢？就是：認定「德」為成就一切的決定因素，從而在方法上造成錯位與誤差呢？如果是這樣，那麼很多學者的辦法與方案被譏為不實之幻想，也就在所難免了。像孟子的學說便存在著這一類的問題。比如說「行仁政而可以王天下」、「言必稱三代」

等等。到底是三代既治，歷史「謚加」給它一個「唯德政」的說法呢？還是真正以德治而天下來歸化呢？並且各個時代的綜合情勢是千差萬別的，因此，上代人的美化（不能排除這一因素。但這絕不是暗示歷史人文都是一個美化，這裏只是「設令」地討論問題。我們不會作任何單一的歸結，這是要說明的）常常會「偏導」後人的認識和信奉，這一層是必須「究明」的。因此，歷史中的任何一種學說都有交織的背景。這裏面，意圖、天真、真正的認識與故意的陰謀利用彼此錯結在一起，當然還包括上代遺留下來的「偏誤」作用。所有這些都須討論地對待。但是，道德本身在人文歷史中為了自己的利益而犧牲掉人的智識（包括認識、辨法、思考等等）、並製造大量後遺症的事實，卻是無論如何都難以忽略不計的。簡言之，即：我們對成就事實的真正成因應該如何認取？這是必須考慮、繞不過去的。

以孟子為一位「辯儒」應該是沒有多大問題的，當時很多人已有這種意見。戰國時代辯說之士很多，辯儒與「辯士」之間的關係亦須討論。「公都子曰：外人皆稱夫子好辯，敢問何也？孟子曰：予豈好辯哉，予不得已也！天下之生久矣，一治一亂。」（《滕文公》下）治亂一義是孟子總結上代之事得來的，不能說這一歸結不當，因為大陸國家的政事治理確實不能脫出治亂一義。治亂本身如果用易義來連通解釋，其根本無非是陰陽兩儀、剛柔消長而已。易學中陰陽的變動來回，在知識上起到了一個體例的作用。所謂治，不過是陰陽中和。所謂亂，則是陰陽失和。醫理中的健康與疾病，也是這樣來定的。陰陽和則為健康，失和則致疾病。所以治亂之事常常與養生互相譬喻。陰陽兩儀的思維，實際上就是知識體例的思維，它所帶來的直接效果就是便利的操作性。而且這一便利的可操作性，說得更具體一些，就是原理上的可操作性。掌握了陰陽的思維運用，就可以很簡易地將各個學問門類連綴起來。這種「一線串珠」的實效已經在歷史人文中具體地「演」為事實了。但是這裏面也有一個必須的條件，那就是：對陰陽必須做到起碼的達意。治亂當然也是一組陰陽，其實人文生活的理治，如果從長時段來看，究難「逸出」治亂一途。當然這是後話，孟子說上三代，是以治亂去解釋的。因此，治亂的思維本身是從長時段的上古人文史歸結而來的。孟子以前的人文史，時段上比孟子到我們現代的人文史長，雖然它的推進要慢得多。孟子講治亂，在層次上有一個推進的情況。「昔者禹抑洪水而天下平，周公兼夷狄、驅猛獸而百姓寧，孔子成春秋而亂臣賊子懼。詩云：戎狄是膺，荊舒是懲，則莫我敢承。無父無君，是周公所膺也。我亦欲正人心、息邪說、距詖行、放淫辭，以承三聖者。豈好辯哉？予不得已也！」(《滕文公》下)

從禹平洪水，到政教治亂，到春秋之作，遞進了三次。洪水的治理當然是最周邊的物質行為；而殷、周的政治統緒之爭，卻更進入到軟的人文層面的爭奪；至於孔子成《春秋》一事，則完全展開到學術方面。這其中的順序是顯而易見的，既是不斷的退守，也是「不間」的深入：學術先於政統，而政統先於物事，當然學術是指名教的學術。孟子最著名的排楊、墨之學的議論就是在這裏發出(載錄)的。他說：「能言距楊、墨者，聖人之徒也。」(《滕文公》下)孟子是對公都子講的這話。趙岐注云：「孟子弟子也。」公都子為孟子的弟子，但事情也許並不那麼簡單。因為我們不知道在學說淵源、脈絡上，公都子與楊、墨之間的關係會有哪些情況？歷史中留下的文獻總是不充分的，所以對公都子的認同我們並不完全清楚。而且孟子論事常常有指對具體人物而發的習慣，往往十分確實。當孟子的時代，天下學術的情況是否還真的像孟子談話中所言的那樣，有孔子《春秋》之學與楊、墨之學對比的情況呢？這些今天都很難論定。孟子說：「聖王不作，諸侯放恣，處士橫議，楊朱、墨翟之言盈天下。天下之言不歸楊，則歸墨。楊氏為我，是無君也。墨氏兼愛，是無父也。無父無君，是禽獸也。」「楊、墨之道不息，孔子之道不著。是邪說誣民，充塞仁義也。仁義充塞，則率獸食人。人將相食，吾為此懼。閑先聖之道，距楊、墨，放淫辭，邪說者不得作。作於其心，害於其事。作於其事，害於其政。聖人復起，不易吾言矣。」（《滕文公》下）

君、親、師乃政教統緒之保障，無父與不孝都有害於政教之大倫，孟子當然要極力辟之。孟子的這一席話，後來被用作歷史附會的資源，頻繁加以使用。但這些話本身在當代究竟有多少信實、精確度，我們今天無法確知。楊朱與墨翟的學說有著鮮明的對比性。孟子對孔子、楊、墨之道的歸結，就此處所表現者言之，在於君父統緒一義，這是完全明確的。孟子之所以要反對「為我」與「兼愛」，也是為了君父一義的緣故。之所以表彰孔子成《春秋》一事，同樣是因為君父之義（亂臣賊子懼等等）。孟子的學說雖然簡單，但是能夠清晰地讓我們看到戰國時代統緒崩壞的實情。在前面討論名學的部分，我們提到過兼愛一義的不易輕易論定。孟子因為自己的需要，很難說不會從文面上形式地批評異見歧說，這也是歷史學說的辯答中所難免的，對此我們應該有一個估量。既然孟子明確地以君父為人極，那麼他的推仁於人之老、人之子等等意見，也就是自「君父統極」導引出來的仁術環節。我們沒有討論孟子是否仁，這個意義不大。我們觀察的只是學說的紋路。迄今為止，兼愛與「推仁」的同異性關係還沒有充分的討論。而「為我」這樣極端的意見與「為人」的意見，兩者之間在政教效果上的差別究竟怎樣，也還沒有固定的說法。

我們在孟子的學說中，基本上找不到多少技術內容。因此很多時候，孟子的主張就顯得有些空疏、滑稽了。只要我們留意總結一下通常孟子所使用的方法，就不難發現：與其說那些學說是有理據的表述，不如說是直接的宣教更恰切。簡言之，即：通過舉列一、兩個過去的事例（還不知道是否都是事實），然後作為充分的理由導出結論。從名理上來說，這是典型的實例法、例證法。而在人事方面，例證法是不起作用的。比如墨子《明鬼》就完全是用的例證法，說理顯得非常虛弱。孟子用例證法論理，最通見的例子就是關於行仁政的諸節論說。而表現出來的效果就是：孟子的學說是十足的判斷型的學說。比如說：過去有某某行仁政而效果好，於是，現在要行仁政。這就好像一個人問另一個人：我的生活充滿了問題，請問如何解決呢？另一個人答覆說：「堅強，除了堅強，沒有任何辦法」，並且舉例說，某甲就是因為堅強，一切都解決了，可見效果是多麼好。因此得出結論：有了堅強，就有了一切。沒有堅強，就什麼也沒有了。所以從技術含量上來衡量，孟子的學說是最缺乏智識供應能力的。這樣，孟子之學關於感情化、關於節操方面的宣傳便遠過於其他諸家學說。而在鼓動力方面，通常也就為其他各家學說所不及了。因為靠智理訓練起來的群體與個人畢竟是少數的，所以孟子的學說不是論理性的，而是宣傳性的。這一層必須要分明。為了說明問題，我們不妨隨舉一段為例子。「萬章問曰：宋，小國也。今將行王政，齊、楚惡而伐之，則如之何？孟子曰：湯居亳，與葛為鄰，葛伯放而不祀。湯使人問之曰：何為不祀？曰：無以供犧牲也。湯使遺之牛羊。葛伯食之，又不以祀。湯又使人問之曰：何為不祀？曰：無以供粢盛也。湯使亳眾往為之耕，老弱饋食。葛伯率其民，要其有酒食黍稻者奪之，不授者殺之。有童子以黍肉餉，殺而奪之。書曰：葛伯仇餉。此之謂也。為其殺是童子而征之，四海之內皆曰：非富天下也，為匹夫匹婦復仇也。湯始征，自葛載，十一征而無敵於天下。東面而征，西夷怨。南面而征，北狄怨。曰：奚為後我？民之望之，若大旱之望雨也。歸市者弗止，芸者不變，誅其君，吊其民，如時雨降。民大悅。書曰：徯我後，後來其無罰！有攸不惟臣，東征，綏厥士女，篚厥玄黃，紹我周王見休，惟臣附於大邑周。其君子實玄黃於篚以迎其君子，其小人簞食壺漿以迎其小人。救民於水火之中，取其殘而已矣。《太誓》曰：我武惟揚，侵於之疆，則取於殘，殺伐用張，於湯有光。不行王政云爾。苟行王政，四海之內，皆舉首而望之，欲以為君。齊、楚雖大，何畏焉？」（《滕文公》下）

這裏講了一個生動的故事，無論孟子之所言是否信實，其學說的實事理據法的性質都是顯而易見的。在《孟子》書中，這類大而化之、大而不當的議論隨處可見。從表現出來的各種跡象看，我們說孟子是一個宣傳家並不過分。而且孟子的這一套風格在歷史中並不是起到良性的作用，因為在孟子的學說影響下，士人所養成的精神習慣，似乎為政並不是一件完全需要學問知識的事情，而只要倚賴主觀感情及良好願望就可以了。並且政治的得失總是與個體的心理得失絞纏在一起，而個人往往居於一種更主導的地位，比如說充當「去就」的決定者等等。制度在孟子的學說中幾乎完全表現不出多少地位，因為制度的技術要求是很強的，比如《周禮》、《儀禮》等所體現的。關於「解救民眾」一義，歷史學說中很早就有此思想成分了。我們可以注意它在以後的人文史中進展、生長的脈絡和條理。最樸素的口號，只要進化成社會思想，就可以左右國家的興廢。這裏我們主要的觀察所得，還是關於「直接理論」的發現。所謂「直接理論」也就是：看不出任何問題，卻並沒有任何理據，也不是公理，而就成立下來並被接受了的東西。但是，這一發現是在研讀原典的過程中自然成型的，事先並沒有任何前定和「期必」的東西，以及意圖或目的。這是須說明的。實際上，在儒家的基本精神中，有一個「重知」的成分和傳統。《大學》云：「古之欲明明德於天下者，先治其國。欲治其國者，先齊其家。欲齊其家者，先脩其身。欲脩其身者，先正其心。欲正其心者，先誠其意。欲誠其意者，先致其知。致知在格物。物格而後知至，知至而後意誠，意誠而後心正，心正而後身脩，身脩而後家齊，家齊而後國治，國治而後天下平。自天子以至於庶人，壹是皆以脩身為本。」

顯然這裏有一個連環、迴文的關係。我們可以清楚的知道，大學是以「知」為一切的根本的，即主知的思路。這裏的知是共名，包括知道、知曉、知識、知覺等別名。而「致」與「至」都是「達成」的意思。也就是說：要正心誠意、修齊治平就必須達成知；而知一旦達成，就能夠修齊治平、正心誠意了。達成知的唯一道路就是格物。格物的問題很複雜，這裏暫時放下。可以看到，後面一個環節總是前面一個環節的條件。比如脩身是治國的條件，治國是平天下的條件等等。而前面一環，又總是後面一環的鵠的。為什麼要正心，最終還是為了平天下。這裏的原則是簡單的，文面上也沒有什麼深晦的地方。只是此一原則的展開其「鋪蓋」就廣了。另外，這裏我們要特別注意「正心」這一個環節。《大學》講「正心」一義說：「所謂脩身在正其心者：身有所忿懥，則不得其正。有所恐懼，則不得其正。有所好樂，則不得其正。有所憂患，則不得其正。心不在焉。視而不見，聽而不聞，食而不知其味。此謂脩身在正其心。」

雖然這其中的理解十分簡單，但是也可以說，如果人心受到諸如情緒、意圖、心理等等因素的滋擾，那麼人心也就必然的不能夠得理之正了。比如人文中的思想學說這一項，由於經常地服役於某一種具體的意圖和目的，所以最終它還是人為構製的一個成品，而不是自然的學問知識結果。不言自明，這樣的「作品」是不可以說符合「智識之正」的。或者以個人為例，比如說文人極容易流於情緒反應，論人、議事就常常本以個人的好惡而發。顯然，這樣的評議，也是永遠不能得知識之正的。由此可知，正心只是一個「統概」的提法，其中自然包含著許多的細節。脩身與正心的關係充分說明了理的作用，也就是說，理是沒有生命的、是中性的。老子說：「天道無親，常與善人」，也是一樣的道理。「理」不會有任何傾向性。從心正、身脩一義我們就可以知道，人文中的學說哪些是靠得住，而哪些是靠不住的。比如憂患之書，憂患之世所產生、激發的憂患思考，較之於平常時候，當然有更多的偏倚。這固然有悖於中正原則，中庸之所以成為標準，正在於它得到了「正」之義。中正、庸常是不容易做到的，所以憂患思想到底有多大的可取度和可靠性也就需要商量了。《易》為憂患之書，這如何協調呢？由這些交織的問題，我們可以說，一旦《易》為意向、情願所左使，那麼它很快就是不可靠的了。史乘中的一些「瀆易」的實例也說明了這一點。所以，經籍中的很多表述其實只是說出了一個精神原則，比如《大學》言正心，以及《儒行》中所講的各個條目等等，義理上並沒有多少深說的餘地。但正是這些精神總則，作為「大體」，在人文中卻是很難保持、延續的。義理上的技術、工藝的輔助支撐其實只是

「小體」，難免要拿來為大體服務，但是個體的踐行，與其說是缺乏意願，有時候倒不如說是能力和實力也不夠。脩身、正心都是一個精神原則。可以斷言，人類幾乎是做不到正心、脩身的，所能做的只是看最後能趨近於這些標準到什麼程度，尤其是在關乎思想輕重利害的時候。

孟子的思想無疑是憂患的思想，所以其心正到什麼程度便須校論。很多時候，透過書面傳遞給我們的前人的思維、觀念與意識，本來是非常清晰的。然而這些分明的資訊卻經常被我們忽略了，而這些資訊又是非常關鍵的，其說明作用和價值很難預估。所以在以後的讀解中，我們對以往曾經忽視或者規避、繞開了的東西特別應該留意。以孟子來說，既然他對政治有特別的熱心，而且在行為上也極為排場，那麼，從各種跡象表現來看，都可以窺見孟子是一個自我張大欲極狂烈、極旺盛的人。對於孟子的為人行事，他的弟子就經常發有問難，比如彭更問說：「後車數十乘，從者數百人，以傳食於諸侯，不以泰乎？」（《滕文公》下）大概孟子的弟子也覺得他過於鋪張、張揚了，有些說不過去；對此孟子回答說：「非其道，則一簞食不可受於人。如其道，則舜受堯之天下，不以為泰。子以為泰乎？」（《滕文公》下）在這些回答裏，我們看不到那種託之於禮以為辯的內容。孔子也經常遭到弟子的究問，但他總是通過言禮以為解。這一點在孟子不明顯，至少此處是不明顯的。更重要的是，孟子舉舜以自譬，說舜接受堯的天下而不以為侈泰。從孟子流露出來的意思來看，在他的意識中，天下還是一種所有物似的東西，至少不是被服務的對象。孟子尚且如此，那麼對於其他的儒者，至少有類似精神性質的人也不能說就很少。有時候，不經意間流露出來的，或者更具說明性。從各人心裏的念頭，到直接表現出來的舉止，實際上，我們在這裏所觸及到的乃是又一種人文檢視的方法，這就是前人常說的「審言觀行」之義。審言觀行之法的運用是治中國古代思想學說的過程中特有的，這是因為人文的性質如此。關於這一層，應該是常識性的。對於孟子和他的學說，有很多東西實際上是非常可問的。因為他對政與仕的那些念頭、想法，包括各種下意識的習慣，不僅能夠表達當代人的一種態度，而且對後來的人文也發生了重要的影響和導引作用，其中最核心的一條就是所謂「一次性政治」的問題。對此，我們在孟子的書中可以得到不止一個佐證。簡言之，政治本身是一個極為繁瑣、極為困難的連續體，是一個連綿式、一個不絕的綿延。但是先秦思想學說中所講的「去就之道」卻是一種個人行為（為主導的東西）。那麼，決斷權實際上是交給了個人的隨時性與任意性意向。如果說這裏面有什麼當然性的話，無可諱言，首先就是個人節操與政治營為兩者之間的論理問題。由此，個人性的決定習慣，也就不利於制度的「養成」了。制度緣於人群的習慣，所以在歷史中，在思想學說裏面，經常充斥著一些對制度的沖刷因素，這種情況一直延續而未消退。因此，道不相侔的習慣也就必然地造成了一次性。以這種一次性充塞在政治中，也就必然會趨向於距個體行為更近，而離「知理」的政治更遠了。政治是需要用學問知識和人的理智去營建的，個體的自我考慮如果冠以政道、道德的理由，會帶給人群的認識很麻煩的局面。這些統屬於非理性的因素，是可以肯定的。歷史的現實情況是，政治反而成就了道德的自我標榜，比如說：我羞於為政。但是，這裏不是羞與不羞的問題。因為羞於什麼，多數時候是個體的情緒行為，而政治是一門學識。所以像孟子這樣的儒家學者，其實是在將士人往與人文智識相反的道路上帶領和引導，孟學的負面性也就體現在此類方面。一言以蔽之，就是古代學說中（有一些部分）雖然口口聲聲說「政本」，但如果從學理上來分析、考查，實際上很多人根本沒有給予、賦予政治什麼本位的地位。也就是說，政治是沒有本位的，它只是一種為個體自我體現、表現什麼而附庸的東西。但是個體是否就有本位了呢？情況恰恰是：在與政治的不斷拉扯中，個體的本位亦無由成立。這樣就事實地造成了一種局面，即雙失，或者說是兩失、兩喪。這一雙失的情況是極隱晦的，通常不容易覺察和理清。所以對古代學說中更細節的、更坐實的論究和觀察，即它到底是怎樣生長和發生反應的，將是我們無法繞開的一個工作。當然，這些是借孟子的學說窺得的。

一次性當然不能帶給歷史政治持續的營建與改進，政治尤其不能成為自然收成似的事情。在現實政治中，不同的道之間本來是相互交織在一起的，這是普通而平常的，就像一件織物。因此，一開始即求「政道相侔」，這樣的指導思路往往就造成意見政治或情緒政治、心理政治。孟子的很多特點，在孔子已經很明顯了，只是從人文的厚度上來比較，孔子較孟子要深厚罷了。我們看這一段：「陳代曰：不見諸侯，宜若小然。今一見之，大則以王，小則以霸。且志曰：枉尺而直尋，宜若可為也。孟子曰：昔齊景公田，招虞人以旌，不至，將殺之。志士不忘在溝壑，勇士不忘喪其元。孔子奚取焉？取非其招不往也。如不待其招而往，何哉？且夫枉尺而直尋者，以利言也。如以利，則枉尋直尺而利，亦可為與？」（《滕文公》下）孟子不遠千里而見梁惠王，這裏卻專言非其招不往見，孟子的學說之所以不易於對待、處理，就是因為它的道德外殼這一保護層太強固。即從書面來說，孟子平時所講的並沒有什麼不對。但事實與書面總是有距離的，尤其是在前後諸事端發生參差的時候，就更透露出很多不太好的消息。在人事中，很多情況是不定的，極難確證。比如被罷免的人，他可以說自己是因為大道不行而毅然去之。所以我們在討論問題的時候，必須是在一種設定的限定下、限制下來進行。我們從孟子的學說討論一次性政治，不是就事論事，而是借此透視歷史人文中確有的情況。我們可以研究地層構造的形成，人文方面也是如此。很多因素是疊合在一起的，如果將其一一厘出，就會發現這些因素是貫穿終始的。孟子講了一個故事，他說：「昔者趙簡子使王良與嬖奚乘，終日而不獲一禽。嬖奚反命曰：天下之賤工也。或以告王良，良曰：請複之。強而後可，一朝而獲十禽。嬖奚反命曰：天下之良工也。簡子曰：我使掌與女乘。謂王良，良不可。曰：吾為之範我馳驅，終日不獲一。為之詭遇，一朝而獲十。詩云：不失其馳，舍矢如破。我不貫與小人乘，請辭。御者且羞與射者比。比而得禽獸，雖若丘陵，弗為也。如枉道而從彼，何也？且子過矣：枉己者，未有能直人者也」。（《滕文公》下）

從文面上來看，孟子說的沒有什麼不對。但是孟子所舉說的例子，只是一種自愛行為的表達，從心理上來說，就是個人的自尊心。這些東西是否適合於雜入政治素養中，或者在現實的政治中能夠多大程度被容許，是不能不討論的。因為孟子引這一故事是言出仕之道，所以這個故事的涵義就不再止限於原來的射御之事了。可以說，一次性相侔的機率幾乎等於零。如果本以一次性行為準則去為事，其成就幾乎是不可能的。先秦時代一些儒者的行為及認識特性提供給我們一些啟示，讓我們透過人的特性去觀察事的特性。雖然考其成因總是有難度的，但我們知道，儒家之不見用，亦有其當然之理。在孟子的學說中有一個顯見的現象，就是：心理與道德兩者雜合在一處，其同異未分。過去的學者因為對孟學的尊崇，總是多解釋而少問詰。所以，我們今天不可能再曲為之解說，重複歷史中為孟學諱的事情。當然，孟子講死守自己的原則，真能夠做到，自然是一種偉大的精神。上面所述，並不等於說就要著意挖掘問題，讀解出於自然，思考本身是一個生長過程。簡言之，心理與道德的別同異應該成為優先對待的問題，此二者在名實上是全然不同的。

說到德，包括一次性政治，就牽扯到了德、位問題。關於德與位的關係，在儒家學說中始終佔有極敏感的位置。孟子的德、位主張表達得很直截，他說：「是以惟仁者宜在高位。不仁而在高位，是播其惡於眾也。上無道揆也，下無法守也。朝不通道，工不信度，君子犯義，小人犯刑，國之所存者幸也。」（《離婁》上）歷史中的中國，在很多時代就是孟子所說的倖存之國。這裏表達的意見可以說是沒有任何餘地的，它的背景就是聖人政治。因為孟子說過：「規矩，方『員』之至也；聖人，人倫之至也。」（《離婁》上）而政治歸結起來說也不過是兩端而已。「孔子曰：道二，仁與不仁而已矣。」（《離婁》上）聖人、君子有仁德，所以理應居於治者之位。但現實政治中卻總是居位者並無德行，而所謂的有德者又不居位，因此，就大多數情況而言，人文始終是徘徊在僥倖政治裏面。在歷史政治中，德與位的矛盾一直不能緩解，充其量只有一些開明、輕重之升降。政治治理的狀況完全取決於治者，歷史政治對治者的依賴，實質上搞成了「自然收成」似的東西。我們在這裏提擷出的意見，雖然只是書面的，但是德、位論題卻是人文中具有統領性和標誌性的內容。德、位討論是歷史政治中一道延續的思維徑路，是一個套子。所以，說到這裏，我們就可以完全肯定：孔子、孟子都是希望自己出來領導治理天下的人。只是在王制時代，孔、孟自己做元首有「犯上」之嫌。所以事情的麻煩也在此，這一點，古人不如現代人自由。

由此，我們就可以知道為什麼孟子總是喜歡講舜，總是喜歡以舜為譬。這裏面不僅僅是孝道的問題，不僅僅是單純道理面向的事情，還包括德、位的思想在其中。孟子講孝，較孔子講孝程度更激烈一些，已經推向了一個極端。從下面這一段議論中可以看得很清楚，曰：「天下之士悅之，人之所欲也，而不足以解憂；好色，人之所欲，妻帝之二女，而不足以解憂；富，人之所欲，富有天下，而不足以解憂；貴，人之所欲，貴為天子，而不足以解憂。人悅之、好色、富貴無足以解憂者，惟順於父母可以解憂。人少則慕父母，知好色則慕少艾，有妻子則慕妻子，仕則慕君，不得於君則熱中。大孝終身慕父母。五十而慕者，予於大舜見之矣。」（《萬章》上）這裏的說法，完全像一個賤骨頭。照這一說法，舜一生中其興趣所專注者都在得父母之歡心。孟子在自己的學說中始終不遺餘力地宣言孝道，這與他的生活經歷有關係。我們在前面說過，生活決定一切。孟子從小沒有父親，被母親撫養長大。從這一層來看，他與孔子的經歷類似。所以在個人感情上，孟子尤其貼近於孝道，其認同也就十分自然了。後來的朱熹也是因為父親早死，所以孝在朱子的學說中亦佔有很顯著的地位。這些例子充分說明了個人的遭遇、經歷與思想學說之間的親緣關係。由此引申，是否可以說：不同的思想之間，不能相互要求，正因為不同的生活與經歷之間，無法相互要求呢？儘管我們可以這樣理解：孟子講孝的學說可能與天下失序有關係。但同時有一個最經常的問題卻是：孝似乎只是人事上的事情，而不是學問知識上的事情。其實孟子的弟子萬章就一直在與他問難，很明顯地，萬章對孟子的很多東西是不以為然的。萬章說：

「父母愛之，喜而不忘。父母惡之，勞而不怨。然則舜怨乎？」(《萬章》上）孟子回答說：「長息問於公明高曰：舜往於田，則吾既得聞命矣。號泣於旻天、於父母，則吾不知也。公明高曰：是非爾所知也。夫公明高以孝子之心，為不若是恝，我竭力耕田，共為子職而已矣。父母之不我愛，於我何哉？」(《萬章》上）實際上，舜已經不是討不討父母喜歡的問題了，而是父母一看見舜就噁心、討厭，以至於想殺他，可見程度之烈。公明高是曾子的弟子，大概也是一個孝的觀念很重的人。舜與家人之間不良的關係應該是事實，後人不管怎樣解說，只會顯得更拙。但是從這裏的問答中也可以看出一些義理層次，就是：在倫理上「義」的對待與單憑感情的對待，兩者如何擺放？比如說，舜津津於得父母之歡心，其情緒變化全由此左右。這當然是感情化的對待，而不是理智的；如果真像文中所說的那樣：為子職而已，愛與不愛不去管它。那麼，起支撐作用的就是「義」了，即該怎樣就怎樣。這是觀念的作用，而不是情緒的。但需要分清楚的是，人文史中的「義」，從經驗上說，大多是人事激烈巨變以後的結果。所謂失情而後義，義的出現，顯然不是祥瑞的徵候。這就好比人類胡來得過久，便需要理性一樣。人際不睦，理義就成為必要、必須。舜的事蹟，反映了上古人文中戾氣過甚的一面。後人要做祥和的虛飾，顯然是不恰當、不如實的。

孟子說：「故君子可欺以其方，難罔以非其道。」(《萬章》上）這裏面包含著很重要的一個義理，極能說明人文的某些性質。雖然孟子的原意是為舜辯解（他這樣推尊舜，顯然是要「立」自己所主張的治道。而這種治道的基礎就是不能否定舜的），但是從一般道理來看，這裏並不拘繫於一些具體的人和事。老子說：「善者吾善之，不善者吾亦善之，誠善。」實際上，這是一種高明。簡單地說，就是表面化處理事情的效用。表皮地對待、處置事情，似乎是最膚淺的，而實際上，看似表面化的處置卻來源於對人事的透徹瞭解。因為只要認清了本質，就會知道人事實際上是根本不能深究的。學問知識（上的問題）可以窮究，但人事則只能外表皮地對待，只要它不發出來，事實效果上便不構成危害。而一旦發出來再做處置，則任何人都不能說什麼。這就是道理充足的有利地位，是華文化所特別看重的。為什麼一切討伐、征伐都極在意名義，也是因為這個道理。古人說：「水至清則無魚，人至察則無從」，都與此義通。老子的意思，主要是在說：高明可以曲順一切事體，將其處置停當，而無有不善。所謂大制不割，所以不善吾亦善之，這根本沒有什麼妨礙。常人針鋒相對地對待不善，既多牴牾，也有礙於事，頗不高明。孟子說的道理，其實與老子講的可以彙通。儘管孟子絕不會認同老子的學說。小人欺瞞君子，也只會用道理為幌子去進行。只要有這一層幌子，君子就善之（予以肯定）。很顯然，當不善的事體發出來以後，那將意味著什麼，乃是顯而易見的。對待、處理發出來的事，必然會相當的義。這也許可以稱之為刮鬍子的道理：長出來的刮去，表皮下的則不管。由此可以說，中夏人文是很成熟的。正因為這種老練而透徹的性格，所以先秦時代人們總結出的基本道理，後人一直使用，而沒有能夠逸出。人文中的要素一旦配齊，以後就只是對這些要素參差錯落地運用了。對華文化來說，一切都已飽和，很難再有全新的創發添加進來。所以歷史都是具體的，人所能做的只是對歷史本身進行分類。

萬章說：「象往入舜宮，舜在牀琴。象曰：郁陶思君爾。忸怩。舜曰：惟茲臣庶，汝其於予治。不識舜不知象之將殺己與？」孟子回答說：「奚而不知也？象憂亦憂，象喜亦喜。」萬章說：「然則舜偽喜者與？」孟子說：「否。」「彼以愛兄之道來，故誠信而喜之，奚偽焉？」(《萬章》上）象以為自己害死了舜，準備去佔、享他的老婆和產業，結果發現舜就在屋裏，於是尷尬的說，我太想念你了，來看你。舜大為高興，儘管他知道象想要殺他。舜的家事，是中夏日用人事的典型，一切人際倫理的資訊都包含在裏面。舜的心思深是無庸多言的，他對待家人的行為舉動之「高明」，很好的體現了不善亦善之、刮鬍子等義。舜一直沒有與家人搞對抗，他用表皮化的曲順、巧轉辦法最終抹平了一切。所以經典中講舜，其意義絕不在一端。孟子對萬章的回答完全是一己之情願，他還舉了鄭國子產甘願受小民愚弄的事情為例，來幫助說明。子產是能行寬政的人，孟子說他行小惠，孔子也說子產不能進一步導民於禮樂之教，只完成了溫飽治理。其實子產對國人的微賤本性及心態是相當瞭解的，用事十分老到。他根本就沒有對國人做過任何指望，政治能在自己手裏達到理治，在子產只是盡本分而已。從這裏來說，子產可能正體現了「聖人皆孩之」一義。那麼推遞一層，子產為政或者偏於道家的理路，而非儒家。這中間的輕重較量應該是清楚的。萬章看來是一個不斷與孟子為難的人，他對舜的意見不在小，其不以為然表現得十分明顯。萬章說：「舜流共工於幽州，放驩兜於崇山，殺三苗於三危，殛鯀於羽山。四罪而天下鹹服，誅不仁也。象至不仁，封之有庳。有庳之人奚罪焉？仁人固如是乎——在他人則誅之，在弟則封之？」(《萬章》上）看來已經是相當憤慨了。孟子對這個反對者說：「仁人之於弟也，不藏怒焉，不宿怨焉，親愛之而已矣。親之欲其貴也，愛之欲其富也。封之有庳，富貴之也。身為天子，弟為匹夫，可謂親愛之乎？」(《萬章》上）這種回答，很明顯已經是完全不講道理了。《論語》說過：「聖人無私親。」堯為天子時，舜就在民間為匹夫，不為政用事，當然就是普通人。孟子在這裏的說話，很明顯是一種家天下的思維。萬章責問的是公平問題，孟子卻從親情去對答，可謂文不對題、不大相應了。舜治理天下是非常義的，他對別人如此，但是對自己家裏人又非常溺愛（表現出來的）。這自然容易使人覺得矛盾、反覆。關於上古的史事，後人無法確知其情節。比如鯀治洪水，最後受處分而死，到底是因為無能，還是因為不仁呢？無能與不仁這兩者的內涵是完全不一樣的。當然，舜也一定有他個人的魄力及一套手法，否則也不可能居位治事，維固一個大的群體。但是舜對象的處置，仔細權宜起來還算是不壞的。因為有很多崇尚正直的人通過處置自己的家人和親屬來表現公義，這樣做雖然痕跡分明，但對（教）化沒有益處。所謂不以公義廢私恩，不以私恩害公義，真正實做起來是很難的。象雖然對舜不好，但是否就有其他的大過犯，卻也不一定。所以歷史中象與舜之間的事情總體上只屬於私事，充其量只能放在齊家的範圍去說。

由此也可以看到，孟子是一個完全情緒化的人，所以在孟子的學說中特別強調「氣」。孟子曰：「我善養吾浩然之氣。」「敢問何謂浩然之氣？曰：難言也。其為氣也，至大至剛，以直養而無害，則塞於天地之間。其為氣也，配義與道。無是，餒也。是集義所生者，非義襲而取之也。行有不慊於心，則餒矣。」（《公孫丑》上）孟子講的浩然之氣並不費解，也不難說。簡言之，就是有理便底氣十足，沒理就氣虛了。關鍵都是一個道理，全在一個理字。所以理學成為歷史的歸宿是必然而自然的。孔子說「色厲內荏」，孟子講「無理則餒」，都是經驗之談。所謂義與道，其實都在一個理字。先秦時代的學說是非常質實的，一切均得自於「明驗」。後來的學者對氣討論得越來越繁，反而失去了其原初的平直。這裏的意思，就好像兩人發生了爭執，其中得理的一方底氣十足，而理虧的一方自然氣餒。我們不要忘記，孟子的學說，在先秦各家學說中是感性化最強的。它不是由理性訓練出來的，不是名理的。關於這一層，對照荀子就可以看得很清楚。但由於感情化的強烈，孟子的學說對後世、甚至當代人便有著很大的迷惑作用和吸引力。更主要的是，孟子之學富有道德學上的利用價值。因此我們說，孟子的學說相較於其他各家學說是最高調的。氣相對於志、義毫無疑問是居輔助地位的。我們只要看一看《黃帝內經》、《道德論》等典籍，對先秦時代即已發達的繁富的養氣之道便會有深切的體認。孟子所講的浩然之氣，比養生術所講說的氣要簡單許多，它是結合在道德中來言說的東西。孟子講氣的文字不止限於此，還有一段說：「告子曰：『不得於言，勿求於心；不得於心，勿求於氣。』不得於心，勿求於氣，可；不得於言，勿求於心，不可。夫志，氣之帥也。氣，體之充也。夫志至焉，氣次焉。故曰持其志，無暴其氣。既曰志至焉，氣次焉，又曰持其志，無暴其氣者，何也？曰：志壹則動氣，氣壹則動志也。今夫蹶者趨者，是氣也，而反動其心。」

所謂志就是人心的特定導向，比如說有志於什麼。養氣是一件依靠體會的事情，所以很難用「言傳」來達成。但是動氣反過來對人心會發生一些主使作用（有時候），就像情緒經常會控制某個體那樣。比如說一個人動起氣來，達到亢奮的程度，便會產生一些與他平時行為原則相反的舉動。可以很明白的看到，氣與情緒經常會聯到一起，它們都是非理性的因素。孟子既然看到了「氣反動其心」這一作用，那麼他說要養浩然之氣，顯然也是為了某種營為。只是這一正面的營為，倒似是從負面中導引出來的，二者形成了整齊的對比。但是氣終究放在次一級的地位。事實是，這裏面包含著的意思，或者說隱含著的消息就是：孟子實際上看到了人心的非理驅動作用，而且他看得很清楚。從這一層來說，儘管孟子自己就是極度情緒化的，但是他也深知其中的負面作用。只是在學說理論上，這裏卻一轉而導向了正面營為，雖然是輔助性的。氣這一內容在儒學義理上儘管也可以安頓、疏通，但是孟子本人的意圖、意向卻相當簡單明白，就是：氣要與他的性善理論配套。

既然說到了氣，那麼關於元氣一義，我們就有必要給一個底限的達意說明。元氣是歷史人文在經歷了漫長的時間以後，約定下來的對事物的形質的上限解說，也就是那一個「元一」。「元氣」不僅貫穿在所有自然物理之中，一直享有首先的地位，而且兼具「第一」與「唯一」兩重性。對元氣一義的倚賴、使用直到現在仍很普通，這是因為它在學理上很難推翻。在後來的理學中，氣質之性一義具有異常關鍵的地位，它是在元氣之名的基礎上構建起來的。人的一切自然生理本性都可以歸之於氣質之性，為氣質性所涵蓋。有的學者對氣質之性還要往前推得更遠。古人的基本意思是：元氣是瀰盈在宇宙間的「質有」，萬物皆由元氣構成、造成，氣質都是一樣的、是同一。物的差別性取決於道和理。也就是說，從同異關係上來論，元氣是同，沒有異；異都歸之於道理這一邊。因為元氣就是一個、只有一個，所以不可能有異。這說明氣質的同一性特點，在類上是沒有分別的。就好像我們無論用鐵做成什麼，鐵總是一個同一。當然這是從原始性上來說，因為這一塊鐵與那一塊鐵具體還是不同的。在形而下，只要還可以捶分，就不同。更形象的比方是：假設宇宙是一個大的容器，我們在一個具體的透明容器中裝滿了水，在容器中同時還有許多冰塊，水和冰塊在一起。從原質上說，水和冰都是「水的」，這是同，即質同。但水是沒有凝結的，而冰是凝結了的，這是異、態異。為什麼會有這樣的異呢？因為它們的理不一樣。水循著凝結的理，成就為冰。這說明多了一個外加因素，比如低溫等等。但低溫成冰必然有低溫成冰的理，所以水與冰的同異關係，就表現為機械的外加因素及其道理相異、有異的關係。反過來說，冰循著化掉的理化成水，這裏達意應該沒有問題。由此說來，元氣就像瀰盈在宇宙容器中的水。而萬事萬物、一切「有質」就像這水中並存、共處的冰塊。各個冰塊循著各自的成就之理凝結生成，當其消滅之時，也是循著消滅之理，就像冰塊復化為水。當氣質與理分開時，事物即還歸為元氣。因此，只要有宇宙空處，就一定有物、有物體，就一定有形而下的質。這是因為只要有空處，就一定有元氣、有氣質的緣故。也就是說，無元氣的純空處是不存在的。可以說元氣是至極稀薄的，但不能因為元氣至稀而就說它沒有。元氣是純形而下的，理是純形而上的，它們各自是形上、下兩邊的上限元件。理、氣這兩個上限元件的得出，原本是歷史學說長期打磨的結果，是最後的答案。形而上、理屬陰，是靜的；形而下、氣屬陽，是動的。萬物生成就是到了形而下，萬物生成（凝結）屬陰。萬物消滅是還歸形而上，萬物消滅（化散）屬陽。所以這裏就有一個簡單的公式：

理＋氣＝物

由此，人的自然物理性質，都明確地歸之於氣質之性了。對此，古人的學說比較統一，並無多大異議。不承認這一點，我們對人性的觀察就是有所規避的。事實是，對常人起主導作用的並不是理義之性，理義性只是儒家的一種要求，或者說是良好的願望，是一種人文理想。它根本不是造成事實的所以然，對此我們必須認清。否則對歷史中的思想學說，我們就不能有一個鑒斷的座標。要求不同於原因。對常人起主導作用的是生理性質，比如說多變的情緒反應等等。實際上，由於「情願」的遮蓋作用，自古以來很多學說中都存在著思維誤區。比如說人之異於禽獸者在於……，其實這是很虛弱的說辭。因為首先我們要問一問：人為什麼要異於禽獸？人是否就異於禽獸？等等。古人本來也並不樂觀，因為他們說過：「人之異於禽獸者幾希。」實際上，這等於已經承認了人性就是動物性。而且人與動物的差別，首要的還是程度上的差別。至於人與動物的區別（這裏差別與區別是不同義的詞），則是同異性一步到位規定好了的。正如牛非馬、馬非牛一樣，人自然也無法同於別種動物。因此，從名理上論之，「人之異於禽獸」這樣的立言主要還是願望性的表達，而不是事實性的表述。此一立辭反映的是人的願望，而不是對事實的興趣。從程度上來說，輕重性無疑是主導一切的法則。這樣，人性之輕重（更確切的說，是輕重性的人性）這一定位本身，已然明示了以後我們一切思考的路向。簡言之，探討事實性的效果是否良好一旦成為主導趨向，那麼像「人之異於禽獸」這樣的思維也就多餘化了，完全是無謂的。之所以我們不要求教育動物向善，也是因為動物還不存在像人那樣嚴重的道德問題。動物產生道德危害、產生不良道德後果的可能很小。從約定習慣上來說，人可以對動物任意進行處置，比如剷除某食人獸，或者打死偷吃農作物的動物等等。但是人對同類的處理卻多少有限制，所以對人的防堵就要耗費更多的人文手段，而非簡單的自然手段。這就是輕重。關於人的物理性質的論說，其歷史淵源很早，在經典注疏中常能看到，比如《中庸》注疏中說：「但性情之義，說者不通。亦略言之。賀瑒云：性之與情，猶波之與水。靜時是水，動則是波。靜時是性，動則是情。案《左傳》云：天有六氣，降而生五行。至於含生之類，皆感五行生矣。唯人獨稟秀氣。故《禮運》云：人者五行之秀氣，被色而生。既有五常：仁、義、禮、智、信，因五常而有六情。則性之與情，似金與鐶印。鐶印之用非金，亦因金而有鐶印。情之所用非性，亦因性而有情。則性者靜，情者動。故《樂記》云：人生而靜，天之性也。感於物而動，性之欲也。故《詩序》云：情動於中是也。但感五行，在人為五常。得其清氣備者則為聖人，得其濁氣簡者則為愚人。降聖以下，愚人以上，所稟或多或少，不可言一。故分為九等。孔子云：唯上智與下愚不移。二者之外，逐物移矣。故《論語》云：性相近，習相遠也。亦據中人七等也。」

這裏說的就是人之「氣性」，但不僅限於此，還包括「性情之辯」諸義。關於人之性，是先秦討論的大問題。這裏明確引述了孔子的觀點。《陽貨》云：「子曰：性相近也，習相遠也。」這是孔子的性近論，與孟子的性善論和荀子的性惡論正好形成三角對比。孟子說：「人性之善也，猶水之就下也。人無有不善，水無有不下。今夫水，搏而躍之，可使過顙。激而行之，可使在山。是豈水之性哉？其勢則然也。人之可使為不善，其性亦猶是也。」(《告子》上）顯然，孟子明確區分了「性」與「勢」二義。也就是說，「人性」與「性勢」常常被混淆。人之性都是善的，之所以很多時候不善，全是由於其勢使然。孟子的性善論是歷史學說中的主流，荀子的性惡論沒有正面的地位。其實孔子言性相近，並沒有明確地倒向善、惡哪一邊，所以孔子的意見還是最近於理。只是歷史人文有它自己的安排，歷史對思想學說的選擇不是根據道理，而是根據自己的需要。

作為戰國之儒，孟、荀是兩大端，他們最為人所熟知的就是對性善、惡問題的討論。其實先秦時代，性的問題是最普通的問題。通常，人們總是習慣於從道德的立點去對待「性」，而忽略了技術方面的考察。因為「性」作為統指，不僅包含德性的內容，而且也包括人的「特性」這一內容在內。而經常起實際作用的恰恰就是「特性」這一方面。在歷史中延續很長時間的對人的「特性」的學說，已經形成完整的系統。這一點，在以後的展開論說中我們會看得很清楚。出於尊重常規習慣的考慮，我們還是從荀子與孟子的性學進入。這也是因為，荀、孟之學關於「性」的理論，本身就是一組對比主題。《孟子》云：「孟子道性善，言必稱堯舜。」（《滕文公》上）性善總是與上古聖人連在一起，可見孟子的性善學說是非常具體的。這種性善學說，大要還是出於政治上的動機。我們可以集中看下面這一段：「孟子曰：人皆有不忍人之心。先王有不忍人之心，斯有不忍人之政矣。以不忍人之心，行不忍人之政，治天下可運之掌上。所以謂人皆有不忍人之心者，今人乍見孺子將入於井，皆有怵惕惻隱之心。非所以內交於孺子之父母也，非所以要譽於鄉黨朋友也，非惡其聲而然也。由是觀之，無惻隱之心，非人也。無羞惡之心，非人也。無辭讓之心，非人也。無是非之心，非人也。惻隱之心，仁之端也。羞惡之心，義之端也。辭讓之心，禮之端也。是非之心，智之端也。人之有是四端也，猶其有四體也。有是四端而自謂不能者，自賊者也。謂其君不能者，賊其君者也。凡有四端於我者，知皆擴而充之矣。若火之始然，泉之始達。苟能充之，足以保四海。苟不充之，不足以事父母。」（《公孫丑》上）

可見，仁即不忍。火之始燃，燎原之勢也。泉之始達，遠近之道也。充之不充，輕重也。儒學之關鍵，盡見於此。從這裏來看，孟子言不忍人、惻隱之心，其直接的落實就是不忍人之政。也就是說，孟子之言性善，其歸宿乃在於行仁政，本來是非常具體的。因為孟子認定：仁政無敵於天下，可以王。所謂治天下可運之掌上者，其中包含著很大的政治野心（或者也可以稱之為雄心）。因此，孟子在這裏宣講的，如果結合治理政事這一本義來考察，實際上就是仁術。當然，為什麼孟子會認定仁政可以行王道而無敵於天下？這個需要專門討論。因為在當時有很多縱橫之士，其政治軍事思路已經脫離天子制這一治體了。孟子講擴充四端：仁、義、禮、智，無非是事功上的考慮，其意圖本來是簡單明瞭的。只是他在這裏表達的理路對後來的學說影響深巨，儘管孟子的這一義理推進並不完全合乎名理。不忍心看見小孩掉到井裏，這是人性中仁愛的一面在發生作用。但是現實中的人性，並不只限於仁愛的一方面。人性本身是一個集合體，比如說，荀子就從人性中找出了殘忍的一面。因此，從日用經驗中直接提取事例來充作道德學的依據，這本身有多可靠呢？恐怕很難成立。這樣做，導出的直接結果就是「兩持」。上古的學說，常常只是為後代的紛爭拉開一個豁口罷了。它本身往往並不複雜，而更多地是抽象地傳達一些綜合利害關係而已。這才是為什麼很多在道理上並不很通順的學說卻在現實中總是活著的真實原因。事實也是，在孟子的言說中已經十分明白地顯示了義理與意願相悖的痕跡。所謂擴而充之者，正表明要擴充的對象不是人性的全部，否則就不會人為地將其摘出、希望它單獨生長了。如果我們本以史學的觀點來看待歷史中的學說思想與事體，我們就不會去做空洞的義理指摘（雖然可以做義理說明），因為那樣做很無謂。因此，史學的素質本身有一種作用（可以形象地稱之為「魔力」)，就是它會把批評「消為」一個平面，從而顯得毫無生命力。其實，在人性這裏只能有中性的陳說。禮、義、智、仁都是從一個簡單的事體中「推反」出來的。這裏我們借用「舉一反三」造出「推反」一詞，因為別的詞似還不能搔著癢處。像孟子（還有以後的荀子）那樣舉證，任何人都可以信手拈來無窮多的例子，從而使各種學說之間變成一盤和棋的局面。因此，孟子所用的辦法不足以成為名理上的標準用法，而只是一種日用說辭。

與孟子性善論相對的是荀子性惡論，《性惡》曰：「人之性惡，其善者偽也。今人之性，生而有好利焉，順是，故爭奪生而辭讓亡焉；生而有耳目之欲，有好聲色焉，順是，故淫亂生而禮義文理亡焉。然則從人之性，順人之情，必出於爭奪，合於犯分亂理而歸於暴。故必將有師法之化，禮義之道，然後出於辭讓，合於文理，而歸於治。用此觀之，然則人之性惡明矣，其善者偽也。」「今人之性惡，必將待師法然後正，得禮義然後治。今人無師法則偏險而不正，無禮義則悖亂而不治。古者聖王以人之性惡，以為偏險而不正，悖亂而不治，是以為之起禮義、制法度，以矯飾人之情性而正之，以擾化人之情性而導之也。始皆出於治，合於道者也。今之人，化師法、積文學、道禮義者為君子。縱性情、安恣睢、而違禮義者為小人。用此觀之，然則人之性惡明矣，其善者，偽也。孟子曰：人之學者，其性善。曰：是不然。是不及知人之性，而不察乎人之性、偽之分者也。凡性者，天之就也，不可學、不可事。禮義者，聖人之所生也，人之所學而能，所事而成者也。不可學、不可事而在人者謂之性，可學而能、可事而成之在人者謂之偽。是性、偽之分也。今人之性，目可以見，耳可以聽。夫可以見之明不離目，可以聽之聰不離耳，目明而耳聰，不可學明矣。孟子曰：今人之性善，將皆失喪其性故也。曰：若是，則過矣。今人之性，生而離其樸，離其資，必失而喪之。用此觀之，然則人之性惡明矣。所謂性善者，不離其樸而美之，不離其資而利之也。使夫資樸之於美，心意之於善，若夫可以見之明不離目，可以聽之聰不離耳，故曰目明而耳聰也。今人之性，饑而欲飽，寒而欲煖，勞而欲休，此人之情性也。今人饑，見長而不敢先食者，將有所讓也。勞而不敢求息者，將有所代也。夫子之讓乎父，弟之讓乎兄，子之代乎父，弟之代乎兄，此二行者，皆反於性而悖於情也。然而孝子之道，禮義之文理也。故順情性則不辭讓矣，辭讓則悖於情性矣。用此觀之，然則人之性惡明矣，其善者偽也。」

這裏說得已經足夠清楚：所謂性善者，其實是出於治道的緣故。是人為的矯飾，並非自然生性如此、不是自然人性。另外，從荀子所講的情況來看，其間應該有一個原始人性與人文開化以後的人性的二分、比較問題。因為文教開化以前，初民樸野，彼時人性是一個什麼狀況，並不能說明後來人文社會發達以後的民性情況。中國是一個重人文的歷史國家，所以這一分別尤其基本。荀子明白指出，孟子不察於性、偽之分。在荀子看來，所謂性是「天就」、是天生的、先天的。這是最基本的一個確定，與禮義這一後天的「可學」正相對待。偽是後天的，所以性與偽就有一個先天、後天的分別。我們說，荀子的思想雖然刻深，但是也有明顯的過激失當之處。比如父子、兄弟之間，雖然有關係極壞的，但是也有感情極好的。這都是很自然的、是事實。無論是哪一邊的情況都不可以「概全」。所以荀子在這裏舉的例子有問題，還須仔細釐定。我們能夠明確知道的是：荀子當戰國之亂，他所講的所謂人性其實不是指對普通日常生活而發的，一定是指向當時的軍政而發，是為了言說政治的。因此，無論是孟子的性善還是荀子的性惡，最終都是朝向某一種政教方案的東西。

荀、孟最為人熟知的分歧就是性善惡說，其實《墨子》對性也有論述。《所染》曰：「非獨染絲然也，國亦有染。舜染於許由、伯陽，禹染於皐陶、伯益，湯染於伊尹、仲虺，武王染於太公、周公。此四王者，所染當，故王天下，立為天子，功名蔽天地。舉天下之仁義顯人，必稱此四王者。夏桀染於干辛、推哆，殷紂染於崇侯、惡來，厲王染於厲公長父、榮夷終，幽王染於付公夷、蔡公穀。此四王者，所染不當，故國殘身死，為天下僇。舉天下不義辱人，必稱此四王者。齊桓染於管仲、鮑叔，晉文染於舅犯、高偃，楚莊染於孫叔、沈尹，吳闔閭染於伍員、文義，越句踐染於范蠡、大夫種。此五君者，所染當，故霸諸侯，功名傳於後世。范吉射染於長柳朔王勝，中行寅染於籍秦、高彊，吳夫差染於王孫雒、太宰嚭，智伯搖染於智國、張武，中山尚染於魏義偃長，宋康染於唐鞅佃不禮。此六君者，所染不當，故國家殘亡，身為刑戮，宗廟破滅，絕無後類，君臣離散，民人流亡。舉天下之貪暴苛擾者，必稱此六君也。凡君之所以安者，何也？以其行理也。行理性於染當。」

案「性」當作「生」，這是一切唯理的主張，即踐理。《所染》中的論說基本上是用舉證法來完成的，結合《明鬼》來看，墨家言理的質實風格表現得相當明顯。在這裏，墨家簡單的理論實際上表達了一個意思，即：人沒有本性，只有既成性。就像一塊布，用紅色去染它就是紅的，用黃色去染它就是黃的，絕無例外。這樣說來，人性只是一個被動體，是被外界因素決定和作用的對象。在這些看似簡單的論定中，實際上包含著多層問題。比如說，一個人在接受道德的作用時，他會趨向於道德，而在接受不道德的作用時，又會趨向於不道德。這裏面沒有固定不易的東西，一切都是隨決定作用而轉移的。由此推之，甲受乙的作用（有德或無德），則乙在德性上較甲為更有力。那麼，乙又是由誰作用而成呢？會不會移易呢？顯然，墨家講說的道理是有限制的，不是那樣完全放開的問題。因為論說中所出舉的是具體的實例，而不是書面的、自然的義理衍生。這裏所講說的，是具體個人對個人的影響。這種學說風格和路數，與宋以後理學中所討論的個人對觀念系統的主動認同之路子是極不一樣的。具體的人事例證有經驗上的限制，簡單些說，就是事實結果附加一個道理、所以然，這能有多少說服力呢？事例加論斷，便形成一個完整的理論組構，似乎也太簡單了。但是，這樣簡單質實的學說構成卻有名學上的根據，那就是我們前面講過的出舉的規則。墨家之學，其特點在於此。

「性善」是孟子思想中最核心的部分，孟學中同樣重要的還有孝的思想。孟子曰：「謹庠序之教，申之以孝悌之義」，「然而不王者，未之有也」。（《梁惠王》上）又曰：「不孝有三，無後為大。舜不告而娶，為無後也。君子以為猶告也。」（《離婁》上）孝悌可以王，為舜所行之道。可以說，「孝」是儒家最基本的思想。關於孝，我們有必要做一些說明。案《孝經》云：「子曰：夫孝，德之本也，教之所由生也。」「身體髮膚，受之父母，不敢毀傷，孝之始也。立身行道，揚名於後世，以顯父母，孝之終也。夫孝，始於事親，中於事君，終於立身。」「子曰：愛親者，不敢惡於人；敬親者，不敢慢於人。愛敬盡於事親，而德教加於百姓，刑於四海，蓋天子之孝也。」「在上不驕，高而不危，制節謹度，滿而不溢。高而不危，所以長守貴也；滿而不溢，所以長守富也。富貴不離其身，然後能保其社稷，而和其民人，蓋諸侯之孝也。」「非先王之法服不敢服，非先王之法言不敢道，非先王之德行不敢行。是故非法不言，非道不行，口無擇言，身無擇行，言滿天下，無口過，行滿天下，無怨惡。三者備矣，然後能守其宗廟，蓋卿大夫之孝也。」「資於事父以事母而愛同，資於事父以事君而敬同。故母取其愛，而君取其敬，兼之者父也。故以孝事君則忠，以敬事長則順。忠順不失，以事其上，然後能保其祿位，而守其祭祀，蓋士之孝也。」「用天之道，分地之利，謹身節用，以養父母，此庶人之孝也。故自天子至於庶人，孝無終始，而患不及者，未之有也。」

非常清楚，孔子對孝，從天子到庶人，做了逐級的劃分和要求，而最明顯的就是孝的功能性賦予。這些內容，除了「以養父母」的「庶人之孝」，顯然距離我們現在一般人的生活都很遠。我們知道，中國文化是自上而下的文化，所以中國古代的思想也是為高層準備和專用的。如果說禮不下庶人，那麼孝也是不下庶人的（這裏）。我們很難想像拿所謂的天子之孝去要求或者框定庶人，這樣就太「不類」了。所以我們在考慮儒學的問題時，隨時都不能忽略它的人文專屬性。可以說，今天作為傳統文化話題討論和談論的儒家思想（包括日用倫理、道德等等方面），其實只是歷史儒家思想的一點點部分。比如我們現在所說的孝，就只限於古代的庶人之孝。從上面的引文我們已經看得非常清楚，正因為孝是要為高層政教服務的，所以才尤其強調它的經義性，而要求人人遵守。「子曰：夫孝，天之經也，地之義也，民之行也。天地之經，而民是則之。」（《孝經》）孔子說過：吾志在春秋，行在孝經。他把孝放在首要的位置一點不奇怪。「子曰：天地之性，人為貴。人之行，莫大於孝。」「夫聖人之德，又何以加於孝乎？」「子曰：五刑之屬三千，而罪莫大於不孝。要君者無上，非聖人者無法，非孝者無親。此大亂之道也。」（《孝經》）政教道德功能是孝首先要承載的。「子曰：昔者明王之以孝治天下也，不敢遺小國之臣，而況於公、侯、伯、子、男乎？故得萬國之懽心，以事其先王……」（《孝經》）孔子講孝，著力點放在一即一切的普徧效果，即所謂的「德教」上。「教以孝，所以敬天下之為人父者也……」「敬一人，而千萬人悅。所敬者寡，而悅者眾，此之謂要道也。」（《孝經》）所謂「要道」者，就是可以一以貫之、抱一為天下式的東西。而這個一，顯然就包括孝在內。

實際上，說孔子的思想如何強調孝的重要，還只是理論地說、抽象地說。我們只要看一看孔子的身世，就可以具體地說了。正如以前講過的，孔子少孤，孟子自幼喪父，寡母撫孤，常有純孝之士。所以孔、孟宣揚孝道，從個人經歷來說一點也不奇怪。思想家常常把自己所認同的價值張大為人類一般的價值，甚至於把自己的經歷無限擴充，大張其意義，這一點，古今中外毫不稀奇。所以我們在看古代思想時，不能不充分考慮到這些因素。所謂思想，就是時代情節的抽象化，其中的層次從來不是單一的。所以，我們訓練自己的層次感（觀察歷史人文時）完全必要。其實，經典中的一些內容，現在來看已經完全是做作了，雖然當時的情形可能很莊嚴。比如《祭義》中所載的一則，現在來看就有些過分。「樂正子春下堂而傷其足，數月不出，猶有憂色。門弟子曰：夫子之足瘳矣。數月不出，猶有憂色，何也？樂正子春曰：善如爾之問也，善如爾之問也！吾聞諸曾子，曾子聞諸夫子曰：天之所生，地之所養，『無人』為大。父母全而生之，子全而歸之，可謂孝矣。不虧其體，不辱其身，可謂全矣。故君子頃步而弗敢忘孝也。今予忘孝之道，予是以有憂色也。一舉足而不敢忘父母，一出言而不敢忘父母。一舉足而不敢忘父母，是故道而不徑，舟而不遊，不敢以先父母之遺體行殆。一出言而不敢忘父母，是故惡言不出於口，忿言不反於身。不辱其身，不羞其親，可謂孝矣。」

這裏「無人」一義非常關鍵。意指宇宙之間，無如人最為大。它說明：儒家認為，宇宙中以「有人」為最大的一件事情、是最根本的一樁事情。所以儒學之本體在於人，於是，生子就成了為天地延續最要緊的那一個「有」。但是從另一邊來說，我們也看到了人文中「助長」的一面，而且這時候人文中的「助長」已經表現得相當明顯了。從孔子到曾子到樂正子春，著意而為之的程度「逐代」都有加強。這可能與天下禮壞的情況相對應：禮制越壞，「助長」的程度越重。很多事其實都脫不出老子所講的，所謂「六親不和有孝慈」，這些都是從實事經驗的立點去理解的。在孔子的弟子中，曾子是講孝講得最有名的一人。《論語・子張》曰：「曾子曰：吾聞諸夫子，孟莊子之孝也，其他可能也。其不改父之臣，與父之政，是難能也。」這裏就非常清楚，所謂孝，其實是有政治繼承的涵義在裏面，也就是「不失其所者久」的政治涵義。孔子講三年不改其父之道，這是歷史政教得以延續的保證，禮制在其中矣。雖然曾子是言孝道的代表人物，但是孔子並不看好這位學生。孔子對自己的每個學生其實都有很明白的看法，比如他說：「柴也愚，參也魯，師也辟，由也喭。」(《先進》) 就是很好的說明。對照來看，孔子對顏回可以說真的是青睞有加。「參」就是曾子。魯，鈍也。曾子性遲鈍，所以孔子這樣講。可見曾子傳述下來的東西，比如孝的思想，並不是孔子學說中最精良的部分和內容，而是比較基本、比較淺顯曉白的。為什麼孔子平時只和曾參講一些相對粗淺的道理呢？

這也是根據每個人的資質、特點和能力而定的。所以我們今天看到的曾子所傳的孔學部分都較為淺泛，缺點是不夠深入。

孝與祭祀的關係，我們從《祭義》中可以看得很清楚。禮以祭祀為大，孝、祭是聯繫在一起的，這一點沒有什麼問題。《祭義》云：「孝子將祭祀，必有齊莊之心以慮事，以具服物，以脩宮室，以治百事。及祭之日，顏色必溫，行必恐，如懼不及愛然。」「齊之日，思其居處，思其笑語，思其志意，思其所樂，思其所嗜。」「祭之日，入室，僾然必有見乎其位。周還出戶，肅然必有聞乎其容聲。出戶而聽，愾然必有聞乎其歎息之聲。」這裏所說的，全是儒家思親之道。親雖亡故，但仍然好像他們就在那裏一樣。《祭義》又說：「夫言豈一端而已，夫各有所當也。」這是說祭祀之禮不可以「一概」，因為祭禮、祭儀情況多異。禮儀都是很具體的，各有所當，要依事體而定。又說：「二端既立，報以二禮。建設朝事，燔燎膻薌，見以蕭光，以報氣也。此教眾反始也。薦黍稷，羞肝肺首心，見間以俠甒，加以鬱鬯，以報魄也。教民相愛，上下用情，禮之至也。」可見祭禮還是要與「教」掛鉤的。這裏二端是指「氣」與「魄」而言。宰我問孔子說：「吾聞鬼神之名，不知其所謂。」孔子回答說：「氣也者，神之盛也。魄也者，鬼之盛也。合鬼與神，教之至也。」(《祭義》) 宰我問到鬼神之事，孔子做了很細的解釋。孔穎達注疏說：「二端既立者，謂氣也、魄也。既見，乃更立尊名云鬼神也。」因為氣魄、鬼神既殊，所以對應的祭禮也就不同。這可能也要從名實同異的嚴格性上去理解，畢竟禮與事也遵守名理上嚴格對應的規則。古人認為：氣魄、鬼神都是事實。《祭義》曰：「眾生必死，死必歸土，此之謂鬼。骨肉斃於下，陰為野土。其氣發揚於上，為昭明。焄蒿悽愴，此百物之精也，神之著也。因物之精，制為之極，明命鬼神，以為黔首則。百眾以畏，萬民以服。聖人以是為未足也，築為宮室，設為宗祧，以別親疏遠邇。教民反古復始，不忘其所由生也。眾之服自此，故聽且速也。」

宰我這個人喜歡問各種問題，孔子的回答還是很盡心、很耐煩的，儘管他不常提鬼神、怪力亂之事。據孔穎達注疏的解釋，此處的義理相當質實。孔子最後將解說歸宿於禮，可能也是指對宰我而發的，因為宰我的為人不大合於禮。孔子言鬼神，是從形、神上面去說。人活著的時候，形體與神聚合，死後形、神分散。但是禮合鬼與神而祭之，似若生人，這本來是致敬生死的意思。人活著時，噓吸出入的就是氣。氣雖然有「自體」，但「性識」卻是人自己的。活著才有官感知覺，死後就沒有了——形體歸於大地，呼吸之氣飄散於天。從氣魄、鬼神、天地的對應關係來說，顯然是按陰陽思維展開的。這裏各種樸素的解釋，原則上都不脫離「元生理」的範圍。人有知覺之靈，這是形體的盛極；人得一口氣才生，這是神妙的盛極。事實如此，很難解釋。這一思路在中國的學說傳統中一直保留，未有根本的變動。

當然，孝、祭的寄意還是在於「順上」。《祭義》云：「天子有善，讓德於天。諸侯有善，歸諸天子。卿大夫有善，薦於諸侯。士庶人有善，本諸父母，存諸長老。祿爵慶賞，成諸宗廟。所以示順也。」其中的「級序」是非常整齊的。有功歸之於上，而不敢自專，這在古代社會是防「爭」的最好辦法。因為穩固與爭端總是一對，政教當然要選擇穩固。老子曰：「不自見，故明。不自是，故彰。不自伐，故有功。不自矜，故長。夫唯不爭，故天下莫能與之爭。」「功遂身退，天之道。」「生而不有，為而不恃，功成而弗居。夫唯弗居，是以不去。」（《老子》）對照《祭義》來看，老子講不自是，義理上與「示順」是可以互通的。關於智、明之士不自伐一義，是人文中共見的常識。不唯老子常講，經典中更有實在的制度記錄。所以老子講說的內容，都有具體的禮制為底襯。有一些論說借助經籍還能夠還原，並不是空洞的道德「軌範」和要求，而是牽涉到極實在的利害後果。《祭義》中還說：「昔者聖人建陰陽、天地之情，立以為易。易抱龜南面，天子卷冕北面。雖有明知之心，必進斷其志焉。亦不敢專，以尊天也。善則稱人，過則稱己。教不伐，以尊賢也。」天子讓德於天，從這裏「敬易」的記述就能夠得到佐證。其大意是說，即使天子自己有明哲睿知之心，能夠完全清楚獨立地知道、決斷事情，也還是要諮詢「易」占卜的意見。那麼，這裏值得注意的一點就是：藺問是從禮讓、制度的層面上去解說的。在經籍中，確實有很多地方（比如《左傳》）講到古人對占卜的態度，而且古人的態度是多樣化的。這說明了什麼呢？占卜雖然原始，但是到了周代，已經發生了根本的蛻化和變轉。這些內部的變轉情況，都能夠從上述點滴的消息中窺伺出來。也就是說，對上代延存下來的制度，後代都須致敬。比如祭，後人在履行祭儀時，因疲倦而跛倚，就是不像話的。經文說這樣是大不敬。那麼對占卜，在敬、順上也一定存在類似的情況。雖然占卜已然淡化，但因為占卜是古制，所以還是保留了下來，必須履行。只是在人文中，舊的制度其實際分量會有所變化，這是應該估計到的。我們說占卜由原始實用到完全禮儀化，雖然還只是一個假定，但是這其中的人文史形跡卻已經很明顯了。天子不自專，所謂不自伐者，其實並不一定就是出於怎樣的個人修養，其實質還是在於自上而下的制度規定。

案《祭法》中有一節說到祭祀與民事的關係，也可留意。曰：「夫聖王之制祭祀也，法施於民則祀之，以死勤事則祀之，以勞定國則祀之，能禦大菑則祀之，能捍大患則祀之。是故厲山氏之有天下也，其子曰農，能殖百穀。夏之衰也，周棄繼之，故祀以為稷。共工氏之霸九州也，其子曰後土。能平九州，故祀以為社。帝嚳能序星辰以著眾。堯能賞，均刑法，以義終。舜勤眾事而野死。鯀鄣鴻水而殛死。禹能脩鯀之功。黃帝正名百物，以明民共財。顓頊能脩之。契為司徒而民成。冥勤其官而水死。湯以寬治民而除其虐。文王以文治，武王以武功。去民之菑，此皆有功烈於民者也。及夫日、月、星辰，民所瞻仰也。山林、川谷、丘陵，民所取財用也。非此族也，不在祀典。」

很顯然，凡受祭祀者都是有功於民事的，都有相當的功德。而這些功德顯然又都與農事相關。無論是制定曆法、治理水患，還是征伐別國、擴充財用，以及施教化於天下等等，都沒有能夠離開「農」這一基本。可以肯定，大陸國家的一些最基本的成分和元素，在人文初始時代就已經確定了，以後也不可能根本的變調。其實歷史中有一個「大工藝」的具體進展、發育過程，人文加法原則顯然是可以成立的。對先賢的祭祀，就像是對歷史中成績項目的結算一樣。各個單項集合到一定程度，人文總體自然就會趨於完備。對此，我們可以稱之為要素配齊過程。

前面說過，儒在歷史中歷來都是不怎麼被重視和尊重的，非獨孔子的時代為然。從《資治通鑒》中記孟子的部分我們就可以知道：儒家真要派上用場，一定是統一帝國形成以後的事，而且還是裝點意味上的。沈曾植在《海日樓札叢・儒門刻急》一節中說：「儒門澹薄，容不得豪傑。此宋時某師之言也。今日儒門一味刻急，吾恐天下豪傑，將有望望然去之患也。」「止為儒者不能擺脫世緣，故風俗愈惡薄，儒者亦愈刻急。」沈曾植明白說儒道就是柔道，同時儒門又有很多劣根性，這些都是妨礙儒家的因素。所以要新儒，就必須去除其不良的歷史部分。從儒道為柔道這一點來說，儒家只適合於成為歷史的輔助，而不是主導。《子路》云：「子曰：苟有用我者，期月而已可也，三年有成。」其實這裏還是保留的說法，實際上孔子對治理天下是很有把握的。但是這也說明，在春秋、戰國時代，儒不可能見用的事實，這一點是可以肯定的。春秋、戰國時代見用的必然不是兵家就是法家，所以歷史大分期的不同，見用之各家也互異。因此，我們的歷史頭腦必須清醒，不能倒錯。像中華帝國的時代，就非要儒家不可了。

大體說來，儒家經歷了三次大的轉型：按照中國歷史大的劃分，秦統一以前為邦國時代；清滅亡以前為帝國時代；辛亥革命以後為民國時代。孔子在邦國時代，對上古的儒做了挽救性的工作，成為儒家的集大成者，開後世儒家之格局。這是歷史上儒家第一次大的變革和轉型。秦統一以後，天子制的群邦共主局面一變而為中華帝國的局面，天子制變成帝制，上古天子制思維格局的儒家要轉型為適合於帝制時代思維要求的儒家，在經歷了漢朝儒者的經營後，終於成功。所以，漢代四百多年是中國歷史上起決定作用的偉大時代，為後世所不及，是為歷史上第二次大變革。包括後來的宋明，其實都是帝國時代統體過程中的環節，整體上都屬於帝國形態，理學作為儒學就是這樣定位的。而宋、明學者做的最大一件事，就是在中古以後把儒學社會化了。辛亥革命以後，中國進入民國時代，加之清季以來的國家危機，儒學亟須再度轉型——由「帝制思維」的轉變為適合「民國思維」的，是為歷史上第三次大的變革。因此，邦國時代的儒，與帝國時代的儒，與民國時代的儒，三者構成一個板塊嚴整的歷史全體。而隨著國家形態的變化，儒家不斷轉型、調整乃是十分自然的。

就先秦的情況來說，雖然各家派別繁多，但宏觀上脫不出名、兵、法、儒的結構。名是各家必須統一遵守的，是一貫的。而兵家最能反映和說明整個先秦時代，是最直接、最前端的硬環節。法家介於兵家與儒家之間，它的最大特點就是技術內容豐富、技術資源豐厚；也就是真正的「治術」，而以管、商之書為代表。儒家是最後的環節，以言道為主導，是高級地段。所以，對今後而言，我們已經不再是單純的宣揚儒家，而是要復活歷史中的百家。要把儒家還原到百家的本來格局中去，這是一個時代要求下的歷史還原、運用的工作和過程，是明體達用的過程。所以我們的信念（信條）是——百家。這是新歷史最基本的依託，是我們最根本的立點。

季蒙、程漢

於夏曆壬午年

丁亥年改於唐朝古地蒙兀室韋

參考文獻

《十三經注疏》，〔清〕阮元校刻，中華書局影印，1980 年 9 月。
《海日樓札叢・海日樓題跋》，〔清〕沈曾植撰、錢仲聯輯，遼寧教育出版社，1998 年 3 月。
《諸子集成》，〔民〕國學整理社編，中華書局影印，1990 年 8 月。
《二十二子》，本社編，上海古籍出版社，1986 年 3 月。
《說文解字義證》，〔清〕桂馥，齊魯書社，1987 年 12 月。
《四庫全書總目》，〔清〕永瑢等撰，中華書局，1987 年 7 月。
《書目答問》，〔清〕張之洞，中國書店《張文襄公全集》，1990 年 10 月。
《胡適全集》，安徽教育出版社，2003 年 9 月。
《公孫龍子新注》，屈志清著，湖北人民出版社，1981 年 3 月。
《白話鬼谷子》，徐德歡譯注，岳麓書社，1996 年 5 月。
《中國歷代思想家》，王壽南主編，臺灣商務印書館，1999 年 10 月。

國家圖書館出版品預行編目

先秦思想史稿 / 季蒙, 程漢著. -- 一版. --
臺北市 : 秀威資訊科技, 2009.11
面 ; 公分. -- (哲學宗教類 ; PA0029)
BOD 版
參考書目 : 面
ISBN 978-986-221-306-3(平裝)

1. 先秦哲學

121 98017605

哲學宗教類 PA0029

先秦思想史稿

作　　者 / 季蒙、程漢
主　　編 / 蔡登山
發 行 人 / 宋政坤
執行編輯 / 詹靚秋
圖文排版 / 鮑婉琳
封面設計 / 陳佩蓉
數位轉譯 / 徐真玉　沈裕閔
圖書銷售 / 林怡君
法律顧問 / 毛國樑　律師
出版印製 / 秀威資訊科技股份有限公司
台北市內湖區瑞光路 583 巷 25 號 1 樓
電話：02-2657-9211　傳真：02-2657-9106
E-mail：service@showwe.com.tw
經 銷 商 / 紅螞蟻圖書有限公司
台北市內湖區舊宗路二段 121 巷 28、32 號 4 樓
電話：02-2795-3656　傳真：02-2795-4100
http://www.e-redant.com

2009 年 11 月 BOD 一版
定價：400 元

讀　者　回　函　卡

感謝您購買本書，為提升服務品質，煩請填寫以下問卷，收到您的寶貴意見後，我們會仔細收藏記錄並回贈紀念品，謝謝！

1.您購買的書名：______________________________

2.您從何得知本書的消息？

☐網路書店　☐部落格　☐資料庫搜尋　☐書訊　☐電子報　☐書店

☐平面媒體　☐ 朋友推薦　☐網站推薦　☐其他__________

3.您對本書的評價：(請填代號　1.非常滿意 2.滿意 3.尚可 4.再改進)

封面設計____　版面編排____　內容____　文/譯筆____　價格____

4.讀完書後您覺得：

☐很有收獲　☐有收獲　☐收獲不多　☐沒收獲

5.您會推薦本書給朋友嗎？

☐會　☐不會，為什麼？______________________________

6.其他寶貴的意見：______________________________

____

____

____

讀者基本資料

姓名：____________________ 年齡：______ 性別：☐女 ☐男

聯絡電話：________________ E-mail：____________________

地址：____

學歷：☐高中(含)以下　☐高中　☐專科學校　☐大學

☐研究所(含)以上 ☐其他_______________

職業：☐製造業 ☐金融業 ☐資訊業 ☐軍警 ☐傳播業 ☐自由業

☐服務業 ☐公務員 ☐教職　☐學生 ☐其他__________

請貼
郵票

To：114

台北市內湖區瑞光路 583 巷 25 號 1 樓

秀威資訊科技股份有限公司　　收

寄件人姓名：

寄件人地址：□□□

- -

(請沿線對摺寄回,謝謝!)

秀威與 BOD

BOD（Books On Demand）是數位出版的大趨勢，秀威資訊率先運用 POD 數位印刷設備來生產書籍，並提供作者全程數位出版服務，致使書籍產銷零庫存，知識傳承不絕版，目前已開闢以下書系：

一、BOD 學術著作—專業論述的閱讀延伸
二、BOD 個人著作—分享生命的心路歷程
三、BOD 旅遊著作—個人深度旅遊文學創作
四、BOD 大陸學者—大陸專業學者學術出版
五、POD 獨家經銷—數位產製的代發行書籍

BOD 秀威網路書店：www.showwe.com.tw
政府出版品網路書店：www.govbooks.com.tw

永不絕版的故事・自己寫・永不休止的音符・自己唱